대학생을 위한

인성교육의 이해와 실제

김래은 · 김형숙 · 엄세진 · 이순애 · 장우심 · 현혜정

창지사

머리말

인성(人性)이란 사람의 본성이나 성품을 뜻하며, 각 개인이 다른 사람들과 구분되는 지속적이고 일관된 사고, 태도 및 심리, 행동을 의미한다. 인성은 개인의 특성에 따라 서로 다르며, 환경이나 내적 동기, 욕구 등의 영향을 많이 받는다. 최근 가정이나 교육 현장에서는 현대화 · 정보화 등의 다양한 이유로 한 인간의 소중하고 고유한 '인성'이 무시되는 경우가 종종 있다.

지구촌의 '영적 스승'으로 불리는 틱낫한 스님께서는 "우리의 마음은 밭이며, 그 안에 기쁨, 사랑, 즐거움, 희망과 같은 긍정의 씨앗이 있는가 하면 미움, 절망, 좌절, 의심, 두려움과 같은 부정의 씨앗도 함께 있다."라고 하셨다. 우리가 자신의 내면에 묻혀 있는 어떤 씨앗에 물을 주어 꽃을 피울 것인지는 바로 본인 자신이 선택하는 것이며, 이 과정에서 의미 있는 주변인이나 환경의 영향을 받기도 한다.

오늘날 우리 사회의 구성원들은 무한경쟁의 시대에 처해 있다. 태아기, 영유아기, 학령기, 청소년기, 청년기, 중 · 장년기, 노년기의 각 생애주기별로 한 단계 한 단계 그 과정을 충분히 즐기고 과업을 완수하기보다는 주어진 일이나 학업을 수행하느라 늘 허덕이고 쫓기면서 하루하루를 살아가고 있다. 그 과정에서 우리는 고귀한 인성을 스스로 해치고 있지는 않은지 되돌아볼 여유와 시간이 필요하다.

특히, 인간을 인간답게 하는 '올바른 인성의 함양'은 영유아기부터 이루어져야 할 매우 중요한 과업임에도 불구하고, 최근 급변하는 사회적 변화와 분주함으로 인해 가정과 학교에서 소홀히 여겨지는 경향이 있다.

대학생들은 미래의 직업인이자 한 사회의 구성원으로서 갖추어야 할 기본 역량으로 '올바른 인성'이 반드시 포함되어야 하나, 취 · 창업 경쟁으로 내몰리고 소위 스펙을 쌓느라 분주한 그들에게 제대로 된 인성교육이 이루어지기는 쉽지 않다. 그럼에도 불구하고 오늘날 바람직한 개인(자기관리 역량)으로서, 더 나아가 사회 구성원(대인관계, 공동체 역량)으로서 모두 함께 잘 살아가는 데 꼭 필요한 품성과 역량을 갖추기 위해서는 자신의 본질에 대한 정확한 탐색과 인식, 자기이해, 자기 수용과 개방, 인간관계, 도덕적 가치, 가치관의 확립, 사회성을 함양할 수 있도록 인성교육이 반드시 필요하다.

인성교육은 개인이 가진 능력과 재능, 잠재력 등을 개발하고 올바르게 잘 활용할 수 있도록 관계성의 원리를 바탕으로 통합적 접근이 이루어져야 하며, 지속적이고 꾸준히 실천되고 내면화를 통해 행동화가 이루어지도록 해야 한다.

이에 본 교재는 위와 같은 원리와 다년간의 대학생 인성교육 경험을 반영하여 집필되었다. 2014년 한국연구재단의 지원을 받아 진행한 학제 간 융합연구의 결과물이며, 집필진의 대부분은 소속된 각 대학에서 2013년부터 실제 인성교육 관련 교과를 개설하여 운영하였으므로 경험과 노하우가 풍부하다. 인성 관련 교양 및 전공강좌 교과목의 경우 이론 부분에 치중하여 운영되는 경향이 있는바 이에 대한 고심과 함께 실제 활동을 중심으로 구성하고자 노력하였다.

특히, 대학에서의 인성교육은 첫째, 정규교과 안에서 다양한 학문을 통섭하고 융합해서 총합적으로 사고할 수 있는 체험교육 중심이 되어야 한다는 점, 둘째, 다양한 활동을 통해 상대방에게 알리고자 하는 바를 재미있고 생생한 이야기로 설득력 있게 전달할 수 있어야 한다는 점을 염두해 두고 집필하였다.

본 교재는 인성덕목의 범주를 예, 효, 정직, 책임, 존중, 배려, 소통, 협동으로 엄선하였으며, 각 인성덕목의 필요성 및 개념을 사례 중심으로 소개하였다. 또한, 인성덕목을 증진하기 위한 방법으로 시와 명언, 사자성어를 활용한 문학작품, 가요, 명화, 영화, 애니메이션, 다큐멘터리, 웹툰, 광고 등을 담아 다양한 문화 콘텐츠와 함께 체험하고 느낄 수 있는 인성교육을 실시하는 데 부족함이 없도록 최선을 다하여 구성하였다.

집필진은 본 교재를 통하여 대학생들이 올바른 인성과 가치관을 형성하고 자아 존중감과 정체감을 형성하여 행복한 대학생활을 즐기는 것은 물론이요, 졸업 후 직장생활과 가정생활, 사회생활 전반에서 건강하고 행복한 삶을 영위할 수 있기를 진심으로 희망한다. 이 교재와 인성교육에서 배우고 느낀 점들이 사회로 나아가기 위해 힘들고 외로운 투쟁을 해 나가는 이 땅의 모든 젊은이들에게 조금이나마 따뜻하게 손을 잡아 줄 수 있는 작은 힘이 된다면 더없는 기쁨일 것이다.

2021년 8월

집필진 일동

차례

Chapter 01

인성교육의 기초 이론

제4차 산업혁명시대의 현대사회는 인공지능(AI), 빅데이터(big data) 등의 기술 발전이 긍정적인 영향에도 불구하고 직업군의 변화로 인한 실업률 증가, 빈부격차의 양극화로 인한 불평등과 불균형 초래, 인간성 상실 등의 많은 위기가 노출되고 있다. 또한, 최첨단 과학기술의 발전으로 미래의 삶에 대한 기대와 함께 기계가 인간 삶의 영역에 침범해 올 것에 대한 두려움 등의 다양한 논의가 이루어지고 있다. 여러 분야의 전문가들은 인간이 해 오던 수리능력의 정확도, 체계적인 분석의 논리적 사고는 앞으로 기계가 인간을 능가할 것이므로, 인간은 기계가 넘을 수 없는 창의력, 공감능력, 감수성, 성찰능력 등의 인간성에 집중할 것을 강조하고 있다. 즉, 미래교육은 기계가 대신할 수 없고 인간만이 지닌 고유한 능력인 '인성'에 집중해야 한다.

이에 본 장에서는 정보량이 급증하고 상호 연결성이 커지는 미래사회에서 대학생들의 바람직한 인성교육을 위해 인성교육의 필요성, 인성교육의 개념 및 인성교육 관련법에서의 인성교육에 대해 알아보고자 한다.

1. 인성교육의 필요성

2020년도 화제의 드라마 「펜트하우스」는 부모들이 채워질 수 없는 일그러진 욕망으로 자식을 키우기 위해 악녀로 변신해 가는 과정을 그린 복수극이다. 이는 한 인간의 인성이 형성되는 데 가정환경이 매우 중요하며, 학교교육 등의 공교육제도 속에서 인성교육이 제대로 이루어져야 함을 시사한다. 이처럼 한 사람이 일생을 어떻게 사느냐 하는 것은 그 사람의 인성이 어떠한지에 따라 크게 달라진다.

현대사회는 최첨단 기계문명의 시대로 생활은 편리해졌지만, 인간으로 살아가는 데 필요한 가치관 및 규범뿐만 아니라 전통적 윤리 및 도덕성 등이 점점 변질되어 비도덕적이고 반인륜적인 사건 보도가 끊이질 않는다. 가정에서는 자녀의 방임, 학대, 불효, 반인륜적 폭행 등의 가정폭력이 발생하고 있고, 학교에서는 교사와 학생 간의 폭력, 집단따돌림, 학교폭력이 빈번하게 일어나며, 사회적으로는 무관심, 개인주의, 집단이기주의로 발생하는 작은 사건에서부터 남녀 간의 데이트폭력, 묻지마 범죄, 연쇄살인과 최근 미투(Me Too) 사건 등으로 이슈가 되고 있는 성희롱이나 성폭행까지 사건 사고가 지속적으로 증가하고 있다.

미국에서 시작된 미투 운동(Me Too movement)은 '나도 고발한다'라는 뜻으로, 성폭행이나 성희롱을 여론의 힘을 결집하여 사회적으로 고발하는 것이다. 2017년 10월 할리우드 유명 영화제작자인 하비 와인스틴의 성추문을 폭로하고 비난하기 위해 소셜 미디어에 해시태그(#MeToo)를 다는 것으로 대중화되었으며, 직장 및 사업체 내의 성폭행 및 성희롱을 SNS를 통해 입증하며 보편화되었다.

출처: 위키백과(https://ko.wikipedia.org/wiki).

가수의 인성교육

최근 음악 관계자들 속에서 '가수의 인성'이 이슈화되고 있다. 해외에서도 톱스타들에게 사회적 물의와 추문이 잇따르면서 스타의 인성교육이 화두가 된 것이다. 특히, 연예계에서 공든 탑을 무너뜨리는 것은 유행의 변화나 창의력의 후퇴가 아니라 '사고 한방'이다.

일부 스타의 사례에서 알 수 있듯이 공인임에도 불구하고 성범죄, 사기, 뺑소니, 유흥 행각 등 비교육적인 일탈행동이 빈번히 매스컴을 장식하고 있다. 또한, 공중파 및 종편 예능 프로그램에 출연한 연예인들의 대화 속에서는 무의식중에 성희롱적인 언어, 외모지상주의적인 시선, 툭툭 내뱉는 투의 발언 등 상대에 대한 공격성이 산재한다. 이런 매스컴의 행태가 학교의 인성교육에 어떠한 영향을 미칠지는 뻔하다.

서울 오금고 박경전 교장은 "아무리 교육 현장에서 인성함양에 애쓴다 해도 비인성교육적인 상황이 매체를 통해 여과 없이 전달되면 학생들은 고스란히 영향을 받는다. 이런 현실이 우리를 더욱 힘들게 한다."라며 어려움을 호소하였다. 박 교장은 학교의 노력도 중요하지만, K팝의 미래를 생각한다면 TV 쇼와 예능 프로가 청소년교육을 세심하게 고려해야 할 것이라고 말했다.

출처: 경향신문(2016. 6. 17.).

스포츠 선수의 일탈, 조기 인성교육 부재가 원인

최근 스포츠 스타의 도박, 승부 조작, 성추행 등 연이은 범죄 소식에 국민들의 실망감이 커지고 있다. 전 KT위즈의 김상현 선수가 공연음란죄로 불구속기소 되었고, 작년 원정도박 혐의로 물의를 일으켰던 삼성라이온즈의 안지만 선수는 불법 인터넷 도박 사이트 자금 투자 의혹을 받고 불구속기소 되었다. 또한, NC다이노스의 이태양 선수와 넥센히어로즈의 문우람 선수를 포함하여 KIA의 유창식 선수가 승부 조작을 했다는 사실이 밝혀졌다.

한국야구위원회(KBO)는 2016년 5월 법무부와 '배려, 법질서 실천 운동과 클린 베이스볼 문화 확산을 위한 업무협약'을 제결하는 등의 자정 노력에도 불구하고 그 효과를 보지 못하고 있다.

그동안 도핑, 불법 도박, 승부 조작 등의 사건으로 많은 선수들이 처벌을 받았다. 특히, 브로커가 아닌 프로야구 선수가 먼저 제안한 승부 조작도 발생하고 있으며, 당시 각 구단은 해당 선수의 징계 조치를 내리는 등 후속 조치를 했지만 이후 그 폐해는 사그라지지 않고 있다.

출처: 대구신문 달구벌아침(2016. 8. 1.).

우리나라는 1990년대 중반부터 국가적 차원의 교육정책에 인성교육 강화라는 주제가 지속적으로 반영되면서 인성교육의 절실함이 사회적 공감대를 얻게 되었고, 인성교육은 학교교육에서 뿐만 아니라 시민사회의 영역에서도 강화되어야 한다는 인식이 점차 확산되었다. 이제 더 이상 인성교육의 당위성을 일시적인 사회현상으로 볼 수 없으며, 인성교육 강화라는 교육의 방향 전환이 우리 사회에서 시작된 것이다(김민수, 2014).

한국교육개발원(KEDI)에서 성인 2,000여 명을 대상으로 '2013 교육여론조사'를 실시한 결과에 따르면, 정부가 가장 시급히 해결해야 할 교육문제로 약 48%의 응답자가 '학생의 인성 · 도덕성 약화'를 꼽았고, '학교폭력'이 그다음으로 높았다(한국교육개발원, 2013). 이러한 사회 분위기에 따라 국가 차원에서 '인성교육 강화 기본 계획'을 통해 가정에서 시작하는 인성교육 시스템 구축, 실천적 인성교육 중심의 학교문화 개선, 인성 중시의 범사회적 분위기 조성을 강조하였다(교육부, 2014).

2014년 5월 26일 '인성교육진흥법안(의안번호 10733)'을 통해 법적 차원에서도 인성교육을 명시하고 있으며, 이 법에서 5년마다 인성교육종합계획을 수립, 국가인성교육진흥위원회 및 인성교육진흥원의 설립, 학교별 인성교육계획 수립, 인성교육 프로그램 개발 및 보급 등을 핵심 내용으로 삼고 있다. 제1차(2016~2020) 인성교육 종합계획에 이어서 제2차(2021~2025) 인성교육 종합계획을 수립해 인성교육과 민주시민교육의 목표와 가치 · 역량 등의 내용이 배타적인 경계를 설정하지 않고 상호 보완적으로 추진되고 있다.

인성교육은 '교육의 알파이자 오메가'이다. 특히, 대학생들은 중 · 고등학교 시절에 비해 학교생활이 자유롭지만, 초기 성인으로서 주어지는 책임감과 스스로 해결해 나가야 할 교수, 선후배, 친구들 간의 관계 문제, 학업 및 진로 문제 등의 다양한 스트레스 상황 속에 있다. 이처럼 대학생들은 심리적으로나 사회적으로 갑작

스럽게 변화된 환경 속에서 여러 가지 긴장 상태와 갈등 상황에 놓이게 되며, 이를 적절하게 대처하지 못하거나 극복하지 못할 경우, 대학생활뿐만 아니라 이후 직장이나 가정생활 등에서도 대인관계에서의 스트레스 상황 속에 놓이게 된다.

언어적 폭행, 신체적 폭행 등을 일삼아 정신적 · 신체적 고통을 주고 있는 장면들

손승남(2014)도 대학에서 인성교육을 강화해야 함을 주장하면서, 대학에서의 인성교육의 목적으로 자기규정능력, 공동참여 및 책임능력, 연대능력을 들고 있다. 또한, 대학교육협의회에서도 책임감, 성실성, 준법성, 자기주도성, 리더십, 협동심, 나눔과 배려와 같은 8가지 인성요소를 입시에 반영하겠다고 밝힌 바 있다.

매우 빠른 속도로 변화하는 제4차 산업혁명 시대와 최첨단 글로벌 시대 속에서 적절한 인성교육의 방향은 나와 타인, 사회와 국가, 나아가 인류 차원으로까지 확대되어야 한다.

인성면접 예상질문: 인생관

1. 스포츠를 좋아합니까?
2. 휴일에는 어떻게 시간을 보내나요?
3. 기상시간과 취침시간을 말해 주세요.
4. 부모님을 떠나서 생활해야 하는데 괜찮나요?
5. 한 달에 용돈을 얼마나 쓰나요?
6. 존경하는 사람은 누구인가요?
7. 최근에 흥미 있는 뉴스는 무엇인가요?
8. 건강 관리를 어떻게 하나요?
9. 20대의 각오를 말씀해 주세요.
10. 당신의 생활신조는 무엇인가요?
11. 돈, 명예, 일 중에서 어느 것이 좋은가요?
12. 지금 제일 원하는 것은 무엇인가요?

출처: http://cafe.naver.com/hyundaisavingloan/43516

인성교육은 미래에 국가발전의 토대가 되는 인적 자원의 가장 중요한 요소가 될 것이며, 한 국가의 경쟁력, 경제 발전, 복지 수준, 행복 지수를 결정하는 핵심 역량 요인이 될 것이다. 따라서 대학생들이 올바른 가치관을 형성하고 긍정적인 자아존중감과 자아정체감을 확립하며, 행복한 학교생활, 직장생활, 가정생활, 사회생활 속에서 올바른 인성을 갖추도록 대학에서 실효성 있는 인성교육을 실시해야 한다.

2. 인성교육의 개념

1) 인성의 개념

(1) 인성의 기초 개념

인성(人性)에 대한 사전적 정의는 '사람의 성품' 또는 '각 개인이 가지는 사고와 태도 및 행동 특성'이다(국립국어원). 즉, '성품(性品)'이란, '성질과 품격'이다. 여기서 '성질'은 심리학적 바탕 또는 현상이나 사물의 본래부터 지니고 있는 독특한 바탕이며, '품격'은 물건에 대해 좋거나 나쁜 정도 또는 기품, 품위 등으로 풀이하고 있다(민중국어사전).

인성의 개념은 교육학에서는 '인성', 정신분석학에서는 '인격', 심리학에서는 '성격'으로 정의되고 있다(천세영 외, 2012). 또한, 인성(personality)은 성격(Character)과 구분된다(류청산, 진홍섭, 2003). 즉, '인성'은 사람의 타고난 성품으로 남에게 인상을 주는 신체적 · 정신적 · 정서적 · 사회적 특질의 동일체로 인간의 본성이며, '성격'은 도덕적 · 윤리적 기준 따위를 고려한 개개인의 성질이나 경향으로, 후천적으로 획득될 수 있는 특성으로 정의된다.

올포트(AIIport)는 인성을 포괄적이며 지속성을 지니고 있는 역동적인 체계라고 정의하였는데, 그가 말한 인성의 특성은 다음과 같다(박영숙, 2010 재인용).

- **인성은 환경과의 유기적인 관계 속에서 이해해야 한다.** 왜냐하면 인간은 환경의 지배를 받기 때문이다.
- **인간의 인성은 행동으로 규정된다.** 즉, 행동은 인간의 사고, 가치, 태도, 감정, 생리적 운동과 같은 유기체로서 나타내는 모든 반응을 의미한다.
- **인성은 구조적 · 역동적 측면을 모두 지니고 있다.** 따라서 여러 구조 사이에 존재하는 다양한 역동적 관계로 인해 인성은 더욱 복잡해진다.
- **인성은 일관성을 보인다.** 한 개인의 행동 양식은 겉으로는 시시각각 변화하는 것 같지만, 그의 인성 구조와 역동성은 오랫동안 지속하여 동일한 특성을 유지하려는 경향이 있다.

인성은 '총체성', '가치지향성', '교육가능성'의 비교적 공통된 특징들을 보여 주고 있으며, 한 개인의 삶에 지속적으로 영향을 미치며 중요한 역할을 하게 된다. 이러한 특징에 따라 달라지는 인성의 정의는 〈표 1-1〉과 같다.

〈표 1-1〉 인성의 정의

총체성	• 교육학 용어사전에서 인성은 '인간의 지속적 동기의 경향' 또는 '행동성향의 조직'으로서, 인지적 사고나 가치 및 신체적 특성을 포함하는 개념(서울대 교육연구소, 1994) • 좁은 의미로는 도덕성, 사회 · 정서적 측면으로 말하고, 넓은 의미로는 지 · 정 · 의 또는 지 · 덕 · 체를 골고루 갖춘 전인성(이근철, 1996) • 사람의 마음 바탕이 어떠하며, 사람 된 모습이 어떠하다는 것을 말하는 개념으로 사람의 마음과 사람됨이라는 두 가지 요소로 구성(한국교육학회, 1998) • 존중, 공정성, 보살핌 등의 도덕적 · 윤리적 가치와 책임감, 신뢰, 시민성 등을 망라하는 개념으로, 개인 또는 집단의 정서적 · 지적 · 도덕적 자질은 물론 이러한 자질들이 친사회적 행동으로 발현되는 것을 포함하는 것(미교육부, 2007, 2008)
가치 지향성	• 인간의 내면적 요구와 사회 · 환경적인 필요를 지혜롭게 조화시킴으로써 세상을 유익하게 하는 인간의 특성(조연순, 2007) • 건전하고 긍정적인 개인의 삶이나 사회생활을 위한 심리학적 · 행동적인 특성(현주 외, 2009) • 신뢰롭고 협동적 인간관계를 가지면서 개인이 만족스럽고 행복한 삶을 영위하는 생활태도와 품성(문용린, 2010) • 다른 사람에게 주는 그 사람의 전체적인 인상으로 성품, 기질, 개성, 인격 등 가치 개념의 의미를 내포(이윤옥, 1998) • 사람의 성품이며, 성품은 성질과 품격. 성질은 마음의 바탕이고 사람됨의 바탕을 가리키는 말(남궁달화, 1999)
교육 가능성	• 환경에 대응함으로써 나타나는 태도 및 행동, 동기, 경향성, 전 인생 과정의 총합, 인간의 시간과 상황 속에서 지속되는 독특한 구조, 각 개인이 어떠한 경험을 하느냐에 따라 크게 달리질 수 있음(황응연, 1992) • 인간이 태어나면서 가지게 되는 기질이나 성격의 개념이 아니라, 외부 환경에 의해 의도된 학습이나 교육에 의해 학습되거나 변화 가능한 인간의 성품(조난심 외, 2003) • 사람의 됨됨이, 인격 및 품성 등의 바람직한 의미를 포함하는 도덕적 가치가 포함되며, 교육에 의해 후천적으로 학습될 수 있는 인격 특성(서지영 외, 2010)

출처: 인성교육범국민실천연합 · 교육과학기술부(2012) 재인용.

(2) 사회적 관점에서의 인성 개념

사회적 관점에서 인성은 인간됨의 가치를 측정하는 척도로, 사회 구성원으로서 인간이 추구해야 할 덕목이나 품성, 마음씨, 됨됨이 등의 윤리적 가치를 중시한다. 즉, 올바른 인성을 함양하기 위해 한 개인이 속한 사회에서 추구하는 사회적 가치와 덕목을 갖추고 원만한 인간관계 또는 유능한 사회적 능력을 길러야 한다(이경민, 2010 재인용).

인성은 사람의 '마음'과 '참모습'으로 이루어져 있다. 즉, 한 사람의 마음이 어떤 모습이며, 참모습이 어떻게 형성되는가를 의미한다. 사람의 심성은 마음에 있는 세 가지 요소인 지성, 감성, 의지인 '지(知)', '정(情)', '의(意)'로 구성된다. 즉, 인성을 구성하는 마음과 사람됨은 서로 밀접한 관련이 있으며, 통합된 마음은 사람됨됨이의 바탕이 되고, 사람 됨됨이는 통합된 마음이 가치의 실현을 통해 드러난 모습인 것이다(박찬옥, 2010).

(3) 종교적 관점에서의 인성 개념

종교적 관점에서 인성은 인간의 본성 또는 '생태적으로 타고난 심성'으로 보는 개념이다(송지선, 안은경, 임부용, 2000). 인간의 본성은 태어날 때부터 선하며, 행복하고 활동적이며, 스스로 자신의 자아를 펼칠 수 있는 잠재력을 지니고 있다고 본다. 이러한 인성을 불교, 도교, 기독교의 입장에서 설명하면 다음과 같다.

- 불교: 인간을 불성을 지니고 있는 존재로 보고, 부처가 소유한 다양한 성격적 특징을 그대로 가지고 있음
- 도교: 인간을 '덕'을 가지고 있는 존재로 인정하며, 어떤 사람이든 태어날 때부터 '도인'이 될 수 있는 능력을 선천적으로 가지고 태어남
- 기독교: 인간은 하나님에 의해 창조되었기 때문에 예수와 같은 선하고 의로운 성품을 지니고 있다고 볼 수 있음

(4) 미래 역량의 관점에서의 인성 개념

미래학자 다니엘 핑크(Daniel Pink)는 그의 저서 『새로운 미래가 온다(*A Whole New Mind*)』에서 미래 인재의 조건에 대해 스토리, 디자인, 조화, 의미, 공감, 놀이 등 6가지 요소를 주장하였다. 미래사회의 변화에 따라 요구되는 인성요소가 달라질 수 있으며, 특히 조화와 공감의 의미는 인성요소와 밀접한 관련이 있다. 조화는

낱개의 조각들을 모아 새로운 것을 창조해 내는 능력을 의미하며, 공감을 이끌어 내는 능력은 분열된 사회를 통합시키는 방안을 만들어 내는 능력과 관련이 있다.

2) 인성교육의 개념

오늘날의 인성교육은 사회 구성원으로서 갖춰야 할 조건이며, 인간 본성의 인지 · 정서적인 자신의 본성에 대한 정확한 인식과 확신을 가질 수 있도록 해야 한다.

인성교육의 개념은 사용하는 사람, 인성의 개념에 따라 그리고 성격, 인격, 도덕성, 사회화의 의미를 어떻게 규정하는가에 따라 달라지므로 한마디로 규정하기 어렵다. 인성교육에 대한 개념은 가치교육, 도덕교육, 성격교육, 전인교육, 사회화교육의 의미로 나누어 볼 수 있고, 지식 중심의 교육 대안으로 인간 본성을 탐구하는 전인교육의 입장에서 설명할 수 있다(이원희, 1999).

인성교육은 [그림 1-1]과 같이 성격교육, 인격교육, 도덕교육, 사회화교육과정의 4차원이며, 인성교육의 4차원들이 모두 중첩되는 것으로 총체적 인식이 이루어져야 의미가 가능해진다.

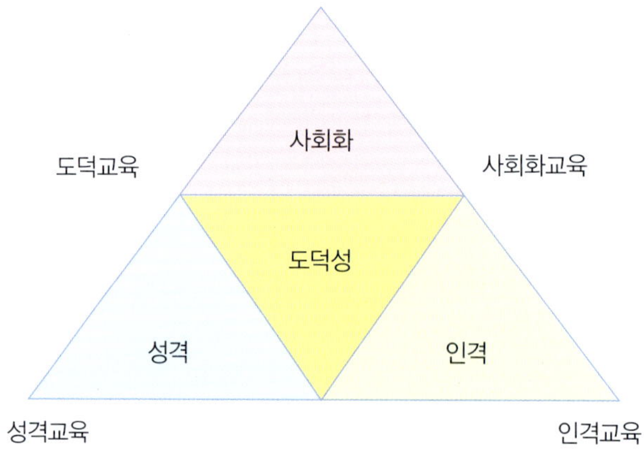

[그림 1-1] 인성교육의 차원

출처: 이원희(1999).

(1) 학자별 인성교육

인성교육의 개념은 학자에 따라 다양하게 정의되고 있다. 학자별 인성교육은 크게 인간으로서의 성품을 길러 주는 교육, 정서 · 인지 · 행동의 균형적 발달을 강조하는 교육, 개인과 사회와의 조화를 강조한 교육 등의 관점이 있다. 이러한 관점에 따라 인성교육을 정의하면 〈표 1-2〉와 같다.

〈표 1-2〉 학자별 인성교육의 개념

구분	학자	내용
성품을 길러 주는 인성교육	신차균 (2000)	사회적으로 바람직한 행위 규범을 내면화함으로써 인간으로서 갖추어야 할 최소한의 품성을 형성하는 교육
	조난심 외 (2003)	인간으로서 바람직한 품성을 길러 주기 위한 교육
	김명진 (2007)	인간성을 기르는 교육, 인격을 함양하는 교육, 사람을 사람답게 하는 교육
정서 · 인지 · 행동의 균형적인 발달을 강조하는 인성교육	남궁달화 (1999)	학생들이 지 · 정 · 의를 조화롭게 발달시켜 마음을 통합할 수 있도록 도와주는 마음의 교육
개인과 사회와의 조화를 강조한 인성교육	조연순 (2007)	자신의 개성을 발휘하여 사회와 공동체에 유익을 줄 수 있는 인간으로서의 자질과 능력을 기르는 교육
	현주 외 (2009)	사람들로 하여금 가족, 친구, 이웃, 지역사회, 국가의 일원으로 함께 살고 일하도록 하는 데 도움을 주는 사고와 행동의 습관을 가르치는 것

출처: 김수진(2015).

학자별 인성덕목을 분류하면 〈표 1-3〉과 같다.

〈표 1-3〉 학자별 인성덕목의 분류

연구	인성덕목의 영역	영역	
		자기	타인
조연순 외 (1998)	• 민주시민의식: 준법정신, 봉사정신, 협동정신, 책임감, 정의감, 애국심, 환경보호의식 • 타인존중의식: 권위의 존중과 수용, 예의범절, 효, 사랑, 배려, 정직, 신뢰 • 자기존중의식: 자신감, 자아수용, 자기표현, 자기통제	• 자기존중의식	• 타인존중의식 • 민주시민의식
박효정 (2000)	• 타인배려: 연민, 관용, 양보, 친절, 봉사, 헌신 • 공공질서의식: 준법의식, 공중질서 준수 • 정의: 공정성, 용기, 민주성 • 사회연대의식: 책임과 협동, 공익 우선, 신의 • 애국애족: 나라사랑, 민족사랑, 인류애 • 절제: 절약, 자기통제, 인내 • 정직 • 경로효친 • 생명존중 • 환경보호의식 • 성윤리 • 평등의식	• 정직 • 생명존중 • 환경보호의식 • 정의 • 애국애족 • 절제	• 타인배려 • 공공질서의식 • 경로효친 • 성윤리 • 평등의식 • 사회연대의식
Greenaw et al. (1996)	• 시민정신 – 민주주의: 권위의 존중과 수용, 평등, 양심과 표현의 자유, 정의의 자유, 관용 – 애국심: 용기, 충성 – 자연환경에 대한 존중: 환경보존 • 타인에 대한 존중 – 이타주의: 공손, 동정, 예의범절 – 정직: 진실, 신뢰 • 자기에 대한 존중 – 자아수용: 전념, 인내, 자기통제, 절약 – 자기존중: 지식, 절제, 육체적 · 정신적 · 경제적 처지 수용 – 직업윤리: 성취, 협동, 신용, 성실, 자신감, 생산성, 창의성	• 자기에 대한 존중	• 시민정신 • 타인에 대한 존중

출처: 류청산, 진홍섭(2003) 재인용.

(2) 교육부 정책에서의 인성교육

교육부에서는 인성교육의 개념을 인성교육과 교과교육의 조화를 이룰 수 있도록 미래사회의 핵심 역량, 즉 '더불어 조화롭게 사는 능력'으로 정의하고 있다. 핵심 역량으로 본 인성교육은 '사회성'과 '감성능력'의 향상에 초점을 두고 있으며, 학습자가 일상생활 속에서 경험하는 옳고 그름에 대한 '도덕적 판단능력'과 '책임감을 기르는 것' 등을 포함하고 있다.

인성교육 개념화의 방향은 다음과 같다(KEDI 교육정책포럼, 2012).

- 지식 위주의 인성교육을 머리로 알고(knowing), 가슴으로 느끼고(feeling), 몸으로 실천(doing)할 수 있도록 하는 데 있다.
- OECD의 DeSeCo프로젝트(1997~2003) 등에서 제시하는 미래 인재에게 요구되는 핵심 역량의 접근을 따른다.
- 가르칠 수 있고, 객관적이고 신뢰롭게 측정 가능하도록 한다.

새로운 인성교육의 개념구조는 3차원 6역량으로 나누어 볼 수 있는데 구체적인 내용은 〈표 1-4〉와 같으며, 이러한 인성의 3차원 및 각각의 핵심 역량은 서로 배타적인 것이 아니라 상호 유기적으로 관련되어 있다.

〈표 1-4〉 인성교육의 개념구조

차원	역량
사회성 차원	사회적 인식능력, 대인관계능력
도덕성 차원	핵심 가치 인식능력, 책임 있는 의사결정능력
감성 차원	자기인식능력, 자기관리능력

① 교육과정과 연계한 인성교육 강화

교육과학기술부에서는 2009년 개정 교육과정에서의 창의적 체험활동을 통해 인성을 강조하였다. 이는 '창의와 배려의 조화를 통한 인재 육성-창의 · 인성교육 기본방안'으로, 바람직한 미래 인재상인 '개인의 흥미, 재능, 역량, 가치관 및 비전 등을 살려서 가족, 지역사회, 국가와 세계에 가치 있는 일을 할 수 있는 인재'로 제시하였다.

인성교육은 '지루한 도덕교육', '고리타분한 교육', '문제아 교육' 등 부정적인 이미지를 가지고 있으므로, 전통적이고 소극적인 인성교육의 개념과 차별화되는 미래지향적이고 진취적인 인성교육의 개념 정립이 필요하다.

한국과학창의재단에서는 창의 · 인성교육을 창의성 교육요소와 인성 교육요소, 문화 및 풍토 요소로 나누어 설명하고 있으며, 인성교육 요소는 〈표 1-5〉와 같다.

〈표 1-5〉 인성교육 요소

인성 교육 요소	인간 관계 덕목	정직	객관적인 기준에 따라 있는 그대로의 결과를 인정하고 받아들일 수 있는 것
		약속	자신에게 주어진 역할을 정확하게 이행하는 것
		용서	자신의 견해에 반대하거나 비판한다고 하더라도 타인의 입장과 견해를 이해하고 받아들일 수 있는 열린 마음을 갖는 것
		배려	다문화, 다학문 등의 다양성을 받아들이고, 상충되는 의견과 합의에 이르는 것
		책임	자신의 능력을 조절하여 하고자 하는 임무를 완성하고 나아가 자신의 역할을 다해 세상에 기여하고자 하는 것
		소유	타인의 지적 · 물적 능력, 성과 등을 인정하고 자신의 역량에 맞는 결과를 받아들이는 것
	인성 판단 능력	도덕적 예민성	사태를 도덕적 관점에서 받아들이고 인식할 수 있는 능력
		도덕적 판단력	정의롭고 공공의 관점에서 상황을 판단하여 행동 선택에 있어서 보다 바람직한 이유와 정당성을 추구하고 판단할 수 있는 능력
		의사결정능력	보다 바람직한 가치를 판단하고 이해할 수 있는 능력을 바탕으로 가치와 일치하는 행동을 선택하는 능력
		행동실천력	바람직한 행동을 선택한 후에 그것을 직접적인 행동으로 보일 수 있고 실천할 수 있는 능력

출처: 교육과학기술부 · 한국과학창의재단(2010).

② 체험과 실천 중심 민주시민교육을 통한 인성교육 강화

2010년에 민주시민교육의 일환으로 '체험과 실천 중심의 민주시민교육 활성화 방안'을 공포하였다. 이는 '민주사회의 지속 발전을 위해 지식 · 가치 · 태도 등 공동체의 구성원에게 요구되는 자질과 소양을 함양하고 행동으로 이어지도록 하는 교육'으로 인성교육을 강화하기 위한 민주시민교육 내용은 〈표 1-6〉과 같다.

〈표 1-6〉 체험과 실천 중심의 민주시민교육 내용

구분	내용
역량과 자질	참여와 책임, 의사소통, 갈등조정, 문제해결
공유 가치	자유, 자율, 공정, 준법, 배려 · 나눔, 다양성 존중
국가 정체성	영토, 역사, 정통성, 전통문화, 사회통합, 평화통일

'체험과 실천 중심의 민주시민교육 활성화 방안'의 특징은 다음과 같다.

- 교과서 위주의 지식 전수에 치중하여 실제 행동을 통해 가치관과 태도를 변화시킬 수 있는 체험 · 실천교육이 미흡하다.
- 준법, 타인과 약자에 대한 배려, 공정, 책임, 갈등해결 등 공동체의 일원으로서 갖추어야 할 덕목에 대한 교육과정 상의 내용이 부족하다.
- 일부 부처 · 기관 · 민간단체 단위의 체험활동 프로그램이 진행되고 있으나, 개별적으로 추진되어 산발적이며 학교교육과의 연계가 미흡하다.

(3) 미래 역량으로서의 인성교육

인성교육은 지금까지 '덕'을 지식으로 여기던 주입식 교육에서 벗어나 개인의 인성 역량을 길러 주는 미래 역량교육으로 가고 있다. 즉, 인성교육은 학교교육이 그 자체의 이념을 제대로 실현하고자 노력하는 과정에서 실현될 수 있는 총체적 · 궁극적인 성격의 것이다(서덕희, 2012).

7차 교육과정부터는 실천주의 입장에서 인성교육을 다루고 있으며, 인성교육을 범교과 주제로 보기 시작하였다(김혜정 외, 2012). 인성교육을 범교과적으로 접근해야 할 실천적 교육으로 바라봄으로써 미래 핵심 역량으로서 역량 중심의 인성교육을 실천하게 되었다.

미래 핵심 역량은 성공적인 수행을 추구하기 때문에 수행을 통해 탁월한 성과를 창출할 때 그 가치를 인정받게 된다(이근호 외, 2012). 따라서 핵심 인성 역량은 탁월한 성과를 보이는 속성이 도덕적이고 긍정적이거나, 그 자체로 도덕적이지는 않더라도 도덕적 행위를 지지하는 역할을 해야 하는 것이다.

한편, 현대사회에서 요구되는 인성교육은 개인적 차원의 교육을 넘어서는 공동체 구성원과의 상호작용을 중요시하고 있다. 즉, OECD에서는 7개년에 걸쳐 12개국이 참여한 DeSeCo(Definition and Selection of Key Competencies) 프로젝트에서 3가지 범주의 핵심 역량을 제시하였는데, 이 중 두 번째가 '이질적인 상대와의 협력 역량'이다. 우리나라 청소년들은 타인을 배려하고 함께 일할 수 있는 능력 등의 사회적 상호작용능력에서 OECD 국가 중 최하위 수준이라는 결과(김재춘 외, 2012)를 볼 때, '관계'나 '상호작용'을 강조하는 것은 당연한 맥락이다.

미래 역량의 관점에서 살펴본 학자별 인성교육의 개념을 정리하면 〈표 1-7〉과 같다.

〈표 1-7〉 미래 역량의 관점에서 살펴본 학자별 인성교육의 개념

학자 / 구분	인성교육의 개념
인성교육진흥법 (2015)	자신의 내면을 바르고 건전하게 가꾸고 타인 · 공동체 · 자연과 더불어 살아가는 데 필요한 인간다운 성품과 역량을 기르는 것을 목적으로 하는 교육
정창우 (2010)	인간다운 면모와 자질을 갖추기 위한 교육으로 자기중심성에서 벗어나 타인 및 공동체와 바람직한 관계를 형성할 수 있도록 하는 일련의 가치교육 · 도덕교육 · 인격교육 · 시민성 교육의 공통분모에 해당하는 교육
Character Education Partnership (2010)	아동이 문화 전반적으로 받아들여지는 윤리적 · 수행적 핵심 가치를 함양하도록 하는 의도적인 노력
미국 교육부 (2007)	사람들이 가족, 친구, 이웃, 지역사회, 국가의 일원으로 함께 살아가고 일하는 데 도움을 주는 바람직한 사고와 행동의 습관화를 위한 일련의 교육으로 정의하면서, 인성교육은 학생들로 하여금 존중, 정의, 민주시민적 자질, 자기 자신과 타인에 대한 책임감 등의 핵심 윤리적 가치를 이해하고, 중요하게 생각하며 행동하는 학습과정

구분 \ 학자	인성교육의 개념
신극범 외 (1998)	교육이라는 실제적 활동에 속하는 영역으로 지식교육과 대비되는 개념으로서 사람의 됨됨이, 인격, 성격, 행동, 태도, 가치관 등을 포함하는 교육
한국교육학회 (1998)	기존의 인지적으로 편중된 교육상황에서는 별로 다루지 않는 정의적인 측면 및 인간의 본성과 관련한 것으로 학습자로 하여금 건강한 전인적인 민주시민으로 성장하고 생래적인 본성을 실현함으로써 보다 풍부하고 자유로운 삶을 살 수 있도록 하기 위한 교육적 경험을 제공해 주는 것
문용린 (1997)	인간의 정서와 감정에 대한 통제능력과 같은 내적 능력을 가르치고 키울 수 있도록 돕는 교육

출처: 교육과학기술부(2012).

3. 인성교육 관련법에서의 인성교육

1) 「대한민국헌법」에서의 인성교육

「대한민국헌법」 제2장 제10조는 “모든 국민은 인간으로서의 존엄과 가치를 가지며, 행복을 추구할 권리를 가진다. 국가는 개인이 가지는 불가침의 기본적 인권을 확인하고 이를 보장할 의무를 진다.”라고, 인간은 존엄한 존재이기에 행복을 추구할 권리를 가진다고 명시되어 있다. 인간의 존엄성이 헌법의 최고이념임을 상기시켜 볼 때, 행복추구권은 헌법의 가치를 추구하고 실현하는 권리이며, 행복한 삶을 위한 교육, 소위 ‘행복교육’은 헌법의 가치를 추구하는 교육이라 할 수 있다. 궁극적으로 인성교육 역시 존엄한 나와 너, 그리고 우리의 행복을 추구하기 위한 교육으로 헌법상의 인간상과 헌법의 가치를 교육에서 실현하고자 한 홍익인간의 이념을 그 목적으로 삼는다.

「대한민국헌법」 제2장 제31조에서 모든 국민은 능력에 따라 균등하게 교육을 받을 권리를 가짐을 규정하고 있다. 이 헌법 규정을 바탕으로 하여 제정된 법률이 「교육기본법」, 「초 · 중등교육법」, 「고등교육법」 등이며, 이 중 「교육기본법」 제1장 제2조(교육이념)는 “교육은 모든 국민이 인격을 도야하고 민주시민으로서 필요한 자질을 갖추게 하여, 인간다운 삶을 영위하고 민주국가의 발전과 인류 공영의 이상을 실현하는 데에 이바지하게 함을 목적으로 한다."라는 교육목표를 명시하고 있다.

개인 · 국가 · 세계의 지향점과 교육의 목적 아래에서 인성교육의 목적을 설명하면 [그림 1–2]와 같다.

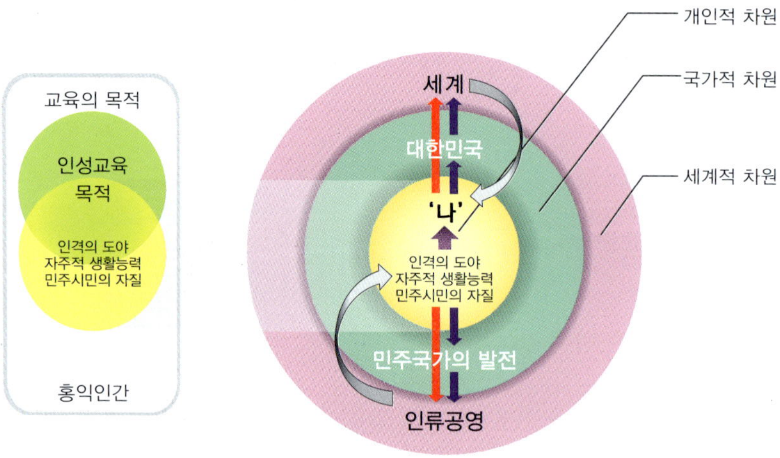

[그림 1–2] 개인 · 국가 · 세계의 지향점과 교육

출처: 김동일 외(2015) 재인용.

「교육기본법」 제9조 제3항은 1997년 제정 당시부터 "학교교육은 학생의 창의력 계발 및 인성의 함양을 포함한 전인적 교육을 중시하여 이루어져야 한다."라고 명시되었다. 이는 대표적이고 구체적인 학교교육 현장에서도 학생들에 대한 전인 교육을 강조해 왔음을 시사한다.

2) 「인성교육진흥법」에서의 인성교육

「교육기본법」에서 학교교육에서의 인성함양을 명시한 바와 같이, 2016년에 시행된 「인성교육진흥법」은 정치 · 경제 · 사회 · 문화의 모든 영역의 기저에 깔려 있는 인성을 강조한 법으로, 교육이라는 통로를 통해 인성을 더욱 강하게 발현시켜야 한다는 사회적 공감대 위에 발의되고 제정되었다.

「인성교육진흥법」 제1조(목적)에 따르면, 「대한민국헌법」에 따른 인간으로서의 존엄과 가치를 보장하고 「교육기본법」에 따른 교육이념을 바탕으로 건전하고 올바른 인성을 갖춘 국민을 육성하여 국가사회의 발전에 이바지함을 목적으로 한다. 이 법은 오늘날 고도의 과학기술 및 정보화 시대에 강조되는 정보기술의 발전과 활용의 원천은 인간에게 있고, 인간의 건전하고 올바른 인성 여하에 따라 그 의미와 가치가 달라진다는 점에 주목하였다.

「인성교육진흥법」에서는 '인성교육'을 자신의 내면을 바르고 건전하게 가꾸고 타인 · 공동체 · 자연과 더불어 살아가는 데 필요한 인간다운 성품과 역량을 기르는 것을 목적으로 하는 교육으로 정의하였다. 또한, 인성교육을 '핵심 가치 · 덕목'과 '핵심 역량'으로 나누어, '핵심 가치 · 덕목'은 인성교육의 목표가 되는 예(禮), 효(孝), 정직, 책임, 존중, 배려, 소통, 협동 등의 마음가짐이나 사람됨과 관련되는 핵심적인 가치 또는 덕목으로 보았고, '핵심 역량'은 핵심 가치 · 덕목을 적극적이고 능동적으로 실천 또는 실행하는 데 필요한 지식과 공감 · 소통하는 의사소통능력이나 갈등해결능력 등이 통합된 능력으로 정의하였다. 이는 국가가 개인의 인간 존엄성과 행복추구권을 보장하기 위해 향후 학교와 가정, 지역사회 차원에서 광범위하게 강조할 뿐만 아니라 인성교육을 지원하거나 실시할 근거가 될 것이다.

※ 인성교육은 학교교육 및 학교 밖 교육에서 **인성 가치 · 덕목을 내면화하고, 의사소통능력 · 갈등해결능력을 익히게 함**으로써 핵심 가치 · 덕목을 갖춘 민주시민을 양성하는 교육

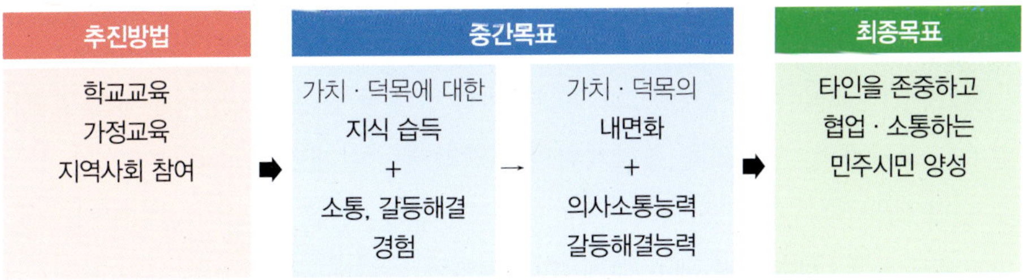

[그림 1-3] 법령상 인성교육의 해석 및 정책 과정 개념도

출처: 교육부(2020).

「인성교육진흥법」에 제시된 인성교육의 기본 방향은 다음과 같다.

- 인성교육은 가정 및 학교와 사회에서 모두 장려되어야 한다.
- 인성교육은 인간의 전인적 발달을 고려하면서 장기적 차원에서 계획되고 실시되어야 한다.
- 인성교육은 학교와 가정, 지역사회의 참여와 연대하에 다양한 사회적 기반을 활용하여 전국적으로 실시되어야 한다.

〈표 1-8〉 인성교육과 타 교육정책 간 관계

인성교육의 목표 가치(역량)			관련 교육정책
간접 연관	직접 연관		
예, 효 (갈등해결능력)	책임, 존중, 배려, 소통	⇄	인권교육
	책임, 존중, 배려	⇄	환경교육
예, 효	책임, 존중, 배려, 소통	⇄	인문소양교육
예, 정직	책임, 존중, 배려, 소통 (의사소통능력)	⇄	미디어 리터러시 교육
예, 정직, 책임	존중, 배려, 소통		양성평등 교육
예, 책임	존중, 배려, 소통, 협동		학교폭력 예방 대책

출처: 교육부(2020)

제2차 인성교육 종합계획(2021~2026) 내의 주제별 인성교육은 개별 교육정책의 일부를 포괄하며, 인성교육 종합계획의 추진과제들이 개별 교육정책의 일부가 될 수 있다. 인성교육을 위한 지식 · 역량과 인권, 환경, 인문, 미디어 리터러시 교육, 양성평등 교육, 학교폭력 예방 대책 등의 안착과 인성교육의 회복을 기대한다.

Chapter 02

동·서양에서의 인성교육

세대가 변하면서 인성에 대한 생각이 달라지고 있는 것 같지만 동 · 서양 모두 인성교육에서의 궁극적인 목표는 같다. 그러나 인성에 도달하는 과정과 방법에서의 관점은 차이가 있다. 동양에서는 전인적인 인간, 즉 이상적인 인간상을 추구하는 반면 서양은 책임과 봉사, 시민의식 등의 역량에 기반하여 실천을 강조한다.

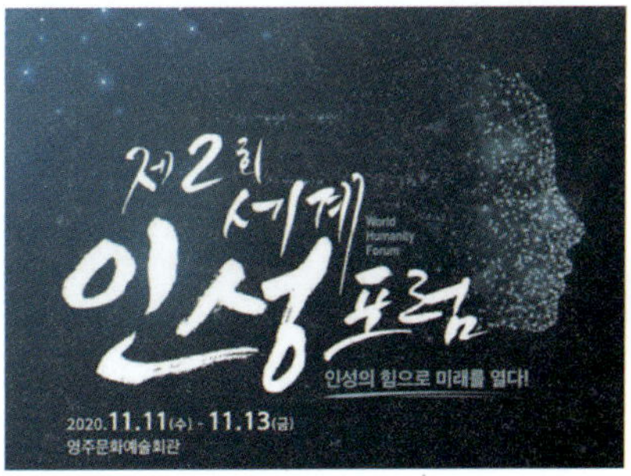

'인성의 힘으로 미래를 열다' 주제로 열린 제2회 세계인성포럼 개최

출처: 안동 MBC(2020.11.11.).

예를 들면, 동양에서는 효를 행하는 것이 국가에 대한 충성심으로 여겨 조선시대에는 전쟁이 일어나도 부모가 죽으면 전쟁터에 나가는 것보다 시묘(侍墓)살이를 더 중요하다고 여겼으며, 서양에서는 가정의 행복이 보장되기 위해 국가의 위기 상황에서 국가를 우선시했다.

이에 본 장에서는 소통과 공감능력을 필요로 하는 대학생들의 동 · 서양 인성교육에 대한 이해를 돕기 위해 인성교육의 전통적 가치관과 각 나라별 인성교육의 특징에 대해 살펴보고자 한다.

1. 동양에서의 인성교육

1) 싱가포르

싱가포르의 교육은 배려와 시민교육이다. 한 개인의 인성은 개인의 이익만을 추구하는 것이 아니라 공동체를 생각하면서 서로 배려하고 바람직한 의사결정을 내릴 수 있도록 돕는 교육을 강조한다. 도덕교육과 모국어 교육을 통해 인성교육을 실시하고 있으며, 전통적인 유교적 가치의 보존과 전수를 강조하고 있다. 이와 같은 교육과 정책을 통해 싱가포르는 민족적 정체성을 유지하면서 전통적인 것과 현대적인 것 간의 조화를 이루고, 동양적 가치와 현대적 가치뿐만 아니라 민족 간의 통합까지 달성하고 있다. 싱가포르에서는 공부를 잘하는 아이가 되기를 가르치기보다 미래를 바라보며 바람직한 어른으로 성장하도록 평등의 가치를 가르치고 있는 것이다.

싱가포르에서는 교과지식과 시험 위주의 교육에서 '인성 · 시민교육(Character & Citizenship Education, CCE)'으로 전환하였다. 2014년에 '21세기 역량과 학생 성과에 대한 틀(Framework for 21st Century Competencies and Student Outcomes)'을 바탕으로 이와 관련된 국가수준 교육과정을 발표하였으며, 인성 · 시민의식 교육에서는 존중, 배려, 책임, 진실성, 회복탄력성, 조화 등의 핵심 가치와 사회 · 정서적 유능성, 시민 정신, 국제적 인식, 다양한 문화수용능력에 초점을 맞추어 학생들의 인성교육을 하고 있다(Ministry of Education, Singapore, 2014). 즉, 싱가포르에서는 교육을 통해 학생들의 인성함양을 추구하고 있으며, 세계화 시대의 유용한 시민이 되기 위해서는 관련 가치, 습관, 기술, 유능성 등을 길러 주는 것이 필요하다고 보았다(Ministry of Education, Singapore, 2014).

〈표 2-1〉 싱가포르의 인성 · 시민의 교육내용

구분	자아	가족	학교
자기 인식	[지식] 자아에 대한 인식 • 자신의 재능, 흥미, 관심에 대한 이해 [기술] 자신을 아는 것 • 자신의 생각과 감정 확인, 적성, 흥미를 키우기 위한 노력 [태도] 자신의 능력에 대한 신념		[기술] 자기 자신에 대한 인식과 관리 • 학교폭력 상황, 팀에서의 갈등 상황
자기 관리	[기술] 목적 수립 [기술] 스트레스 관리 [기술] 분노, 충동 조절 [태도] 변화와 도전에 대한 용기	[지식] 가족의 이슈/변화 • 가족의 공통 이슈에 대한 지각, 가족의 변화에 대처하는 방법을 아는 것	[기술] 자기 자신에 대한 인식과 관리 • 학교폭력 상황, 팀에서의 갈등 상황
사회적 인식	[기술] 도덕적 추론 • 도덕적 규범에 근거한 옳은 결정	[기술] 관점 채택 • 가족 내 다른 사람의 관점으로 바라보는 것 [태도] 가족 구성원의 사고, 감정, 필요 고려	[기술] 관점 채택 • 다른 사람들의 관점으로 보고 이해하는 것 [기술] 도덕적 추론 • 도덕적 규범에 근거한 옳은 결정 [태도] 친구의 사고, 감정, 필요에 대한 고려
대인 관계 기술	[기술] 도움 구하기 • 언제, 어떻게 도움을 구하는지 아는 것 [가치] 개인의 행복을 배려하는 것에 대한 책임	[지식] 긍정적 가족 관계 [기술] 긍정적인 관계의 형성과 유지 • 가족 유대를 유지하기 위한 상호작용 기술 [기술] 갈등 관리 • 가족과 타인 간의 갈등을 해결하기 위한 대안 모색, 조정 [기술] 도움 구하고 제공하기 • 가정이 어려움에 직면한 상황 [가치] 가족 구성원에 대한 존중 [태도] 가족 구성원과 상호작용할 때 겸손하기	[지식] 건전한 우정 [지식] 또래와의 부정적 관계 [기술] 긍정적인 관계의 형성과 유지 • 우정의 형성과 유지를 위한 대인관계 기술 [기술] 갈등 관리 • 또래와의 갈등에 대처하기 위한 기술 [기술] 도움 구하고 제공하기 • 학교폭력이나 친구가 어려움에 직면했을 때 [가치] 친구에 대한 존중, 책임, 배려 [태도] 친구에 대한 공감
책임 있는 의사 결정	[기술] 책임 있는 의사결정 • 바람직한 가치 체계에 따른 결정 [가치] 결정에 따른 책임	[기술] 책임 있는 의사결정 • 가정에서의 결정에 대한 영향과 결과에 대한 평가	[기술] 책임 있는 의사결정 • 개인의 결정이 타인에 미치는 영향 고려, 적절한 결정

출처: Ministry of Education, Singapore(2014), 김수진(2015) 재인용.

이처럼 싱가포르에서는 인성교육을 위해 따로 목표를 설정하지 않고 교육과정이 추구하는 인간상을 구현하기 위해 인성교육이 이루어지며, 일반적인 교육목표와 인성교육의 목표가 관련될 수 있도록 하고 있다. 즉, 싱가포르 교육에서 지향하는 시민이 되기 위해서는 국민 개개인이 자신에 대해 올바로 이해하고, 자신에게 영향을 미치는 타인과 사회에 대한 이해를 바탕으로 상호 관계를 잘 맺으며, 문제 상황에서 현명한 선택과 올바른 결정을 하는 것이다.

2) 중국

중국에서 '인성'이라는 용어는 '인격'으로 보았다. '인격'은 사람의 자격, 가치와 도덕을 포함하는데 그중 도덕을 특히 강조하고 있으며, '인격'의 어원을 살펴보면, 라틴어의 '페르조나(persona)'로부터 온 것으로, 원래는 희곡배우들이 사용하던 '가면'을 말한다.

『논어(論語)』 속에 나오는 동양을 대표하는 공자는 제자에게 지식인의 역할, 즉 세상이 부도덕하고 불의한 악으로 어지러울 때 지식인들이 방패 역할을 해야 한다고 인애의 정신과 정의를 지키는 길을 알려주고 있다.

제자 자장이 말했다. "저는 사회를 위해 제 목숨을 바칠 수 없어요. 제가 죽으면 누가 저희 부모님을 모시고 제 아내와 아이를 돌보겠어요?" 이에 공자께서는 "누구에게나 가족이 있고 모든 생명은 소중하다. 그러나 만약 이 사회에 정의롭지 못한 일이 일어나거나 관료가 나쁜 짓을 한다면 우리가 먼저 나서서 진실을 알리고 약한 이들을 위해 싸워야 한다. 이것이 바로 인애의 정신이고 정의를 지키는 길이다. 세상에 부도덕하고 불의한 악이 판을 치지 못하게 지식인들이 막아 주는 둑 역할을 해야 한다"라고 말씀하셨다.

출처: 한국일보(2015.10.2.).

중국의 인격교육 시작은 다른 나라에 비해 비교적 그 시기가 늦고, 특히 인격교육에 대한 객관적인 평가와 내용이 명확하지 않으며, 인격교육의 방법 또한 비교적 획일적이다. 인격교육 이론이 현대 중국 사회의 흐름을 따라오지 못하는 현상으로 인해 학생들에게 행해지는 인격교육은 그 효과가 매우 저조하며, 여전히 많은 문제가 존재한다(朱华伟, 2004).

북경중가학교 심리건강교재

출처: ttps://blog.naver.com/bccsc/221254038958.

최근 중국의 대학에서 발생한 학생들의 인격 문제와 위기학생들의 심리장애를 사전에 예방하기 위한 목적으로 초 · 중학교부터 심리건강교육을 시행하고 있다. 초 · 중학교 심리건강교육의 주요 내용은 3가지 분야를 중심으로 구성되어 있다. 첫째는 교사와 학생 간, 부모와 자식 간, 동료 간, 이성 간의 인간관계 측면과 둘째는 학업스트레스, 학습곤란, 학업기피, 학습장애 등의 학습 측면, 셋째는 자아의식, 자아체험, 자기평가, 자제력 등의 자아 개념 측면이다.

이러한 교육과정은 놀이나 단체 활동, 사회실천 활동, 조별토론 등을 통해 학생들을 직접 심리체험활동에 참여시키기도 한다(이근진, 2012). 또한, 중국의 각 대학에서는 평화로운 캠퍼스 구축을 위해 학생들의 인격교육에 더욱 초점을 맞추게 되었고, 학생의 건강한 인격을 함양하고자 다양한 노력이 이루어지고 있는 실정이다.

3) 일본

일본은 인성교육을 오랫동안 실시한 나라로 잘 알려져 있다. 특히, 일본 문화 중 '생각한다'라는 뜻을 지닌 '오모이(思い)'와 '보내다'라는 뜻의 '야리(やり)'의 합성어인 '오모이야리(おもいやり)'는 '상대를 헤아리는 마음'이라는 뜻으로, 이타적인 모

든 덕목이 '오모이야리'로부터 시작된다고 해도 과언이 아니며, 충과 효의 근원이 되기도 한다. 이와 같이 일본은 가정과 학교 및 직장 등 사회 전반에 걸쳐 인성교육의 기본으로 '오모이야리'를 사용하고 있다(한국창의력교육학회, 1997). 실제로 일본 사회에서는 남에게 폐를 끼치거나 질서를 지키지 않는 것은 가장 나쁜 일이라고 간주한다.

일본 '오모이야리(おもいやり)'의 특징

- 조용하다는 것
- 깨끗하다는 것
- 질서를 잘 지킨다는 것
- 인사를 잘한다는 것
- 말이 적고 말소리가 작다는 것
- 아니라는 말을 잘 하지 않는다는 것
- 상대를 정면으로 보지 않는다는 것
- 부드러운 표정을 짓는다는 것
- 공중도덕을 잘 지킨다는 것
- 싸우고 고함지르고 우는 것을 거의 보거나 들을 수 없다는 것
- 남의 말을 끝까지 듣는다는 것
- 욕을 많이 하지 않는다는 것
- 아침 10시 전, 저녁 9시 이후에는 남의 집에 전화를 대체적으로 하지 않는다는 것
- 선물은 부담감 없는 그 고장의 토산품을 조금 준다는 것
- 어떤 일로 떠나는 사람에게는 노잣돈을 드리며, 받은 사람은 귀가할 때 그 고장의 토산품이나 기념품을 대신한다는 것
- 대개 밤 10시면 잠자리에 들며, 아침 6시면 일어난다는 것
- 쓰레기는 정한 시간과 장소에 정해진 방법대로 버린다는 것
- 자동차 클랙슨 소리를 듣기 어렵다는 것
- 남에게 폐를 끼치지 않는다는 것

줄 서서 기다리는 일본의 질서와 배려의 문화

어디를 가든 깨끗함을 유지하는 거리의 모습

출처: https://blog.naver.com/japansisa/110105998393

일본의 초 · 중 · 고등학교 학생들은 '적당히'와 '건너뛰기'를 거부하는 방식으로 철저한 예절교육을 받고 있다. 이는 처음부터 하나씩 꼼꼼히 해 나가야 일로써 인간관계에서 실수하는 일이 적으며, 실수하지 말아야 할 상대에게 폐를 끼치지 않을 수 있기 때문이다. 또한, 일본에서는 '협동'을 중심으로 하는 일에서 그 과제의 성과보다는 각 조원들이 역할을 얼마나 잘 수행했는지에 대한 서로의 평가를 더 중요하게 여긴다(위클리오늘신문사, 2016d).

그럼에도 불구하고 일본은 지나친 억압과 갈등의 회피로 인해 학생들의 정서 불안을 유도하는 경향이 높다는 견해도 나오고 있다. 그 예로 친구를 교묘히 괴롭히는 '왕따' 문화가 다른 나라보다 먼저 발생하여 서양으로부터 유입된 일본의 자유민주사상과 '오모이야리(おもいやり)'를 중심으로 한 황국사관의 교육이 충돌하여 인성 문제가 발생했다는 비판이 대두되었다.

2. 서양에서의 인성교육

1) 미국

미국은 2000년대 초부터 학생들의 중도탈락과 약물중독, 폭력 등 학교의 문제를 감소시키고 학생들의 학업성취도를 높이기 위한 일환으로 인성교육을 강화하고 있으며, 200년대 이후 배려 윤리(Ethics of care)와 사회정서학습(Social and emotional learning)에 주목하기 시작하였다. 이 두 가지 접근은 기존의 인성덕목에 대한 습득, 도덕적 상황에 대한 판단 등과 같이 지나치게 인지적 측면에 초점을 두고 정의적인 측면은 소홀했다는 비판에서 비롯한 것이다. 이에 따라 미국의 인성교육에 있어서 인성덕목의 습득이나 도덕적 추론능력 발달뿐만 아니라 감정, 동기 등 정의적 측면의 필요성이 제기되었다(정윤경, 2000).

드라마 「럭키 루이(Lucky Louie) 시즌 2」에 나오는 자녀 인성교육의 한 장면을 살펴보면, 아빠와 자녀는 '공평한 것'의 의미와 '자신의 것'에 만족할 줄 아는 마음, 그리고 이웃을 챙겨야 하는 순간에 대해 이야기를 나눈다. 이처럼 직접적으로 현실을 직시하게 하는 미국의 인성교육 분위기는 우리나라와는 사뭇 다르다.

출처: 럭키 루이(Lukcy Louie) 시즌 2 재구성.

따라서 미국 인성교육은 도덕성뿐 아니라 사회성 함양이 교육의 큰 목표이다. 그 특징을 살펴보면 다음과 같다.

- **미국 학교에서 실시되고 있는 인성교육에서는 인성의 개념이 폭넓은 관점으로 해석되는 경향을 보인다.** 인성을 '도덕적인 것'과 '수행적인 것'으로 분류하고, '도덕적인 것'에는 공정성 · 관용 · 공감 · 박애 등의 윤리적인 가치를 포함시키고, '수행적인 것'에는 근면 · 노력 · 절제 · 인내 등의 수행 가치를 포함시킨다. 이처럼 인성의 개념이 확대 해석될 때, 인성교육의 목적은 단순히 '옳은 일을 하는 것'을 넘어서 삶에 있어서 '최선을 다하는 것'까지 포괄한다(이성호, 2014).
- **창의성 및 시민교육과 관련되어 실시하고 있다.** 인성교육에서 존경, 정의, 공평, 배려와 같은 윤리적 덕목뿐만 아니라 책임, 신뢰, 다양성, 시민의식 등의 시민덕목을 강조하고 있다.
- **개인적 삶의 효능감과 사회적 기술을 동시에 강조함으로써 개인과 사회 간의 조화와 균형을 추구하고 있다.** 사회적 · 정서적 학습으로 자기인식, 자기관리, 사회적 인식, 인간관계 기술, 책임 있는 의사결정의 5가지 핵심 역량의 함양을 통해 성공적이고 효율적인 개인의 삶과 감성적으로 성숙한 공동체 생활을 도모하고 있다(이성호, 2014).
- **인성교육은 교육과정과 연계되어 시행되고 있다.** 캘리포니아 주 오크스 고등학교(Oaks High School)의 교사들은 윤리적 사고 덕목과 도덕적 문제해결을 다양한 교과목에 연계시켜 수업을 진행하고 있다. 학생들은 미 독립선언서에서 윤리적 가치를 찾고, 문학 과목에서 도덕적 딜레마에 초점을 맞춘 에세이를 쓴다. 또한, 수학 과목에서 도덕적 태도에 대한 조사 결과를 해석하는 방법을 배우고, 토론에서는 일상생활에서 발생할 수 있는 딜레마와 이에 대한 해결방법을 논의한다(http://edpolicy.kedi.re.kr/).
- **학교 차원에서 인성교육의 원칙을 수립하고 구체적인 실행과정을 철저히 관리하고 있다.** 텍사스 주에 있는 데이비스 초등학교에서는 '학교개선위원회'를

통해 학교가 중점적으로 다루어야 할 다문화 존중, 상호 존경 등 인성교육의 원칙을 수립한 후 교사와 학생들이 진행하는 인성교육과정을 감독하고 있다. 교사들은 학생들이 의사결정하거나 학교활동을 통해 인성교육의 원칙을 깊이 생각하고 행동할 수 있도록 지도하며, 이는 1년 동안 학급 토의나 교과목 프로젝트, 학교 차원의 행사 등으로 이루어지고 있다(http://edpolicy.kedi.re.kr/).

- **인성교육을 위한 교사의 역할이 강조된다.** 학교에서 제시하는 가치나 규범 등은 학생을 가르치는 교사들에 의한 '직접적인 교수'로 진행된다. 직접적인 교수는 교사의 일방적인 지시나 훈계 또는 덕목에 대한 무비판적인 주입식 교육이 아니라 인성교육을 하는 과정에 있어서 교사의 주도적이고 적극적인 역할을 강조한다는 것을 말한다. 미국 인성교육에서는 교사들의 전문성 교육 또한 주목할 만하다. 이는 대학의 교직양성 과정과 각종 현직연수를 통해 체계적으로 제공되고 있다(이성호, 2014).
- **학생, 교사, 학부모의 인성함양과 교육자료를 제공하기 위해 다양한 형태의 프로그램이 운영되고 있다.** 예로 '프로젝트 위스덤 라이브러리(Project Wisdom Library)' 프로그램은 텔레비전이나 디지털기기 등을 통해 인성에 대한 모범적인 사례와 경험 등을 확산시키고 있다(http://edpolicy.kedi.re.kr/).
- **미국 학교에서 실시되는 인성교육은 양적인 평가이다.** 미국에서는 인성교육의 결과에 대한 객관적이고 가시적인 평가를 위한 실험연구가 증가하고 있다. 이러한 연구들은 대학이나 사설 연구기관을 중심으로 실시되는 경우가 많은데, 대개 인성교육의 결과를 몇 개의 넓은 영역으로 분류하고 각 영역별로 경험적이고 관찰 가능한 행동기준을 설정하여 평가를 시도하고 있다(이성호, 2014).

미국의 인성교육은 비영리단체인 인성교육협회나 프로그램 운영기관을 지원하고 파견된 이들로 하여금 학교인성교육을 지원하고 있다. 대표적인 기관이 1993년에 창설된 인성교육파트너십(CEP: character education partnerships)이다. CEP는 학교의 인성교육 활성화를 위해 각 학년별로 인성교육 프로그램의 개발 및 보급, 국가적 인성우수학교 선정 및 지역교육청 선정, 인성교육을 위한 11가지 원칙에 대한 홍보와 보급 등의 역할을 담당하며 많은 활동을 하고 있다(현주 외, 2013).

인성교육협의체에서 제안하는 11가지 개발원리는 다음과 같다(http://www.character.org).

- 좋은 인성의 기본이 되는 핵심 도덕 가치(배려, 정직, 공정, 책임, 자기존중)와 수행 가치(근면, 윤리 의식, 인내) 촉진
- '인성'은 사고, 감정, 행동 포함
- 포괄적 · 집중적 · 혁신적인 방법을 통한 인성 개발
- 배려하는 학교 공동체 창출
- 학습자에게 도덕적 행동을 할 기회 제공
- 모든 학습자 존중, 학습자의 인성 개발, 성공을 돕는 의미 있는 도전적인 교육과정 포함
- 학습자의 동기 촉진
- 인성교육에 대한 책임을 공감하고 공동의 핵심 가치를 준수하고자 하는 학습과 도덕 공동체의 일원으로 모든 학교 구성원 포함
- 공유할만한 도덕적 리더십을 개발하고 인성교육을 장기적으로 지원
- 인성 개발을 위한 동반자로서 가족과 지역사회 포함
- 학교의 인성교육, 학교 구성원의 역할, 학습자 인성에 대한 양적 · 질적 평가 실시

특히, 비영리단체인 조셉슨 연구소(Josephson Institute of Ethics)의 인성교육 프로그램인 '인성이 중요하다!'는 인성덕목과 관련되는 언어, 예술, 경제, 지리, 생활기술 등 다양한 분야의 수업을 진행하고 있으며, 학생들은 다양한 분야를 통해 각각의 인성덕목과 관련된 연구, 토론 및 토의, 프로젝트 등의 활동을 수행할 수 있다. 즉, '인성이 중요하다!'는 6대 인성덕목을 중심으로 중요성 및 실천방안 등을 명시적으로 가르치고 이를 통해 학생들이 인성덕목들을 습득하여 일상생활에서 행

동으로 실천하도록 하고 있다.

〈표 2-2〉 '인성이 중요하다!' 인성교육 프로그램의 인성덕목

핵심 가치	내용
신뢰 (trustworthiness)	• 정직한 것 • 속이거나 훔치지 않는 것 • 신뢰로운 사람이 되는 것 – 하겠다고 말한 것에 대해 행하는 것 • 옳은 것을 행하는 데 있어서 자신감을 가지는 것 • 좋은 평판을 형성하는 것 • 충실한 것 – 가족, 친구, 국가에 대해
존중 (respect)	• 다른 사람을 존중하는 방식으로 대하는 것 • 관용적이고 차이를 수용하는 것 • 좋은 매너를 활용하는 것, 나쁜 언어를 사용하지 않는 것 • 다른 사람의 감정에 대해 사려 깊은 것 • 다른 사람을 위협하거나 때리거나 다치게 하지 않는 것 • 분노, 모욕, 다툼에 대해 평화롭게 대처하는 것
책임 (responsibility)	• 해야 할 것을 행하는 것 • 미리 계획을 세우는 것 • 인내하는 것 – 계속해서 노력하는 것 • 늘 최선을 다하는 것 • 자기통제(self-control)를 활용하는 것 • 자기수양을 하는 것 • 행동을 하기 전에 사고하는 것 – 결과를 고려하는 것 • 자신이 한 말, 행동, 태도에 대해 책임을 지는 것 • 다른 사람들에게 좋은 모범을 보이는 것
공정성 (fairness)	• 규칙에 따라 행동하는 것 • 차례대로 하고 공유하는 것 • 열린 마음을 가지는 것 – 다른 사람의 말에 귀 기울이는 것 • 다른 사람을 이용하지 않는 것 • 경솔하게 다른 사람을 탓하지 않는 것 • 모든 사람을 공정하게 대하는 것
배려 (caring)	• 친절한 것 • 관대하고 배려를 보이는 것 • 감사를 표현하는 것 • 다른 사람을 용서하는 것 • 다른 사람이 필요로 할 때 도움을 주는 것

핵심 가치	내용
시민정신 (citizenship)	• 학교와 공동체를 더 좋게 만들기 위해서 역할을 다하는 것 • 협력하는 것 • 공동체의 일에 참여하는 것 • 정보를 얻는 것 – 투표를 하는 것 • 좋은 이웃이 되는 것 • 법과 규칙을 따르는 것 • 권위에 대해 존경을 표현하는 것 • 환경을 보호하는 것 • 봉사하는 것

출처: http://charactercounts.org/sixpillars.html, 김수진(2015) 재인용.

2) 핀란드

핀란드에서는 창의성과 인성을 키우는 교육을 중시하며, 교사의 일방적인 주입식 교육이 아니라 교사와 학생이 교감하면서 학생 스스로 깨우치고 '생각하면서 배우는 것(learning by doing)'을 바탕으로 한다.

핀란드 교육에서
미래교육의 답을 찾다
키르시티 론카 지음 /
테크빌교육(2020)

핀란드는 인성교육을 특정 교육정책이나 교육과정을 통해 명시적으로 진행하기보다는 개별화 수업, 소집단 그룹 학습 등의 학습과정에서 자연스럽게 학생들의 인성 발달에 기여하도록 하고 있다. 특히, 교육 전반을 통해 공동체 의식과 소통능력 함양을 위한 교육환경 조성, 집단 활동과 상호 협력을 통한 개별학습 등이 이루어지도록 한다(이명준 외, 2011).

그럼에도 불구하고 핀란드는 교육과정 차원에서 범교과 학습을 위한 주제를 명시하고, 자치활동과 같은 학급 및 학교 활동, 학교문화 등 교육 전반을 통해 범교과학습이 이루어지도록 인성교육을 실시하고 있다(Finnish National Board of Education, 2004). 범교과학습의 주제로는 인간으로서의 성장, 문화적 정체성과 국제화, 미디어 기술과 의사소통, 참여적 시민의식과 도전 정신, 환경에 대한 책임과 행복 및 지속 가능한 미래, 안전과 교통, 기술과 개인 등이 있다(Finnish National Board of Education, 2004).

핀란드에서는 학생들의 개개인에 대한 복지를 강조하며, 건강하고 안전한 학교 환경을 조성함으로써 학생들이 배제되거나 위험에 처하지 않도록 하여 학교 공동체 발전에 기여하고자 한다(Finnish National Board of Education, 2004).

3) 프랑스

프랑스는 과거 저소득층 출신 학생들의 학업실패로 인해 학업경쟁이 심화되었고, 학생들의 학교생활에서도 편안함을 빼앗아 스트레스를 높이고 학교폭력으로 이어졌다. 이러한 사회적 문제를 해결하기 위해 교육부 장관 뱅상 페이옹(Vincent Peillon)은 40년이 넘는 세월 동안 중단한 도덕교육의 실시를 2013년부터 다시 추진했다. 그는 도덕을 "올바른 것을 이해하고 선과 악을 구분하며 권리와 마찬가지로 의무, 미덕 그리고 무엇보다도 가치를 이해하고 구분하는 것"이라고 정의하며, 학교교육을 통해 학생들에게 인성과 합리 사상에 바탕을 둔 보편적 가치 개념들을 심어 주고자 노력하고 있다(김용채, 2012).

태권도는 무도, 정신수양과 인성교육을 중시한다는 점에서 프랑스 사회의 호평을 받고 있다. 또한, 정치권에서는 태권도를 교육 및 청소년 범죄 예방에 활용하는 방안을 모색하고 있으며, 인성, 예의, 인내 등을 강조하는 태권도 교육을 '공교육 및 인성교육 강화'의 핵심 수단으로 삼고 태권도 교육에 관심을 기울이고 있다.

출처: 동아닷컴(2020.9.24.).

프랑스는 1995년부터 초등학교와 중등학교에 시민교육을 개설하였다. 이 시민교육을 통해 덕목과 규범의 내면화와 실천을 강조하고 있는 것이다. 주요 학습 주제는 개인위생, 안전, 환경보호, 규칙 준수, 타인 존중, 책임감, 근면, 성실, 협동 등의 실천을 목표로 한다(범대진, 2014). 그 외로는 학생들의 인성교육을 위해 윤리와 사상과 같은 철학을 고등학교 3학년 과정에서 필수 교과목으로 두고 있다.

프랑스는 가정에서 부모가 자녀의 기본예절을 갖추게 하여 아무리 지식이나 학문이 뛰어나고 사회적 지위가 높다고 해도 인성을 제대로 갖추지 못한다면 완성되지 못한 사람이라고 여긴다. 따라서 프랑스의 가정생활에 있어서 자녀교육이 매우 엄격하며, 자녀에 대해 부모의 권위가 절대적인 국가이다(張岩, 2016).

프랑스인은 유치원 때부터 가장 먼저 '함께 살기(Vivre-ensemble)'의 인성덕목을 가르친다. '함께 살기'의 교육과정에서는 자신의 의견 말하기, 남의 말 듣기, 거짓말 안 하기 등의 공동체 생활에서 필요한 인성교육이 주를 이룬다. 프랑스 부모들이 가장 경시하는 말은 '앙팡루아(enfant roi)'로, 외동인 자녀를 독단적이고 이기주의적으로 키우면서 다른 사람의 말을 듣거나 배려하지 않을 경우를 비판하기 위해 사용한다. 이처럼 프랑스인들은 '앙팡루아(enfant roi)'를 경시하면서, 자녀들에게 자기 의견이나 가치관이 다른 사람들과 대화하고 토론을 할 수 있는 방식을 기르게 한다. 즉, 부모가 자녀에게 하고 싶은 일을 일방적으로 허락하는 대신 그들의 의사나 그 일을 하고 싶은 이유를 묻고, 자신의 행동이나 잘못에 대해 생각하고, 자신의 장점과 단점을 알아가는 방법을 알려 준다. 또한, 프랑스는 인성교육제도를 통해 학생들은 독단적으로 행동하는 것을 멈추고 자신과 다른 사람들을 존중하는 법을 배우게 하며, 일상에서 아무렇지도 않게 넘겼던 것들에 대해 사고하고 토론하게 되면서 자신의 의사나 주장을 표현하게 한다(위클리오늘신문사, 2016a).

프랑스의 유명한 시험제도인 '바칼로레아(Baccalauréat)'는 인성교육과 창의성 배양을 기반으로 하는 결정체로 세 개의 질문 중 하나를 골라 네 시간에 걸쳐 답을 작성해야 하는 철학 시험이다. 이 철학 시험의 경우 단순히 철학 이론에 관한 것이 아니라 생활과 직 · 간접적으로 관련된 가치관 및 다양한 방면에 대한 사람들의 관심 여부를 알아보는 문제이다. 따라서 단순히 못 하는 학생을 가려내고 탈락시키는 것이 아니라 평소 자신이 얼마나 주변에 관심을 가졌으며, 공존하기 위해 인성적으로 어떤 노력을 했는지 보여 주는 것이다(위클리오늘신문사, 2016a).

자발적인 참여와 지지로 사회 구성원을 존중하며 소통하는 방법을 배우다

연극 '아틀리에'에 참여하고 있는 몰리에르 중학교 학생들

아틀리에 연극 프로그램은 프랑스 파리에 위치한 문화예술기관인 '움직임과 이미지의 집'에서 시행한 문화예술교육 프로그램인 '테리투아르 엉 디헥트(Territoire en Direct)'의 한 사례이다. 이 프로그램은 2006년 처음 시행된 이후 2011년까지 약 1만 2,500명의 학생들이 참가하였다. 학생들은 위인을 주제로 한 연극교육에 참여하면서 점차 서로의 인물에 대해 대화하고 조언을 아끼지 않았으며, 자유롭게 의사소통을 나누는 법, 자신을 표현하는 법을 배워 나갔다. 서로 다른 개성을 지닌 학생들이 타인의 성격과 능력을 존중하고 배려하며 프로그램을 통해 서로 간의 자유로운 생각과 행동을 인정하고 인성을 일깨워 주었다.

출처: 창의 · 인성 교육, 세계의 학교를 엿보다 2 [프랑스], 더퍼스트미디어.

4) 영국

영국은 2015년 인성교육의 글로벌 리더가 되겠다는 목표 아래 100만 파운드(약 17억 원)를 인성교육에 투입하여 인성교육 프로그램을 운영하는 학교와 단체에 투자할 계획을 발표했다. 또한, 인성 우수학교의 사례로 인성덕목에 기초한 시상식, 인성교육을 위한 셰익스피어 연극수업을 소개하기도 했다(한국교육신문, 2015).

흔히 영국에서의 신사는 정도와 예절을 중시하고 전통적 가치를 보존할 뿐만 아니라, 자신과 다른 사람들을 받아들이고 의견을 경청할 줄 아는 이상적인 사람이다. 영국에서는 이러한 이상적인 신사를 길러 내는 것을 중심으로 인성교육을 하고 있다.

특히, 영국은 예절과 기본생활습관을 위한 인성교육을 실시하고 있다. 이는 다른 나라와 같이, 도덕 교과가 따로 있어서 이 부분을 담당하고 있는 것이 아니라 종교교육과 여러 교과교육을 통해서 도덕적인 생활태도와 습관 등의 인성지도가 이루어지는 것이다. 즉, 영국의 도덕교육은 국정 독립 교과인 '공민', 선택과목이긴 하지만 실질적으로 필수과목인 '개인, 사회 및 보건교육'과 '종교교육' 그리고 '학생지도'와 '신앙집회' 등의 실천적 도덕교육 등이 있다(張岩, 2016).

이튼 칼리지(Eton College)

이튼은 성적 등 입시교육보다 인성교육을 강조한다. 올바른 인격을 가진 리더만이 사회와 조직을 건강한 방향으로 이끌 수 있기에 이튼은 약자를 배려하고 타인과 교감하고 소통할 수 있는 제대로 된 인성을 가진 학생을 키우는 게 학교의 책무라 믿는다.

출처: https://blog.naver.com/jgs0207/221648484811.

이에 영국의 교사들은 학생들에게 인성을 가르칠 때 말 대신 행동으로 보여 준다. 즉, 교사들은 학생들에게 봉사활동을 해야 한다고 가르치는 대신 학생들과 같이 봉사활동을 한다. 이런 교사의 올바른 모습을 보고 자란 학생들은 자연스럽게 배려가 몸에 체화될 것이다. 영국인은 약한 사람을 돕고 늘 겸손해야 한다는 인식이 강하기 때문에 영국식 인성교육을 받은 학생들은 남녀노소 가릴 것 없이 '젠틀맨'이 된다. 또한, 영국에서는 학생들에게 젠틀맨-신사로서의 자세에 대한 자부심을 가질 수 있도록 가르치기 때문에 자신의 의무나 과제에 대해 책임감을 가지게 한다. 예를 들어, 교사는 학생들에게 과제를 내 주고 채점할 때 매긴 점수순대로 잘하거나 못하는 여부를 따지기보다는 틀린 문제에 대해 어떤 방식으로 오답 풀이를 하는지를 중시한다. 덕분에 자기 힘으로 하지 못하면 차라리 하지 않는 편이 낫다는 게 영국 학생들의 특징이다. 또한, 틀리는 것을 두려워하지 않고 겸허히 받아들이는 자세는 실패를 두려워하지 않게 하며, 거짓말을 하지 못하게 한다(위클리오늘신문사, 2016b).

48가지 품격의 조건 中에서

1. 테이블 매너를 지킨다.
2. 다른 사람들이 주문한 음식이 모두 나올 때까지 기다렸다가 먹는다.
3. 뒷사람을 위해 문을 잡아 준다.
4. 페이스북이나 트위터에서 지나친 감정 표현은 자제한다.
5. 최소 외국어 한 개 정도는 구사한다.
6. 다른 사람을 험담하지 않는다.
7. 다른 집에 초대받아서 갈 때는 작은 선물을 준비한다.
8. 식사를 할 때는 냅킨을 무릎 위에 펼쳐 놓는다.
9. 돈에 대해서, 혹은 물건값이 얼마인지에 대해서 토론하지 않는다.
10. 유행을 타지 않는 신발 한 켤레 정도는 갖고 있는다.
11. 최근 정세를 알고 있다.
12. 요리와 음식에 대해 잘 알고 있다.
13. 진짜 칭찬할 만한 가치가 있을 때만 칭찬한다.
14. 때때로 밥값을 계산한다.
15. 친구한테 돈을 빌리지 않는다.
16. 시 하나쯤은 암송한다.
17. 와인을 따를 때는 와인잔 가득히 따르지 않는다.
18. 이성에게 대시할 때는 예의를 갖춘다.
19. 버스나 지하철을 잡기 위해 뛰지 않는다.

출처: 일요신문(2016. 9. 1.).

5) 독일

독일의 인성교육을 가능하게 하는 조건들 중 절대평가 위주의 저경쟁 교육, 유년기의 훈육, 모든 시험의 논술형 시험화, 조용한 학생, 그리고 독일 특유의 교양 시민계급과 사회 보장 등 이러한 사회적 풍토는 독일의 인성교육을 더욱 견고하게 만들어 주었다(이명준 외, 2014).

독일의 인성교육은 학교와 가정, 학교와 사회가 책임을 지고 있으며, 일상적으로 이루어지는 학교 활동 모두가 학생의 자존감 및 책임감 향상과 창의력 계발 등 사회적 태도를 개선시키고, 학생 개개인을 하나의 훌륭한 인격체로 성장시키는 것을 목표로 두고 있다. 독일의 인성교육은 정책이나 프로그램으로 국한되기보다 국가 전체적으로 추구하고 있다. 특히, 학교의 특정 교과에서 이루어지는 것이 아니라 학교교육 전반에 걸쳐 이루어지며, 유치원에서부터 협동학습을 강조하고 경쟁 없이 참여하여 문제를 해결하는 학습을 강조하고 있다(윤남순, 2007).

인성교육은 종교 과목에서 주로 다루었는데, 종교교육이 별도의 정규과목으로 편성되었다. 이후 1970년대부터 종교교육을 거부하기 시작하였는데, 이에 일부 주에서는 보편적 가치에 대한 성찰과 다원화된 사회에서의 통합을 위해 '윤리' 과목이 종교교육으로 대체되고 있는 실정이다. 2000년대에 들어서서 동 · 서독의 다양성으로 인해 범윤리교과를 정규 필수 교과로 채택하자는 주장이 제기되었고(정창우, 2007), 최근에는 인성교육이 초등학교 저학년부터 정규 윤리 과목으로 선택되어 적용되고 있다(범대진, 2014).

인성교육 천국 독일, 성적보다 일상행복 우선

가정과 학교, 사회가 손잡고 국가적 '저경쟁교육' 지향. 학생을 훌륭한 인격체로 성장시키기 위해 사회 전반적인 인성교육적인 분위기와 학교에서의 엄격한 규칙 적용 등이 학생들의 바른 인성을 이끌어 내고 있다.

출처: 뉴스토마토(2015.10.3.).

독일에서는 인성덕목으로 기독교적 · 신학적 소재와 인생의 의미, 진리, 정의 가치, 책임 있는 행동 규범 등을 강조하고 있다(박효정, 2000).

독일의 인성교육의 특징은 다음과 같다(김영래, 2011).

- 대화와 토론을 중요시하는 사회 풍조
- 학교교육 전체를 아우르는 인성교육 풍조
- 사고력 양성에 초점을 둔 수업 방식과 평가 방식
- 생활 교육과 자연친화적 교육을 통한 도덕성 함양
- 문화적 예술적 소양 계발을 통한 도덕성 함양

6) 캐나다

캐나다는 인종의 다양성을 인정하는 다문화주의 정책을 세계에서 처음으로 채택한 나라이다. 그럼에도 불구하고 경쟁과 차별을 두지 않고 공평과 포용의 두 가지 철학으로 학생들을 가르치고 있는 등의 공교육을 가장 잘 실천하고 있다. 캐나다 교육제도에는 경쟁과 차별, 그리고 입시 스트레스가 없다. 캐나다에서는 건강하게 잘 자라는 데 중점을 두어 성적이나 스펙 쌓기보다는 봉사활동이나 동아리 등의 다양한 활동을 강조한다. 그리고 소통을 필요로 하는 사교활동을 통해서 앞으로의 사회생활에서 실천되어야 할 존중정신을 일깨워 준다.

공감의 뿌리
메리 고든 지음 / 샨티(2010)

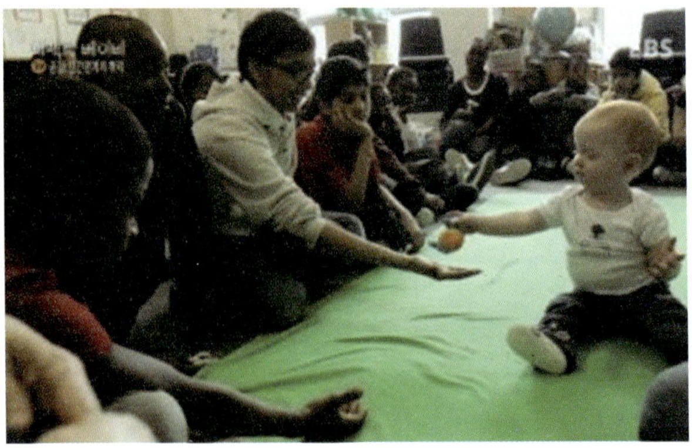

출처: EBS '퍼펙트베이비'.

캐나다의 학교에서는 공감능력을 증진시킬 수 있는 다양한 프로그램이 현장에 보급되고 있다. '공감의 뿌리(Roots of Empathy)' 프로그램은 캐나다의 유치원 교사였던 메리 고든(Mary Gordon)이 '아무것도 모르는 갓난아기가 가진 힘'을 발견하고 갓난아기를 유치원과 초 · 중등학교에 데리고 가서 학생들에게 1년 동안 아기의 성장과정을 지켜보도록 하면서 '공감능력을 높이는 심리교육'을 시작한 프로그램이다. 이는 다른 사람의 감정을 이해하고 말로 표현하기, 애착 형성하기, 기질 이야기, 아기와의 만남 등의 내용이 포함되어 있다. 메리 고든은 대가족 생활을 했던 자신의 어린 시절 경험을 바탕으로 부모와 자식 간의 교감으로부터 오는 공감이 아이들의 인성과 지능발달에 긍정적인 영향을 가져올 것을 확신했다.

그 결과, '공감의 뿌리' 프로그램에 참여한 아동들은 공격적 행동이 60% 이상 감소하였고, 지역 재단 및 대학 연구팀의 조사를 따르면 교내 집단괴롭힘이 90% 가까이 감소하였다. 그리하여 '공감의 뿌리'는 캐나다의 133개 학교에서 정식 교육과정으로 채택되어 공감교육의 규모를 늘리기 시작했다. 사회 문제를 근본적으로 해결하는 아쇼카 펠로우(Ashoka Fellow)이기도 한 메리 고든은 이제 캐나다를 넘어 호주, 뉴질랜드, 아일랜드, 미국에서도 공감의 뿌리를 내리고 있다.

> 뛰어난 사회혁신기업가(Leading social entrepreneurs)들은 물고기를 잡아주거나, 잡는 법을 가르쳐 주는 것에 만족하지 않고 어업 분야 전반에 걸친 혁신을 이루기까지 쉬지 않고 달려가는 사람이다.
>
> – 빌 드레이튼(아쇼카 창립자)

Chapter 03

사람으로 만나는 인성교육

현대사회는 과학기술의 발달로 인해 정보와 물질은 더욱 풍부해졌지만, 오히려 정신은 빈곤해져 도덕성은 점차 상실되었고, 공동체 의식이 약화되면서 개인주의 성향이 강해지고 있다.

최근 보도된 사건 중에서 각기 다른 선택을 한 사람들을 만날 수 있다. 길을 비켜 주지 않거나 끼어들기를 했다고 살인 행위인 '보복운전'을 하는 사람들과, 길 터주기로 위급한 생명을 구한 '모세의 기적'에 동참한 사람들이다. 전자는 인성의 부재를, 후자는 '나의 가족, 친구, 이웃을 살릴 수 있다'라는 성숙한 시민의식을 보여 준다. 이처럼 인성의 실종 및 훼손과 부재를 만드는 것도 사람이며, 참된 인성의 모습을 세우고 실천하는 것도 사람이다. 결국, 인성교육은 사람으로부터 시작되어야 한다. 그렇다면 모든 사람의 귀감이 될 만한 인성을 갖춘 사람은 누가 있을까?

출처: 소방청(2019).

이에 본 장에서는 대학생들의 바람직한 인성교육을 위해 귀감이 되는 인물을 제시하고, 사례를 통해 「인성교육진흥법」의 8가지 핵심 덕목인 예, 효, 정직, 책임, 존중, 배려, 소통, 협동을 이해하고자 한다.

1. 예

예(禮)는 사람이 만든 질서에 따라 나와 타인을 구분하고, 그 구분에 따라 알맞은 언어와 행동의 표현방법을 정한 것으로, 서로 존중하고 사랑하는 마음을 상대방이 편안하게 느끼는 말과 행동으로 나타내는 것이다. 예(禮)에서 매우 중요한 것은 외적인 형식만 갖추는 것보다 상대방을 고귀한 인성으로 생각하면서 대하는 마음가짐이다. 상대방의 인성을 존중하는 마음가짐이 앞서면 언행과 태도의 형식은 자연스럽게 표현되기 때문이다. 예(禮)는 상대방을 존중할 뿐만 아니라 자신의 삶을 정돈하는 것이며, 사회적인 상호작용이다. 그러므로 예(禮)는 다른 사람들과의 관계를 위해서도 중요할 뿐만 아니라, 자신의 인성도야(人性陶冶)를 위해서 더욱 중요한 것이라고 말할 수 있다.

1) 퓰리처상 수상자 '제임스 A. 미체너'

평생 읽고 쓰기에 몰두한 미국의 작가 제임스 A. 미체너(James Albert Michener, 1907~1997)는 제2차 세계대전 당시 해군 소령으로 복무했고 한국전쟁에도 참전했다. 1944년부터 1946년까지 남태평양 해군의 역사편찬위원으로 파견되었던 경험을 토대로 첫 소설인 『남태평양 이야기(*Tales of the South Pacific*)』가 탄생되었고 1948년 퓰리처상을 수상하면서 세계적인 베스트셀러 작가로 떠올랐다.

우리 주변에는 약한 자에게는 강하고, 강한 자에게는 약한 사람이 많다. 즉, 힘있는 자, 부자, 높은 자 앞에서는 꼼짝 못 하다가도 자기보다 약한 자, 힘없는 자에게는 큰소리를 치는 비겁한 사람이 많다. 대통령의 초대를 거절하면서도 스승의 초대에 기꺼이 참석하며 사제의 정을 나눈 제임스 A. 미체너를 통해 스승에 대한 예의 중요성을 다시금 느끼게 한다.

미국의 유명한 소설가 제임스 A. 미체너는 어느 날 카터 대통령으로부터 저녁식사 초대를 받았다. 그러나 그는 정중히 초대를 거절한다. 대통령이 까닭을 묻자 이렇게 말했다.

"고등학교 시절, 저에게 글쓰기를 가르쳐 주신 문학 선생님의 생신 초대를 받았습니다. 대통령의 초대는 제가 아니더라도 참석하실 분이 많이 계시겠지만, 스승님의 생신 초대에 제가 참석하지 않으면 스승님께서 정말 섭섭해하실 겁니다."

출처: 『세상에서 가장 지혜로운 101가지 이야기』 中.

2) 예절 실천가 축구감독 '홍명보'

영원한 리베로(libero) 홍명보는 대한민국 최고의 축구선수이자, 제20회 브라질 월드컵 국가대표팀 감독을 역임한 유명 스포츠인이다. 홍명보는 '홍명보식 리더십'을 통해 타인에 대한 '배려'와 '예절'을 강조하였다.

브라질 월드컵 성적 부진으로 축구대표팀을 떠난 홍명보 전 감독의 일화는 시사하는 바가 크다.

과거 청소년대표 감독 시절에 훈련장에서 먹거리 뒷바라지로 고생하는 식당 아주머니들이 있었다. 홍명보 감독은 아주머니에게 제대로 인사를 하지 않는 선수들의 행동을 보고 "식당 아주머니에게 인사하지 않는 사람은 바로 대표팀에서 아웃될 것이다."라고 경고하였다.

출처: sportalkorea(2012. 9. 6.).

홍명보는 선수로서의 기량보다 인간적 됨됨이를 우선으로 하였다. 이런 방침은 선수를 기용하는 데 영향을 미쳤다. 홍명보는 팀을 위해 희생하는 선수들을 먼저 발탁했고, 개인보다는 팀의 중요성을 설명하는 데 많은 시간을 할애했다. 결국, 인성이 좋은 선수가 올바른 가치관으로 자신뿐만 아니라 팀 실력도 성장시키는 시너지 효과(Synergy Effect)를 불러일으킨다고 보았다.

이처럼 축구감독의 위치에서 선수들에게 인간다운 성품과 몸소 예절을 실천하는 홍명보의 일상생활 속에서 인성교육의 시작을 배우게 된다.

2. 효

효(孝)는 모든 행위의 근원이며, 동시에 인(仁)을 행하는 근본이 되는 것으로서, 부모님을 정신적으로 편안하고 기쁘게 해 드리는 것인 '양지(養志)'와 부모님을 육체적 · 물질적으로 봉양하는 '양구체(養口體)'의 실천으로 나타난다. 효(孝)의 밑바탕에는 은혜에 감사하고 이를 갚아드리고자 하는 감은(感恩)의 정신이 담겨 있다. 이러한 효(孝)가 확대되면 형제자매 간의 우애(友愛)와 경애(敬愛)로 발전하게 된다. 진정한 효도의 정신은 웃어른을 공경하고 아랫사람을 사랑하는 경애와 연결되는 되는 것이다(유병열, 2008).

1) 효성 깊은 임금 '정조'

정조(正祖, 1752~1800)는 조선 제22대 왕(재위 1776~1800)으로, 생부인 사도세자가 비극적으로 죽게 되면서 왕위에 올랐으며, 조선 후기 개혁과 대통합을 실현한 군주로 기록되어 있다.

정조의 효성은 자신의 정치 리더십에 큰 영향을 주었다. 즉위 이후 아버지를 죽음으로 몰아넣었던 정치적 대립의 관계인 정적(政敵)들을 제거하는 동시에 규장각을 설치하여 인재 육성과 학문정치 구현을 위한 발판으로 삼고자 하였다. 정조는 탕평책을 통한 정치적 통합을 이끌었고, 부친인 사도세자의 무덤을 이장하는 계기로 수원 화성을 조성하였다. 특히, 유네스코(UNESCO)가 세계유산으로 정한 수원 화성 축성에 가장 선진적인 기술을 도입하였고, 국영 농장인 둔전 설치, 저수지 축조, 통공정책을 통해 자유로운 상업 행위를 보장하였다.

이처럼 정조가 칭송받는 왕으로 많은 업적을 남겼던 배경에는 후세에까지 조선 최고의 '효자 왕'이라 칭하고 있는 그의 효심이 뒷받침되었던 것은 아닐까?

사도세자가 일찍 세상을 떠나서 언제나 아버지의 정이 그리웠던 정조는 왕이 되자 아버지 사도세자의 묘를 화성으로 옮겨 '현릉원'이라 이름을 지었다. 어느 날, 아버지 묘소에 갔던 정조는 무덤 주위를 둘러싸고 있는 소나무가 송충이로 인해 엉망이 된 것을 보고는 깜짝 놀랐다.

"아무리 하찮은 벌레라지만 너희가 어찌 내 아버지 무덤의 솔잎을 갉아 먹을 수 있단 말이냐! 차라리 내 오장을 뜯어 먹어라!" 송충이 몇 마리를 잡아 오라고 한 후에 송충이를 꿀꺽 삼켜버렸다. 얼마 후, 아주 신기한 일이 벌어졌다. 어디선가 수많은 솔개와 까마귀들이 나타나 현륭원에 있는 소나무 숲에 내려앉아 송충이들을 잡아먹는 것이었다. 그리고 며칠이 지나자, 소나무 가지에 새잎이 돋아나고 숲은 다시 살아났다. 이를 보고 사람들은 입을 모아 말했다.

"임금님의 효성에 하늘도 감동한 거야!"

출처: 위키백과(https://ko.wikipedia.org/wiki).

2) 효열비가 세워진 효녀가수 '현숙'

"밝고 긍정적인 성격도 부모님께서 주신 선물"이라고 말하는 가수 현숙은 어릴 적 꿈이 판검사였다고 한다. 여고 2학년 때 배구대회 장기자랑에서 노래를 불러 1등을 하면서 꿈이 가수로 바뀌었고, 데뷔곡 「정말로」가 히트를 치며 정말로 가수가 되었다고 한다.

가수 현숙은 투병 중인 어머니를 정성스레 간호하면서 꾸준히 선행을 펼쳐 우리에게 훈훈한 정을 나눠 준 모범 연예인이다. 1996년 효행 연예인으로서 국민포장(國民褒章), 2001년 효령대상 효행부문상, 2007년 전북애향대상과 김제시민의장 '효열장', 2009년 제33회 삼성효행상 특별상, 2015년 대통령표창을 수상한 바 있으며, 전국 방방곡곡을 돌아다니며 불우노인 등을 부모 못지않게 따뜻이 보살펴온 훌륭한 효녀가수이다.

효녀가수 현숙은 전북 김제 출신으로 '제1호 연예인 효사랑 노래비'의 주인공으로 탄생했다. 현숙이 가수 활동을 하면서 중풍과 치매를 앓던 아비지를 7년간 극진히 보살피고 의식이 분명치 않은 어머니를 14년간 모셨다는 사실만으로도 주변의 마음을 훈훈하게 만들었으며, 그녀의 효행은 매년 어르신들을 위한 무료 이동목욕 차량 기증 및 효사랑 공연 등 주변의 어려운 이웃은 물론 하루하루의 생활을 힘겹게 이어나가는 많은 어르신들에게도 끊임없이 이어져 왔다.

김제시 부량면 아리랑문학관에서 "대한민국의 모든 어르신들이 모두 행복한 그날까지 나눔의 삶을 실천하고 싶습니다."라고 밝힌 그녀의 각오처럼 시민들과 출향인 등 각계각층의 정성이 모여 국내 연예인 제1호 효열비 제막식이 거행되었다.

출처: 시사전북닷컴.

3. 정직

정직(正直)이란, 마음에 거짓이나 꾸밈이 없이 바르고 곧음(두산동아 사서편집국, 2013)이며, 경제적 또는 여타의 이익과 같은 타인의 권리에 대해 배려하고 존중할 줄 아는 행동 특성으로 정의된다(Warren, 1934). 정직을 구성하는 요소는 크게 개인이 정직해야 하는 이유에 대한 '신념'과 사회적 책임에 대해 인식하는 '책임 판단', 정직한 행동을 이끌어 내기 위한 '자아통제' 개념으로 나눌 수 있다(Kohlberg & Candee, 1984).

1) 황금 보기를 돌같이 하라 '최영 장군'

"황금 보기를 돌같이 하라."는 고려시대 최영(1316~1388) 장군이 남긴 말로 유명하지만, 이 말은 최영의 아버지 최원직이 죽으면서 남긴 유언이었다고 한다. 성품이 강직하고 올곧았던 최영은 아버지의 말을 평생의 좌우명으로 삼아 고위관직에 있을 때도 별다른 청탁이나 뇌물 사건에 휩쓸리지 않았다. 또한, "내가 평생에 남의 것을 조금이라도 탐하였다면 무덤 위에 풀이 날 것이요, 그렇지 않다면 풀이 안 날 것이다."라고 유언을 남겼는데, 실제로 무덤에는 오랜 세월 동안 풀이 자라나지 않았다고 한다. 외적을 막고 고려 왕실을 보호하며 청렴하기까지 했던 최영 장군은 온 나라의 백성으로부터 매우 존경을 받았으며, 역사 속에서 진정으로 평생 정직한 삶을 산 위대한 인물의 표상으로 기록되고 있다(김정미, 2010).

최영 장군(崔瑩, 1316~1388)은 고려의 명장이자 충신이었다.

최영 장군은 어렸을 때부터 기골이 장대하고 풍채가 늠름했으며, 성격도 무척 정직하고 용감했다. 문신 가문에 태어났으면서도 병서를 읽고 무술을 익히어 무장의 길을 걸었다. 최영 장군은 아버지에게 "가난하게 사는 것은 절대 부끄러운 일이 아니다. 가장 부끄러운 일은 정직하지 못한 것이다."라는 말을 항상 듣고 자랐다. 또 아버지가 돌아가시기 전 "모든 불행은 남의 것을 탐내는 데서 시작된단다. 그러니 너는 언제나 황금 보기를 돌같이 하라."라는 말씀을 남기셨다. 최영 장군은 벼슬에 오르고 나서도 재물과 권력을 탐하지 않았으며, 사치하는 관리들을 향해 서릿발 같은 추궁도 마다하지 않았다.

"저들이 좋은 의복, 좋은 음식을 누리는 것은 뇌물을 챙겼다는 뜻이다! 이는 개나 돼지만도 못한 짓이다."

출처: 위키백과(https://ko.wikipedia.org/wiki).

2) 영국의 명재상 '벤저민 디즈레일리'

벤저민 디즈레일리(Benjamin Disraeli, 1804~1881)는 런던 출생으로 세 차례나 영국의 재무장관을 지냈다. 1868년에 총리가 된 후, 1874년 총선거에서 휘그당(Whig Party)을 물리치고 다시 내각을 조직하여 1880년까지 정권을 잡은 19세기 영국 역사의 거물이었다. 또한, 현재의 영국 보수당을 만들어 낸 보수당의 아버지로 알려져 있다. '대영제국의 영광'을 추구하면서 적극적인 제국주의 정책을 펼쳐 빅토리아 여왕 때, 영국을 세계 최고의 강대국으로 올려놓은 인물이다.

벤저민 디즈레일리가 남긴 "거짓말에는 세 가지 종류가 있다. 그럴듯한 거짓말, 새빨간 거짓말, 그리고 통계다."라는 유명한 명언이 있다. 이는 통계가 사실을 쉽게 왜곡할 수 있다는 것을 강조하는 말이다. 정직을 지키는 것이 힘든 일임에는 분명하지만, 그래도 정직을 지키는 사람들이 많아질수록 세상은 보다 풍요로워질 것이다.

젊은 시절에 벤저민 디즈레일리는 하녀를 채용하려고 면접을 했다. "당신이 스무 장의 접시를 포개어 들고 이 방에서 나가다가 문턱에 발이 걸렸다고 합시다. 그러면 어떻게 하시겠습니까?" 한 사람은 순간적으로 턱을 이용해 접시를 단단히 누르고 무릎을 신속하게 꿇거나, 몸을 굴려서라도 접시를 한 장도 깨지지 않도록 하겠다고 답했다. 이 여인은 탈락했다. 그는 "아직 그런 일을 겪어 보지 못해서 뭐라고 말씀드릴 수 없습니다. 다만, 발이 문턱 같은 데 걸리지 않도록 미리 조심하겠습니다."라고 답한 여자를 채용했다.

왜 그랬을까? 후자가 재주를 부리기보다 정직하고 솔직해 보였기 때문이었다. 예나 지금이나 사람을 평가하는 기준은 다르지 않다.

출처: 위키백과(https://ko.wikipedia.org/wiki).

4. 책임

책임(責任)이란, 맡아서 해야 할 임무나 의무 또는 어떤 일에 관련되어 그 결과에 대하여 지는 의무나 부담 또는 그 결과로 받는 제재를 의미한다(두산동아 사서편집국, 2013). 즉, 책임은 상호 의존적으로 결합된 인간 공동체 내에서 공동선(善)의 실현을 위해 각 구성원들에게 부여된 역할과 의무를 충실히 이행하는 것을 말한다(유병열, 2008).

책임은 '부름에 대해 응답하는 능력(ability to respond)'이라는 뜻을 가지고 있다(Lickona, 2011). 그래서 책임에 있어서는 언제나 부르는 쪽과 응답하는 쪽이 서로 대응한다. 부르는 쪽은 가정일 수도 있고 회사나 기관일 수도 있으며, 사회나 국가일 수 있고 또한 인류일 수도 있다. 책임을 갖는다는 것은 자신의 선택과 삶에 도덕적 책임을 진다는 의미이다. 또한, 책임은 맡아서 해야 할 역할과 의무를 마땅히 해야 한다는 인식을 갖는 '역할(과제) 책임'과 실제로 책임을 다해야 하는 상황에서 행동으로 옮길 수 있는 '행위(결과) 책임'으로 나뉜다(정창우 외, 2013).

1) 나의 죽음을 적에게 알리지 마라 '이순신'

이순신(李舜臣, 1545~1598)은 조선시대 장수로 임진왜란에서 삼도수군통제사로서 수군을 이끌고 전투마다 승리를 거두어 왜군을 물리치는 데 큰 공을 세웠다.

이순신은 공직생활의 시작부터 전사하는 순간까지 철저한 책임감을 지켜나갔다. 곧은 원칙으로 인해 윗사람의 미움을 받아 좌천과 회복이 반복되었지만 가는 곳마다 맡은 일에 대한 투철한 책임감과 적극적인 마음가짐은 변함이 없었다. 먼저 자기가 해야 할 일을 알아서 찾았으며, 스스로 열과 성의를 다했다. 이순신은 부하들에게 모범을 보이고 나라를 위해 항상 공정하게 일을 했으며, 작은 일이라도 소홀히 여기지 않고 책임을 다했다. 이러한 이순신의 책임 정신은 지금도 많은 사람들에게 좋은 본보기가 되고 있다.

임진왜란 때, 웅포(경상남도 웅천) 앞바다에서 수군을 지휘하여 적선을 무찌르고 돌아오던 중 군사들이 방심하여 통선 1척이 전복되자, 이순신 장군은 조정(朝廷)에 다음과 같이 말했다.

"통선(統船) 1척을 마침내 전복 시켜 많은 죽임이 있게 되었습니다. 이것은 신이 군사 쓰는 방법이 좋지 못하고 지휘가 잘못되었기 때문인 바, 극히 황공하여 거적자리에 엎드려 죄를 기다리나이다." (통선일척경복후대죄장 계사년(1593) 4월 6일)

1598년 이순신은 관음포로 달아나는 왜군을 추적하다가 탄환을 맞았는데 "싸움이 급하니, 나의 죽음을 적에게 알리지 말라."라며, 죽어가는 순간까지 자신의 책임을 잊지 않았다.

출처: 위키백과(https://ko.wikipedia.org/wiki).

2) 자신의 성공보다 기업인의 책임을 더 생각한 '유일한'

유일한(1895~1971)은 유한양행과 유한재단을 설립한 한국의 기업가이자 교육자, 그리고 독립운동가이다. 특히, 우리나라의 투명하고 정직한 기업경영의 표상으로 상징되는 인물이었다. 기업 경영의 목표를 이윤 추구에 두지 않고 건전한 경영을 통한 사회 헌신을 평생 신념으로 생각하고 실천했다.

유일한은 "사랑하는 손녀들이 학자금으로 쓸 1만 달러를 주는 것 외에 전 재산을 교육사업에 기부한다."라는 유서를 남기며 재산 모두를 여러 사람을 위하는 일에 사용되도록 했다. 결국, 살던 집도 대학교의 연구사무실로 쓰이고 있고 기부금으로 지어진 고등학교도 지금까지 유지 · 발전되고 있다.

이처럼 큰 기업을 운영함에 있어 당당하게 자신의 사리사욕을 채우거나 재산 불리기에 급급한 기업인들에게 경종을 울린 유일한의 일생은 진정한 기업인의 책임이 무엇인지를 깨우쳐 주는 메시지를 전하고 있다.

아홉 살의 나이에 먼 미국 유학길에 오른 유일한은 아버지가 마련해 준 유학 비용을 모두 배 안에서 잃어버렸지만 독립운동가인 박용만의 도움으로 미국에 무사히 도착하였다.

미국 생활 중에 인종차별로 서러움을 겪었지만 당당하게 극복한 후 미래가 보장된 성공을 이루게 된다. 많은 국민들이 굶주림으로 죽어가고 있다는 것을 알고 개인의 성공에 안주하기보다는 책임감의 정신을 되새겨 한국으로 돌아오게 된다. 그리고 한민족의 건강 유지에 필요한 약을 만들기 위한 제약회사를 설립하였다.

한편, 거래하던 녹두회사 사장이 탈세를 통해 사리사욕을 채우는 모습에 실망한 유일한은 유한양행을 경영할 때 자신만의 윤리경영을 실천하면서 정직한 기업정신을 굽히지 않았다. 또한, 1929년 유한양행은 한국 최초로 종업원 지주제를 실시했으며, 전문경영인 제도를 도입하게 이른다. 2세의 경영권 상속을 과감히 고치고, 오랫동안 회사에서 동고동락을 함께 했던 전문경영인에게 주주총회에서 경영권을 이양하였다.

출처: 동아일보(2013. 8. 29.).

5. 존중

존중(尊重)은 사전적 의미로 타인의 가치 또는 지적인 차이를 가져올 만한 사회적 체제, 철학, 프로그램, 생활양식 등에 대한 인정으로(Warren, 1934), 사려 깊고 정중하게 다른 사람들을 대함으로써 존엄성을 가진, 가치 있는 존재라는 것을 보여 주는 것이다. 모든 사람은 존엄하게 대우받을 권리를 가지고 있어서 어떤 일을 해 왔는지에 상관없이 존중받아야 한다. 일반적으로 수많은 종교와 도덕, 철학에서 볼 수 있는 원칙의 하나로, "다른 사람이 해 주었으면 하는 행위를 하라."라는 윤리원칙인 황금률(黃金律)이 존중을 가장 잘 예시해 준다(Borba, 2004). 존중은 폭력, 혐오, 착취 등을 예방하는 데 중요한 기능을 하며, 대체로 자기존중, 타인존중, 생명존중으로 확대되는 특징이 있다(교육부, 2014; 정창우 외, 2013).

1) 노예 해방 선언 '에이브러햄 링컨'

에이브러햄 링컨(Abraham Lincoln, 1809~1865)은 미국의 제16대 대통령으로, 남북전쟁에서 북군을 지도하여 점진적인 노예 해방을 이루었다. 대통령에 재선되었으나 이듬해 암살당했다. 미국 펜실베이니아 게티즈버그 연설(Gettysburg Address)에서 "국민의, 국민에 의한, 국민을 위한 국민의 정부"라는 불멸의 말을 남겼다.

1858년 일리노이 주 상원의원 선거에 입후보하여 재선을 노리는 민주당의 더글러스와 치열한 공개 논전에서 행한 "갈려서 싸운 집은 설 수가 없다. 나는 이 정부가 반은 노예, 반은 자유의 상태에서 영구히 계속될 수는 없다고 믿는다."라는 연설로 더글러스의 인민주권론을 비판하였다.

링컨은 대통령에 취임하자 공화당을 강력한 국가적 기구로 재편했다. 그리고 북부 민주당 세력 대부분을 포섭하여 연방을 수호하려는 자신의 대의명분에 동참하도록 설득했다. 1863년 1월 1일 링컨은 남부동맹 내의 모든 노예들을 영구히 해방시키는 '노예 해방 선언'을 발표했다. 이후 이 선언은 미국의 건국이념인 자유와 평등 개념에 생명을 불어넣었고, 미국 내에서뿐만 아니라 국제적으로도 지속적인 영향을 미쳤다.

"자치주의는 옳습니다. 이는 절대적이며 영원합니다. 그러나 노예제 문제에는 적용되지 않습니다. 제 오랜 신념은 제게 모든 인간은 평등하게 태어났고, 인간이 다른 사람을 노예로 만드는 것과 관련된 도덕적 권리는 있을 수 없다고 가르쳤습니다." 선거에서 링컨은 패했지만 인상적인 연설과 토론, 그리고 확고한 신념으로 많은 사람을 매료시켰고 결국 1860년 대통령 선거에서 공화당 후보로 지명됐다.

민주당 계열 신문들은 "삼류 서부 변호사, 조잡하고 어색한 농담을 뒤섞어 무식하게 연설하는 사류 웅변가를 공천한 공화당은 그들의 지성이 점점 더 낮아지고 있다는 증거를 보여 주었다."라고 조롱했지만, 1860년 11월 6일 미국 국민은 링컨을 선택했다.

출처: 두산백과(http://terms.naver.com/entry.nhn?docId=1090054&cid=40942&categoryId=34318)

2) 세상을 움직인 용기 있는 청년 '이수현'

한국인 유학생 이수현(1974~2001)은 도쿄 신오쿠보역에서 선로에 떨어진 사람을 발견하고 자신의 위험을 무릅쓴 채 용감히 선로에 뛰어들어 인명을 구하려다 고귀한 목숨을 바치게 된다. 하루가 멀다 하고 생명경시(生命輕視) 풍조와 관련된 뉴스를 접하던 사람들은 이수현의 헌신적인 용기에 큰 감동을 받았으며, 그의 희생은 한일 관계에도 많은 영향을 끼쳤다.

2001년 1월 31일 의사자(義死者)로 선정되어 국민훈장을 수여받은 사회적 의인 이수현의 숭고한 정신은 또 다른 의인을 낳았다. 2008년 서울특별시 지하철 3호선 구파발역에서 떨어진 시민을 구출한 뒤 사라진 이시화 님, 2014년 광주광역시 도시철도 1호선 쌍촌역에서 1.5m 아래 선로에 떨어진 80대 할아버지를 구하고 이름도 연락처도 없이 홀연히 사라졌던 김영택 님과 이정욱 님 등 누군가의 제보로 찾게 된 그들은 당연히 해야 할 일을 했다고 말했다. 어쩌면 생명존중을 지키는 사회적 의인은 결코 먼 곳에 있지 않을지도 모르겠다.

나는 건강하다. 나는 젊다.
나는 내가 젊다는 것을, 건강하다는 것을 자랑스럽게 여긴다.
나는 나보다 못한 사람을 도울 것이다.
위험에 처한 사람을 도울 것이다.
그것이 대한민국의 건강한 젊은이가 할 수 있는 가장 아름다운 일일 것이다.
나는 젊고 건강한 대한민국의 젊은이다.
나는 이수현이다.

출처: 노컷뉴스(http://news.naver.com/main/read.nhn?mode=LSD&mid=sec&sid1...).

6. 배려

배려(配慮)는 나와 너의 관계 속에서 정의되는 것으로(Noddings, 2002), 관계적 존재인 인간이 다른 사람의 행복이나 복지 등에 관심을 가지면서 그들의 필요나 요구에 민감하게 반응을 보이는 것을 의미한다. 즉, 타인에 대한 배려는 나와 타인 사이의 상호 의존적인 관계를 인식하는 바탕 위에서 타인의 필요와 행복에 책임을 느껴 그를 보살피고 돕는 도덕적 태도이다(Gilligan, 1982).

따라서 배려를 위해서는 타인의 고통에 대한 공감 및 연민(compassion), 타인과의 차이에 대한 인정과 잘못에 대한 용서를 포함하는 관용의 덕이 필요하다.

1) 베트남 독립의 아버지이자 호 아저씨 '호찌민'

호찌민(Ho Chi Minh, 1890~1969)은 베트남의 혁명가이자 정치가, 구(舊) 베트남민주공화국 초대 대통령을 역임한 인물이다. 호찌민은 응우옌 탓 단(Nguyen Tat Thanh), 즉 '성공할 사람'이라는 의미의 본명을 버리고 1942년부터 호찌민, 즉 '깨우치는 자'라는 이름을 썼다.

호찌민은 베트남이 프랑스의 노예 상태였기에 외국을 돌아다니며 온갖 험한 일을 마다하지 않았다. 마른 몸매에 약간 겁먹은 것 같은 베트남인 특유의 큰 눈, 한없이 인자하고도 부드러운 표정 속에 호찌민의 에너지가 들어 있었다.

소탈하고 낙천적인 호찌민의 사망 소식이 전해지자, 전 세계의 언론이 그에 관한 기사를 대서특필했다. 우루과이의 한 신문은 윌리엄 J. 듀이커(William J. Duiker)가 쓴 『호찌민 평전(*Ho Chi Minh*)』을 인용하여 "그는 우주만큼 넓은 심장을 가진 사람이었으며, 아이들에 대한 가없는 사랑을 가진 사람이었다. 그는 모든 분야에서 소박함의 모범이다."라고 극찬했다. 호찌민은 끝까지 친근하며 배려심 있는 '호 아저씨'의 이미지를 안고 세상을 떠났다.

호찌민은 평생 독신으로 지내면서 권력을 통해 어떠한 부귀영화도 누리지 않았고, 조금의 안락도 추구하지 않은 겸손하고 소박한 사람이었다.

호찌민은 유언장에서 "내가 죽은 후에 웅장한 장례식으로 인민의 돈과 시간을 낭비하지 말라. 내 시신은 화장해 달라. 그 가루를 북부, 중부, 남부에 골고루 뿌려 달라."라고 주문하였다. 하지만 그의 시신은 특별 방부 처리되어 온전하게 보존되고 무덤 또한 엄청난 규모로 만들어져 베트남의 성지가 되고 있다.

출처: 차창룡(네이버캐스트, 2009.2.3.).

2) 소록도 천사 '마리안느 스퇴거 수녀와 마가렛 피사렛 수녀'

어린 사슴을 닮았다고 하여 '소록도'라 부른 전남 고흥의 외딴 섬은 1916년 한센병 환자들을 격리하면서 '저주의 섬'으로 지부됐다. 일명 '문둥병'인 한센병은 얼굴이 문드러지고 손발이 잘려 나가는 가장 끔찍한 전염병이라 했다. '신조차 버렸다.'는 한센인에게 친구가 되어 주기 위해 지구 반대편 오스트리아에서 소록도를 찾은 파란 눈의 두 천사가 있었다. 파란 눈동자를 가진 20대의 두 수녀는 바로 마리안느 스퇴거 수녀와 마가렛 피사레크 수녀였다.

마리안느 스퇴거 수녀

마가렛 피사레크 수녀

두 수녀는 1952년에서 1955년까지 오스트리아 인스부르크의 간호학교에서 같은 학년 같은 방을 쓰며 기숙사 생활을 함께 했던 친구 사이였다. 졸업 후 마리안느는 오스트리아 현지 병원에서 근무 중이었고, 마가렛은 1959년 천주교 단체의 소개로 이미 먼저 대구에 와 있었다. 두 수녀는 전남 나주성당의 초대 신부인 였던 헨리 대주교의 주선으로 1962년에 소록도에서 다시 만나게 된다.

당시 소록도에는 낙태 중지로 인해 한센인 부부 사이에서 아이들이 태어났으나 이들을 돌볼 사람이 없었다. 이 사실을 들은 헨리 대주교는 오스트리아 대주교에게 소록도 봉사 인력을 요청했고, 마리안느와 마가렛 두 수녀가 뽑혔다. 원래 두 수녀는 5년 근무계약으로 1962년에 소록도에 왔으나, 근무 기간은 43년이란 긴 봉사의 세월로 이어졌다.

출처: 뉴스플러스, 만해상 받는 '소록도 할매 수녀들' (2016.7.15.).

문둥병자라며 접촉도 기피하던 의료진을 뒤로하고 두 수녀는 장갑도 끼지 않은 맨손으로 환자들의 피고름을 짜냈다. 두 수녀는 40여 년간 소록도에서 헌신의 삶을 살다가 고령이 되자, 2005년도에 "이제 늙어 봉사를 할 수도 없고 짐만 된다."라며 고국으로 돌아갔다. 변변한 송별회도 없이 40여 년 전 갖고 온 낡은 가방 하나만 들고 그렇게 고국으로 돌아갔다. 신체 일부가 떨어져 나가도 고통을 느끼지 못하는 한센인들은 수녀들이 떠난 자리를 보고 찢어지는 아픔을 느꼈다고 한다. 두 수녀의 헌신적인 배려는 '저주의 섬' 소록도를 '희망의 섬'으로 바꿔 놓았다.

7. 소통

소통(疏通)이란, 사전적으로는 막히지 않고 서로 통하여 오해가 없음(두산동아 사서편집국, 2013)을 의미하며, 환경과 개인과의 느낌을 주고받는 과정으로 정의된다(Warren, 1934). 서로 소통이 원활하기 위해서는 여러 사람에게 호감을 주고 친밀도를 높일 수 있어야 하고, 자극이나 변화에 어느 정도 개방적이야 하며, 구성원들과 목표, 과정, 결과 등을 공유할 수 있어야 한다. 또한, 타인의 발화나 행위에 대한 적절한 감사와 위로, 격려, 칭찬 등의 행동을 취할 수 있어야 한다.

1) 입장 바꿔 듣기의 '황희'

조선시대의 최장수 명재상인 황희(黃喜, 1363~1452)는 청렴결백한 사람이었으며, 정치 일선에서 원칙과 소신을 견지(見地)하면서도 때로는 관용의 리더십을 발휘하여, 건국 초기 조선의 안정에 기여하였다. 황희가 태종과 세종의 특별대우를 받으며 24년 간 재상의 자리에 있을 수 있던 이유는 무엇일까?

황희의 '입장 바꿔 듣기'와 관련된 유명한 일화에서 볼 수 있듯이 여종 사이의 다툼에서 '네 말이 맞다, 네 말도 옳다' 식의 행동은 언뜻 보면 주관이 없는 듯하지만 세상사 시비를 논하다 보면 여러 가지 이유로 우리는 한쪽 입장만을 듣게 되는데 '역지사지(易地思之)'로 다른 사람의 입장을 충분히 경청할 줄 아는 자세로 보아야 하지 않을까?

공무에 잠깐 짬을 내어 집에 있을 때의 일이었다. 집의 여종이 서로 시끄럽게 싸우다가 잠시 뒤 한 여종이 와서 "아무개가 저와 다투다가 이러이러한 못된 짓을 하였으니 아주 간악한 년입니다."라고 일러바쳤다. 그러자 황희는 "네 말이 옳다."라고 하였다. 또 다른 여종이 와서 꼭 같은 말을 하니 황희는 또 "네 말이 옳다."라고 하였다.

그때, 황희의 조카가 옆에 있다가 화가 나서는 "아저씨, 판단이 너무 흐릿하십니다. 아무개는 이러하고 다른 아무개는 저러하니 이 아무개가 옳고 저 아무개가 그릅니다." 하며 나서자 황희는 다시 또 "네 말도 옳다."라고 하며 독서를 계속하였다고 한다.

출처: 네이버 지식백과.

2) 토크쇼의 여왕 '오프라 윈프리'

오프라 윈프리(Oprah Winfrey, 1954~)는 미국의 여성 방송인으로, 세계적으로 유명한 '오프라 윈프리 쇼'의 진행자로 유명하다.

오프라 윈프리는 1954년 1월 29일 미시시피 주에서 사생아로 태어나 9세 때 사촌에게 성폭행을 당하고 마약에 빠지는 등 불우한 어린 시절을 보냈다. 그러나 1986년부터 미국 CBS-TV에서 '오프라 윈프리 쇼'를 25년간 5,000회 진행하면서 미국 내 시청자만 2,200만 명에 달하고 세계 140개국에서 방영되어 '토크쇼의 여왕'이 되었다.

오프라 윈프리는 즉흥적 감정 전달과 친숙한 고백적 형태의 미디어 커뮤니케이션을 만들어 내어 토크쇼 장르를 대중화시키고 큰 변화를 일으켰다. 2003년 초 실시된 해리스 여론조사에서 1998년과 2000년에 이어 미국인들이 가장 좋아하는 TV 방송인으로 꼽혔다.

1983년 오프라 윈프리는 시카고에서 낮은 시청률을 가진 30분짜리 아침 토크쇼인 '에이엠 시카고(AM Chicago)'의 진행자가 되었다. 오프라 윈프리가 맡게 된 지 한 달 후, 시카고에서 가장 인기 있는 토크쇼가 되어 전국적으로 방영되는 '오프라 윈프리 쇼'로 바뀌었다.

어느 날, 오프라 윈프리는 발이 너무 아파서 서 있기가 힘들었다. 오프라는 예쁘게 보이려고 가짜 미소를 지을 수 없다고 생각했다. "구두 때문에 죽을 것 같아요. 여러분도 가끔 싫은 일을 확 벗어던지고 싶을 때가 있지 않나요? 여러분도 저처럼 한번 해 보세요. 아, 자주 하면 곤란하겠지만요." 자칫 방송사고로 이어질 수도 있었지만 오히려 오프라 윈프리의 솔직한 태도에 사람들은 더욱 호감을 느끼고 우레와 같은 박수를 쳐 주었다.

출처: ko.wikipedia.orghttps://ko.wikipedia.org/wiki/File:Oprah_Winfrey_%282.

8. 협동

협동(協同)이란, 동일한 효과를 발휘하기 위해 둘 또는 그 이상의 객체가 함께 일하는 것을 의미한다(Warren, 1934). 즉, 목표를 성취하기 위해 구성원들의 힘과 능력을 집약시키는 것이요, 상부상조하는 것이다. 이러한 협동은 공동체가 발전하고 번영하기 위한 필요조건으로서, 가정에서부터 사회, 국가, 인류 공동체에 이르기까지 모든 공동체의 흥망성쇠를 좌우하는 기본 요인이 된다.

협동의 미덕은 공동체 의식이나 연대성(solidarity), 조화정신과 깊은 관련성을 갖는다. 공동체 의식이나 연대성은 사회 구성원들의 상호 결합성을 의미하는 것으로 공동체를 향한 충직한 마음에서 비롯한 나와 너, 우리가 하나로 얽혀 있다는 의식을 의미하게 된다.

협동이 잘 일어나기 위해서는 목표에 대해 상호 간 명확한 이해를 공유하고 자원, 정보 등을 공유하며, 자신에게 분배된 문제를 절절히 해결할 수 있어야 한다. 아울러 협동을 위한 역할과 일정 계획에 대한 동의와 협업을 포함하며, 할당된 목표와 수행할 임무에 대해 구성원 간의 견고한 의사소통과 협력적 관계를 형성해 나가는 것을 의미한다(Winer & Ray, 1994).

1) 행주대첩의 명장 '권율'

권율(權慄, 1537~1599)은 조선 중기의 대표적 장수로서 왜군의 북진 의지를 차단하기 위해 행주대첩의 위업을 달성했다. 임진왜란의 3대 승전의 하나로 손꼽히는 행주대첩은 1593년(선조 26년) 2월에 시작되었으며, 조선군은 활, 칼, 창 같은 일반적인 무기 외에 화포와 석포(石砲) 등이 있었으나 왜군의 공격이 길어지면서 무기가 떨어졌다. 권율의 지휘로 행주산성을 지키기 위해 투석전을 펼쳤는데 조선군은 부녀자들과 합심해 격전에서 승리하게 되었다.

승리를 이끌어 낼 줄 아는 권율의 행주대첩은 군사는 물론 백성들까지 한마음으로 싸운 전쟁이었다. 행주대첩의 값진 승리는 바로 '협동'의 결과물이라 할 수 있다.

권율은 1593년에 서울을 되찾기 위해 2,800명의 군사를 행주산성에 집결시키고 방비를 튼튼히 했다. 이때 왜군 장수 고바야카와 다카카게(小早川隆景)가 30,000명의 왜군을 이끌고 행주산성을 포위하고 부대를 세 진영으로 나눠 아홉 차례에 걸쳐 행주성을 공격하게 된다. 권율이 지휘한 조선군은 마을 부녀자들이 치마로 돌을 운반해서 함께 힘을 모은 결사적인 항전으로 24,000명의 적군 사상자를 내고 물리쳤다. 이 싸움을 행주대첩이라고 하며, 이때 마을의 부녀자들이 앞치마에 돌을 담아 나른 것이 바로 그 유명한 '행주치마'의 유래이다.

출처: 한국민족문화대백과(http://terms.naver.com/entry.nhn?docId=550).

2) 지하철을 밀어 승객을 구한 '시민의식'

2003년 10월 13일, 서울 지하철 2호선 신당역에서 40대 남성이 객차와 승강장 사이에 발이 끼이는 사고가 발생했다. 이때 수십 명의 승객들이 지하철을 밀어 구조한 적이 있었다. 사람들이 모두 한마음으로 뭉친 이 아름다운 소식과 영상은 '감동적인 협동'이라는 찬사와 함께 세계 각국으로 퍼져 나갔다. 우리의 작은 힘은 언제든지 함께 힘을 모아 세상을 바꿀 준비를 하고 있다.

2014년 출근길이던 호주의 한 남성이 지하철역에서 아찔한 경험을 하게 된다. 꽉 들어찬 객차에 놀라 뒷걸음을 치다 왼쪽 다리가 객차와 승강장 사이 틈새에 완전히 빠져 버린 것이다. 운전사가 그대로 출발이라도 하면 큰 사고로 이어질 뻔한 아찔한 상황으로, 직원은 즉각 운전사에게 상황을 알리고 동료들을 불러 모았다. 그 순간에 지하철에 타고 있던 100명 이상의 승객들도 남성을 돕기 위해 힘을 합쳐 '하나, 둘, 셋!' 신호에 맞춰 지하철을 밀어냈고, 결국 남성은 10여 분 만에 발을 빼낼 수 있었다.

2014년 지하철을 밀고 있는 호주 사람들

출처: 쿠키뉴스(2014. 8. 7.).

2003년 지하철을 밀고 있는 한국 사람들

출처: 쿠키뉴스(2014. 8. 7.).

Chapter 04

대학생을 위한 인성교육

출처: 유원대학교.

미국의 교육학자 데이먼(Damon)은 학교교육이 학생들에게 “왜 교과목을 공부해야 하는가?”, “장차 어떤 사람이 되고 싶은가?”, 또는 “내 인생의 의미는 무엇인가?”와 같은 핵심적인 질문들로 삶에 대한 성찰의 기회를 갖는 것을 중시했다. 또한, 주천(酒泉)에서는 지혜로운 리더가 갖춰야 할 덕목으로 따뜻한 마음, 즉 사람을 얻는 ‘인정’을 강조한다.

미래의 조직은 인성 역량을 갖춘 인재를 원한다. 무엇보다 타인과의 협력을 통해 사회성을 잘 발휘하는 인재를 필요로 한다. 예로 대학에서의 인성 프로그램이나 특강 참여, 동아리, 봉사단 등의 활동은 지역사회의 발전과 대학생들의 인성함양 및 전공에 대한 이해를 높일 수 있는 기회가 된다.

이에 본 장에서는 대학생의 인성교육이 사회가 바라는 바람직한 인성함양의 사회인으로 나아가기 위해 사람 중심의 교육으로 스며드는 안내자, 인도자, 교육자, 지도자가 되었으면 한다.

1. 우리나라 인성교육의 목표와 내용

1) 대학 인성교육의 목표

지성 + 인성, 이것이 진정한 교육의 목표이다.
– 마틴 루터 킹(Martin Luther King Jr.)

사회 전반적으로 인성교육의 필요성이 강조되면서 초·중·고 하위 교육기관에서 배양된 인성이 대학 진학 후에도 유지·발전·완성될 수 있도록 대학 교육과정 내 인성교육의 중요성이 부각되고 있다. 우리나라 대학생들은 전형적인 입시제도의 특성으로 인해 인지적 영역에만 몰두하여 통합적인 인성교육의 기회를 제공받지 못하고 대학에 진학하는 경우가 대부분이다. 이러한 현실적인 상황을 극복하기 위해서 전국의 많은 대학은 대학생을 위한 인성교육에 관심을 가지고 교과과정 안에 인성교육을 포함하여 실시해 오고 있다.

각 대학의 인성교육 목표는 대학의 인재상 및 교육목표와 밀접한 관계를 보이고 있다. 구체적으로 살펴보면, 글로벌 시대를 준비하는 인재로 성장하기 위한 인성교육, 민주시민으로서의 자질(책임감, 리더십, 배려, 창의성 등)을 함양하기 위한 인성교육, 전통적 가치를 함양한 인재로 성장하기 위한 인성교육 등과 같이 대학이 가진 고유의 특성과 연계된 인성교육 목표가 보편적이다(교육과학기술부, 2012). 또, 대학의 건학이념이 종교적인 정신을 바탕으로 수립된 경우, 인성교육 목표는 종교사상으로 기반이 되어 있다.

2) 대학 인성교육의 내용 및 방법

대학에서의 인성교육은 정규교과 안에서 다양한 학문을 통섭하고 융합해서 종합적으로 사고할 수 있는 체험교육 중심이 되어야 하고, 다양한 활동을 통해 상대방에게 알리고자 하는 바를 재미있고 생생한 이야기로 설득력 있게 전달할 수 있어야 한다.

대학은 인성교육 목표를 바탕으로 인성교육 내용과 방법을 결정하게 된다. 인성교육 내용은 크게 정의적 측면, 대인관계적 측면, 전통적 · 기본소양 측면, 종교적 측면으로 나눌 수 있다. 정의적 측면으로는 자율성, 책임감, 자기성찰, 이타성과 같은 내면적 인성을 포함하고 있고, 대인관계적 측면으로는 리더십, 공동체, 의사소통, 상호 이해, 봉사와 같은 역량이 포함되어 있다. 효와 예절과 같은 전통적인 가치의 함양과 고전 및 인문학적 소양을 바탕으로 한 기본소양을 함양하는 전통적 기본소양 측면과 대학의 건학이념에 부합하는 종교사상이 강조된 인성교육 내용도 찾아볼 수 있다(교육부, 2015).

인성교육 내용을 실행하기 위한 방법도 다양하게 구성되어 있다. 대부분의 대학은 교양 교과과정으로 인성교육을 실행하고 있으며, 공동체 내에서 필요한 인성덕목, 인문학 소양을 기르기 위한 인성덕목, 리더 양성에 필요한 인성덕목, 종교사상과 연계된 인성덕목, 전통의식과 관련 있는 인성덕목 등으로 정리할 수 있다. 이러한 인성덕목을 교육하기 위해 기숙형 생활 교육방식과 교양 교과목을 이수하는 형식의 인성교육을 진행하고 있다. 교과목 이수 시 강의실에서의 교육뿐만 아니라 현장체험을 강조한 실습교육도 포함되어 있다(교육부, 2015).

다양한 방법의 인성교육이 교양교육 내에서 진행되는 반면에 전공교육으로 진행되는 인성교육의 사례는 찾기 어렵다. 전공교육과 연계하여 인성교육을 진행하고 있는 소수 대학의 경우, 방대한 전공 영역 내에 몇 가지 인성덕목을 교육하기보다는 현장학습을 강조한 서비스 러닝 방법을 전공 교육내용과 접목하여 강의실에서 배운 내용을 전공분야 현장에서 실천해 보는 형식으로 인성교육을 진행한다. 또한, 창의적 문제해결력을 강조하는 PBL(Project-based Learning)방식의 수업을 통해 문제해결력을 기르고 또래 간의 협업을 통해 의사소통능력과 타인 이해를 강조하는, 고유의 전공교육 내용에 다양한 교수학습방법을 접목한 형태의 인성교육을 선호하는 편이다.

마지막으로 대부분의 대학에서 진행하고 있는 비교과 영역에서의 인성교육은 봉사와 실천을 강조하는 교육 프로그램을 통한 인성교육과 동아리, 전공 소학회 활동을 통해 인성교육을 진행하고 있다. 또한, 대학별로 진행하고 있는 취업역량 강화 프로그램에서는 자기이해 및 탐색, 공동체 의식 함양, 리더십역량 강화 등 인성교육과 연결된 프로그램이 진행되고 있다.

현재 대학에서 진행하고 있는 인성교육 내용과 방법을 교양, 전공, 비교과 과정으로 구분하여 정리하면 〈표 4-1〉과 같다.

〈표 4-1〉 대학 교육과정 내 인성교육 내용 및 방법

교과과정 구분	인성교육 내용
교양	1. 생활교육형 인성교육: 공동체 내에서 필요한 인성덕목 강조 2. 인문학 소양을 강조한 인성교육: 고전일기, 융합철학, 인간학, 글쓰기교육 강조 3. 리더십 프로그램을 강조한 인성교육: 공동체 리더십 훈련, 글로벌 리더 양성을 강조 4. 지역특성 및 전통을 강조한 인성교육: 지역밀착형 교육, 선비정신, 전통의 얼을 강조 5. 종교와 연계된 인성교육: 영성을 강조
전공	1. 교수학습과 접목한 인성교육: SL(Service Learning), PBL(Project-based Learning), 전공연계 봉사 프로그램 실시 2. 창의적 문제해결력을 강조한 인성교육
비교과	1. 국내외 현장체험 봉사프로그램을 통한 인성교육 2. 기숙사 내 인성교육 3. 동아리활동과 연계된 인성교육 4. 취업역량 강화 프로그램과 연계된 인성교육 5. 독서클럽을 통한 인성교육

출처: 교육과학기술부(2012) 재구성.

2. 인성교육의 원리

1) 인성교육 기본원리에 대한 이해

개인적 · 사회적 수준의 인성교육 실천방안을 모색하는 일은 인성교육의 기본원리에 대한 이해를 공유하는 것부터 시작해야 한다. 즉, 인성교육의 기본원리에 대한 이해와 공유는 인성교육 실천방안을 모색하기 위한 기본 출발점에 해당한다(초록우산).

인성교육은 어떤 관점과 방식이 적용되더라도 그 모든 것이 사람이 사람답기를 기대하는 바람직한 인성 자질과 역량 등이 우선되어야 한다. 바람직한 인성교육이 이루어지고 효과적인 성과를 거두기 위해서는 다양한 원리에 의해 이루어져야 한다. 따라서 보다 발전된 인성교육을 위한 실행원리에 대해 리코나(Lickona, 1996)는 절충적 관점에 기반한 인성교육 사례를 바탕으로 인성교육을 위한 11가지의 원리를 제시하였다. 이는 미국 인성교육협회(CEP)에서 채택되어 인성교육 프로그램을 설계하고 학교에서의 성취를 평가하는 기준으로 널리 활용되고 있다는 점에서 의의가 있다.

미국 인성교육협회(CEP)는 1993년에 설립된 국가 · 시민단체로서, 여기에서 리코나(Lickona)가 제시하는 11가지의 원리를 바탕으로 단위학교의 인성교육 프로그램이 개발 · 운영되고, 정의로운 사회를 위해 학교에서 학생들이 좋은 인성을 발달시킬 수 있도록 도움을 주는 역할을 수행하고 있다(CEP, 2010).

효과적인 인성교육을 위한 11가지 원리는 〈표 4-2〉와 같이 제시되어 있다(CEP, 2010, 김수진, 2015 재인용).

〈표 4-2〉 효과적인 인성교육을 위한 11가지 원리

1. 학교 공동체는 좋은 인성의 기초로서 핵심이 되는 윤리적, 수행 가치들을 고양해야 한다.

1-1 학교 공동체의 이해관계자들이 핵심 가치들을 선정하거나 승인한다.
1-2 학교생활의 모든 측면에서 핵심적인 윤리적, 수행 가치들이 적극적으로 이끌어져야 한다.
1-3 학교 공동체는 핵심적인 윤리적, 수행 가치들에 대해 시각적으로 보일 수 있도록 인성과 관련된 목적과 기대를 분명히 표현해야 한다.

2. 인성은 사고, 감정, 행동을 포함할 수 있도록 통합적으로 규정되어야 한다.

2-1 학교는 학생들이 일상적인 행동에서 핵심적인 가치들이 무엇을 의미하는지 발달단계에 맞게 이해를 할 수 있도록 도와주어야 하고, 왜 특정한 행동이 좋은 인성과 그렇지 않은 경우를 나타내는지 이유를 파악할 수 있도록 도와주어야 한다.
2-2 학교는 학생들이 핵심 가치들에 대해 반성하고, 그것을 인식하며, 행동으로 보이고자 하고, 그것에 전념할 수 있도록 도와주어야 한다.
2-3 학교는 학생들이 습관을 형성할 수 있도록 핵심 가치들을 실천해 보게 도와주어야 한다.

3. 학교는 인성교육에 대한 통합적이고 의도적이며 계획적인 접근을 활용해야 한다.

3-1 학교는 모든 학년에 대해 인성을 다루는 데 있어서 의도적이어야 하며 사전 계획을 수립해야 한다.
3-2 인성교육은 교과 내용과 수업에 통합되어야 한다.
3-3 인성교육은 교사들이 학급을 지휘하는 데 있어서 우선적인 것이다.
3-4 인성교육은 교실, 스포츠 활동, 회의, 특별활동을 통해 학교생활 전반에 스며들어 있어야 한다.

4. 학교는 배려를 조성해야 한다.

4-1 학교는 학생과 직원들 사이의 배려 관계를 촉진하는 데 우신순위를 두어야 한다.
4-2 학교는 학생들 상호 간에 배려 관계를 형성할 수 있도록 돕는 데 우선순위를 두어야 한다.
4-3 학교는 학교폭력을 예방하고 그것이 발생했을 때 효과적으로 대처하는 데 앞장서야 한다.
4-4 학교는 학교 공동체 내의 성인들 간의 배려 관계를 촉진하는 데 우선순위를 두어야 한다.

5. 학교는 학생들에게 도덕적 행동을 위한 기회를 제공해야 한다.

5-1 학교는 학생들이 좋은 인성을 발달시키고 보여 줄 수 있는 행위들에 참여할 수 있도록 명확한 기대를 수립해야 한다.
5-2 학교는 모든 학생들에게 학교 내에서 긍정적이고 책임감 있는 행위에 참여할 수 있는 다양한 기회를 제공해야 하며, 학생들은 이러한 기회들에 참여하고 그것에 대해 반성해 보아야 한다.
5-3 학교는 모든 학생들에게 지역사회에 기여할 수 있는 다양한 기회를 반복적으로 제공해야 하며, 학생들은 이에 참여하고 반성해 보아야 한다.

6. 학교는 모든 학습자를 존중하고, 그들의 인성을 발달시키며, 그들이 성공할 수 있도록 돕는 의미 있고 도전적인 교육과정을 제공해야 한다.

6-1 교육과정은 모든 학생들에게 의미 있고 적절한 도전을 제공해야 한다.
6-2 교직원들은 모든 학생들의 다양한 관심, 문화, 학습에 대한 필요를 확인하고, 이해하며, 수용해야 한다.
6-3 교사는 학생들이 지적 성장, 학업 수행, 자주성과 팀워크 능력을 지원하는 인성을 발달시킬 수 있도록 촉진해야 한다.

7. 학교는 학생의 내적 동기를 길러 주어야 한다.

7–1 좋은 인성을 바탕으로 한 행위에 대해 물질적인 보상으로 칭찬하기보다는 그것이 가져오는 유익한 결과에 대해 인식하고 가치 있게 여겨야 한다.

7–2 학생들을 지휘하는 학교의 접근은 학생들의 인성 발달을 촉진하기 위한 기회로서, 특히 핵심 가치들에 대한 이해와 헌신을 증진시키기 위해 행동 관리의 모든 측면(규칙 수립, 규칙 강화 등을 포함)을 활용한다.

8. 교직원은 인성교육을 위한 책임을 공유하고 학생들을 이끄는 동일한 핵심 가치들을 지키는 윤리적인 학습 공동체이다.

8–1 교직원은 학생들과 또는 서로 상호작용 하는 데 있어서 핵심 가치들에 대한 모범이 되며, 학생과 학부모들은 그들이 하는 것을 인지한다.

8–2 학교는 인성교육에 대한 직원들의 전문성 발달을 계획하고 제공하는 데 있어, 학교 전반에 걸쳐 인성교육을 실시하는 데 있어서 모든 교직원을 포함한다.

8–3 학교는 교직원들이 인성교육에 대하여 계획하고 반성해 볼 수 있는 시간을 제공해야 한다.

9. 학교는 인성교육을 위한 공유된 리더십과 장기적인 지원을 조성해야 한다.

9–1 학교의 인성교육을 위해서는 학교장을 포함하여 인성교육에 대한 노력을 옹호하고 리더십을 공유하며 장기적인 지원을 제공하는 리더가 있어야 한다.

9–2 직원, 학생, 학부모를 포괄하는 리더십 그룹이나 조직은 인성교육의 지속적인 계획과 실행을 이끌어야 하며, 인성과 관련된 활동들에 학교 전체가 참여할 수 있도록 장려해야 한다.

9–3 학생들은 공동체 의식을 조성하고 유지하는 데 직접적으로 관련되어야 하며, 인성교육에 기여할 수 있는 다른 리더십 역할도 수행해 볼 수 있어야 한다.

10. 학교는 가정과 지역사회 구성원들을 인성교육에 동반자로서 참여시켜야 한다.

10–1 학교는 인성교육에 가정을 참여시켜야 한다.

10–2 행정가와 직원들은 핵심 가치들을 강화시키는 데 도움을 줄 수 있는 활동이나 제안을 제공하면서 학부모들과 정기적으로 의사소통해야 하며, 학부모들에게 공식적 · 비공식적으로 학교 인성교육의 효과성에 대해 조사해야 한다.

10–3 학교는 지역사회의 도움을 구해야 한다.

11. 학교는 그들의 문화와 풍토, 교직원들이 인성 교육자로서 수행하는 기능, 학생들이 좋은 인성을 나타내는 정도에 대해 평가해야 한다.

11–1 학교는 목적을 수립하고 그들의 문화, 풍토, 윤리적 학습 공동체로서 기능하는 바에 대해 정기적으로 양적 · 질적인 방법으로 평가해야 한다.

11–2 교직원들은 인성 교육자로서 그들의 성장뿐만 아니라 인성교육을 실시한 그들의 노력에 대해서도 반성하고 보고해야 한다.

11–3 학교는 좋은 인성에 대한 이해와 헌신의 발달 측면에서 학생들의 성장을 평가해야 하며, 학생들이 핵심 가치들에 따라 행동한 정도를 평가해야 한다.

출처: Character Education Partnership(2010), 김수진(2015) 재인용.

이러한 몇 가지 중요한 기본적인 원리들이 인성교육을 이끌 수 있다는 입장에 바탕을 두고 정창우(2015)는 인성교육의 기본원리에 대해 다음과 같이 제시하고 있다.

① 효과적인 인성교육을 위해서는 충분한 시간과 인내, 교육 조건이 필요하다.

한 인간이 인간으로서 바람직한 이상적인 상태에 도달할 수 있도록 돕기 위해서는 시간과 인내가 필요하고 그에 따른 적절한 교육조건이 제공되어야 한다. 인성덕목이라는 것은 쉽게 가르치고 배울 수 있는 것이 아니라, 스스로의 노력으로 습득되는 것이고, 몸으로 배워서 익히는 체득의 과정이 수반되어야 하기 때문이다(황경식, 2015).

② 한 개인의 인성 형성은 전 생애적인 과정을 통해 이루어진다.

인성교육은 인간이 도달해야 하는 인간다운 모습을 갖추도록 지속적으로 가르치고 지도하는 사람됨의 교육 행위를 의미한다. 이는 오랜 시간과 노력이 필요하므로 성인도 지속적으로 인성을 형성하고 실현할 책임을 지닌 미완성의 존재로서 간주되어야 한다.

③ 인성과 지성, 모두가 중요하다.

인성교육을 통한 학생 행동 개선은 정상적인 수업을 가능하게 하고 교수자가 순수하게 교과 내용을 가르치는 시간을 늘릴 수 있다. 학습자에게 스스로 최선을 다하도록 하는 힘(예: 자기규율, 근면, 인내 등)을 길러 줌으로써 학력 신장에 기여할 수 있다는 점 등은 모두 인성 발달과 학업성취도 향상이 동시적으로 가능하다는 전제와 가정으로 활용된다.

④ 인성친화적인 환경 조성이 인성을 기른다.

바람직한 인성교육의 이상은 민주주의의 근본 이상에 부합해야만 하는 것이다. 이에 학교는 자율과 참여가 강조되는 문화와 환경으로 인성교육의 장이 되도록 만들어야 한다. 학생들의 자치활동을 활성화하고 학생의 고민과 학교생활의 어려움을 해결해 주는 소통 중심의 생활지도 문화의 정착을 통해 학생과 학생, 학생과 교수자 간에 서로 배려하고 존중하는 학교문화를 만들어야 한다. 즉, 학생들의 인성 및 시민성 함양을 위해서는 직접적인 가르침보다 학교가 민주적으로 운영되는 것이 더 중요한 만큼, 학교를 보다 민주적 생활의 장으로 만들 필요가 있다. 이러한 생태학적 교육환경 조성과 더불어 교과시간에는 협력학습이나 프로젝트형 학습과 같은 학생 주도형 수업을 적극적으로 전개해야 한다. 이러한 학생 주도형 수업방식은 교실을 '하나의 탐구 공동체' 혹은 '하나의 사고 실험의 장소'로 만들어 주고, 학생들에게 협동과 상호 존중, 민주적 의사결정의 중요성을 일깨워 줄 수 있는 좋은 기회가 될 수 있다.

⑤ 인성교육은 몸공부 + 마음공부 + 고전공부의 결합체이다.

몸공부, 마음공부, 독서공부의 불가분의 관계는 인성교육에서 어느 한 가지 공부 방법에만 치중하는 것에 한계가 있음을 시사하고 있다. 즉, 몸공부를 통해 실천적으로 배우고 타인과 만나는 방법을 배우며, 마음공부를 통해 자신의 마음을 가다듬어 그 속에 함축된 자연의 진리와 만나는 방법을 배우고, 독서공부를 통해 진리를 알고 있던 옛 성인과 텍스트 안에서 만나는 방법을 배워야 하는 것이다(강영안, 최진덕, 1999).

⑥ 인성함양을 위해서는 우리 모두의 관심과 참여가 필요하다.

인성함양을 위해서는 학교와 교수자, 학부모, 국가 및 지역사회, 민간단체 등이 인성교육의 동반자가 되어 상호 유기적인 협력관계를 구축해야 한다. 따라서 인성함양을 위해서는 좋고 옳은 삶의 기준에 따라 살아가려는 노력이 지속적으로 이루어져야 하고 생활의 다양한 장에서 일관되게 강조되어야 하는데, 이는 학생들의 생활 영역인 가정과 학교 그리고 공동체가 연계되고 통합될 때 가능하기 때문이다. 그리고 인간은 자신을 둘러싼 환경의 영향을 받으며 성장하기 때문에 학습자를 바람직한 인성을 지닌 사람으로 기르기 위해서는 무엇보다 신뢰할 수 있는 가정, 학교, 사회 풍토를 조성해야 하며, 이를 위해 서로 간에 상호 협력이 필요하다.

한 아이를 키우려면 온 마을이 필요하다.

– 아프리카 속담

3. 인성교육의 교수매체

21세기 인성교육은 활동이 다양하고 통합적이며, 자발적인 동기를 가질 수 있도록 구성되어야 한다. 다양한 예술매체를 활용한 예술융합형 인성교육 프로그램은 인성덕목인 예, 효, 정직, 책임, 존중, 배려, 소통, 협동을 중심으로 생각하고 표현하며, 실천적 인성교육을 통해 대학생의 직무 부적응과 교육 현장에서 발생하는 많은 상황에 대해 효과적으로 대응할 수 있는 따뜻한 인성을 지닌 대학생의 자질을 함양할 수 있을 것이다.

1) 문학과 인성교육

우리가 경험하고 생각하는 문학은 어떤 것일까? 조원혜(2003)는 문학을 자신의 경험을 바탕으로 창조적인 상상력을 통해 인간과 세계의 총체적인 모습을 아름다운 언어로 표현하는 예술이라고 하였다.

문학은 우리가 일상생활에서 가장 접근하기 쉬운 분야이며, 사람들 사이에서 읽히고 이해되고 감상되는 해석과 수용의 대상이다. 문학의 고유한 특성은 감동을 주는 데 있다. 따라서 감동은 어떤 사실을 인식하는 지적인 이해가 아니라 감성적인 것에서 비롯되는 것이며, 독자의 상상과 감정에 호소한다(이대균 외, 2006). 이에 문학 작품은 현대사회에서 메말라 가는 인간의 감성을 자극하고, 각 개인이 가지고 있는 사고나 태도, 행동의 특성을 변화시키므로 바람직한 인격체로 성장하기 위해서 손쉽게 접할 수 있다.

문학 기반 인성교육 매체로는 시(동시), 도서, 명언, 사자성어 등이 있다.

2) 예술과 인성교육

예술매체를 통한 학습은 그 특성상 학생들에게 '학습'이 아닌 '즐거움'을 느낄 수 있는 활동으로 구성되어 있다. 즉, 예술작품을 통해 인간은 심미적 체험이 가능하고 통합적인 활동으로 전인교육을 할 수 있으며, 인간 내부의 예술적 감정과 직관을 되찾아 주고 조화로운 인격 개발과 공동사회화의 유기적인 통합을 이루게 하는 활동이다.

예술을 감상할 때 기본적으로 느끼는 감정은 무엇인지, 차츰 어떤 생각과 느낌이 드는지, 예술 속의 주인공에 동일시되어 '내가 주인공이라면 어떤 기분일지, 어떤 행동을 할지'를 생각하는 과정에서 자연스럽게 감정이입을 경험할 수 있다. 이렇듯 학습자 자신의 경험에 비추어 갖게 되는 감정 표현을 통해서 다른 사람의 입장이 되어 생각해 보고, 그 상황을 이해하며, 다른 사람을 직접 도와주는 행동으로 나타나는 것은 학습자가 자신의 감정을 이해하고 다른 사람의 정서를 공유하는 데 그치지 않고 이타적 행동으로 표현될 수 있다는 점에서 매우 중요하다(이예숙, 2007).

이기숙(1992)은 학습자가 예술 활동 중에 돕고, 나누고, 협동하는 경험을 통해 사회적으로 성장할 수 있는 기회를 갖는다고 말했다. 특히, 여러 명의 학습자가 함께 표현하는 예술 활동은 학습자에게 공통적인 흥미를 가지게 하고, 서로의 생각을 함께 의논하고, 협의 과정을 거쳐 표현하는 교수방법으로, 이 과정을 통해 배려, 존중, 책임, 협동의 인성덕목을 함양시킬 수 있게 된다.

예술 기반 인성교육 매체로는 미술, 음악, 신체표현 등이 있다.

3) 영상과 인성교육

영상매체는 19세기 사진의 등장과 더불어 20세기 중반 이후 텔레비전이나 비디오와 같은 영상매체의 발달과 함께 컴퓨터 통신기술의 발달로 인해 기존의 문자 중심의 정보전달 방식을 영상화 또는 시각적 이미지로 확산시켰다(김형숙 외, 2012). 현대사회의 대표적인 정보전달 양식은 다양한 형태의 정보가 영상을 통해 전달되는 '영상언어'이며, 이에 따른 시각 커뮤니케이션의 확대로 인해 '영상정보사회'라고 부른다.

더구나 21세기 지식 · 정보화 사회에서는 서로 상반되어 보이는 테크놀로지와 인간의 감성적 측면의 동행을 요구하고 있다. 21세기의 새로운 커뮤니케이션 환경은 인간의 사고방식, 감성 구조, 관계 형성 방식을 변화시키고 있으며(심광현, 2003), 인성 발달에까지 영향을 미치고 있다. 이러한 영상교육은 교육공학적 가치의 매체 학습이 아니라 전인적 인격을 달성하는 인성교육의 핵심으로써 모든 학습활동의 중심으로 자리 잡고 있다(정재형, 2003).

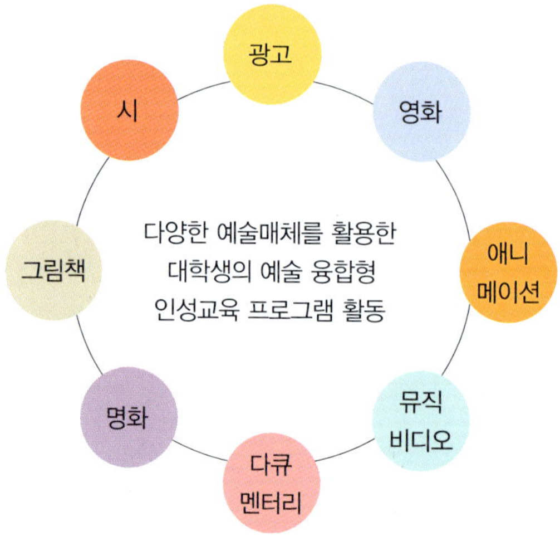

[그림 4-1] 예술매체를 활용한 예술융합형 인성교육 프로그램

출처: 이순애 외(2016) 재구성.

영상 기반 인성교육 매체로는 영화, 애니메이션, 광고, 다큐멘터리 등이 있다. 이러한 다양한 예술매체를 활용한 예술융합형 인성교육 프로그램은 학문적 활용도 측면에서 한국교육이 답습해 온 주입식 교육과 일방적 인지 중심의 감성적 인성계발 교수학습방법에 대한 한계를 극복하고 대학생 자신을 인식 및 지각할 수 있는 효율적인 교수학습 전략이라고 볼 수 있다.

사회적 활용도 측면에서 대학생들은 영화, 애니메이션, 뮤직비디오 등 다양한 예술매체라는 가상공간에서 인성덕목을 감성적으로 느낀 후 소집단 활동을 통해 이를 내면화하고 가상체험을 해 봄으로써 대학생의 올바른 가치관 형성과 확고한 자아정체성을 확립하게 한다.

산업적 활용도 측면에서는 영화를 비롯한 소집단에서의 다양한 활동으로 이루어진 감성적인 인성 프로그램을 통해 대학생이 갖추어야 할 인성덕목을 함양함으로써 청소년기 인성 형성의 모델링을 제공할 수 있다(이순애 외, 2016).

4. 대학에서의 인성교육 프로그램

2015년 공표된「인성교육진흥법」에 따라 우리나라도 인성교육 의무화 시대에 합류하게 되면서 이 법에 명시된 인성교육의 정의는 "자신의 내면을 바르고 건전하게 가꾸며 타인, 공동체, 자연과 더불어 사는 데 필요한 인간다운 성품과 역량을 기르는 것을 목적으로 하는 교육"으로, 각 대학에서는 공동체 화합을 이끌 수 있는 실천형 인재 양성을 목표로 하고 있다. 예를 들어, 유원대학교는 2015년부터 'Thank you U1!'이라는 슬로건으로 감사 나눔 프로젝트를 진행하고 있다. 감사 나눔 프로젝트는 감사릴레이, 감사노트 작성, 감사우산 빌려주기, 감사나눔 바자회, 감사트리 만들기 등을 통해 긍정 마인드를 높이고 행복한 학교, 행복한 일터, 행복한 사회를 만들자는 운동으로 인성교육을 통해 학생들을 서로 소통하고 배려할 수 있는 지성인으로 만들기 위한 캠페인이다.

대학에서의 인성교육은 교양, 전공, 비교과 프로그램으로 운영되면서 공동체역량 영역과 자기개발 역량 영역로 나누어 각각 역량의 교내활동과 교외활동으로 이루어지고 있다.

1) 공동체역량 영역의 인성 프로그램

(1) 경인교육대학교 공동체역량 인성 프로그램

경인교육대학교의 공동체역량 인성 프로그램은 〈표 4-3〉과 같다.

〈표 4-3〉 경인교육대학교의 공동체역량 인성 프로그램

영역명	프로그램 명		비고
공동체 역량	교내 활동	국내 창의적 체험활동	
		해외 창의적 체험활동	
		국내(교육) 문화탐방	
		해외(교육) 문화탐방	
		국내 멘토링 / 교육 봉사활동	교육봉사 중복인정 불가
		해외 멘토링 / 교육 봉사활동	
		교내 봉사활동(유급)	부서(학과) 공식 인정 활동
		교내 봉사활동(무급)	예) 어동제 봉사
		국내 단기연수 프로그램	
		해외 단기연수 프로그램	
		해외 교육실습 프로그램	
		GTU 프로그램	
		교내 글로벌 프로그램	부서(학과) 공식 인정 활동
	교외 활동	교외 자원봉사 / 멘토링 활동(무급)	
		교외 자원봉사 / 멘토링 활동(유급)	
		교외 글로벌 프로그램	예: 해외연수, 국제교류 프로그램 등

(2) 조선대학교 지역사회 봉사 프로그램 인성함양교육 '톡톡'

학생들의 인성함양과 사회적 책무를 배우는 조선대학교 기초교육대학의 '코빌둥(Co-Bildung) 프로젝트'는 인성함양 교과목을 수강하는 학생들이 팀을 구성하여 지역사회의 다양한 문제에 대한 해결 방안을 모색하고 실천해 보는 비교과 프로그램이다. 학생들은 프로젝트를 수행함으로써 창의융합성, 자기주도성, 배려, 협동성 등의 핵심 역량을 익힐 수 있다. 이 코빌둥 프로젝트는 인성함양 교육 특강과 지역사회기관 봉사활동으로 구성되어 있고, 2020년 7월 13일부터 8월 25일까지 7주간 진행되었다.

조선대학교 지역사회 봉사 프로그램 인성함양 교육 '톡톡'

수상한 '펩시(PEB-C)'팀은 지역 초등학생 3~6학년을 대상으로 과학의 흥미를 고취시키고 실험 실습의 기회를 제공하고자 '초등학생을 위한 공대생의 과학교실' 프로그램을 기획하여 지역아동센터에서 재능기부 활동을 펼쳤다. '동동'팀은 '다함께 돌봄센터 푸른 마을'에서 영상제작교육 봉사 프로그램을 진행하여 아이들에게 자신이 영상을 촬영하고 직접 편집해 보는 과정을 경험할 수 있도록 지원해 높은 평가를 받았다. '동반자'팀은 노인과 우리 사회의 심화된 소통 단절을 해결하기 위해 비대면 소통 프로젝트인 '마음을 드려요' 캠페인을 진행하였으며, 사람들에게 코로나19로 생긴 심각한 소통 단절의 상황을 알리고, 어르신들을 위한 응원 편지와 격려 영상을 제작하는 활동을 신행하였다.

(3)삼육대학교 SU-MVP 플러스 인성교육 캠프

삼육대학교는 인성교육의 중요성을 인식하여 관련 가치를 중점으로 한 교육환경을 조성하고 있다. 특히, 2010년도부터 인성교육원을 설립하고 전교생 인성교육 캠프 의무 참석을 시행해 매년 그 영역을 넓혀 국내봉사 및 해외봉사, 그린교육 등으로 비교과를 통합하였다.

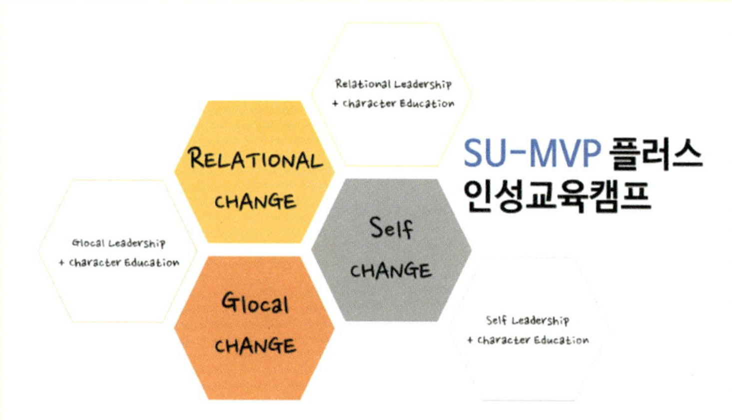

출처: 삼육대학교 인성교육원.

삼육대학교는 2016년도부터 인재상을 '사회공헌형 글로벌 리더'로 특정하며, 삼육대학교만의 인성교육 브랜드를 세부적으로 구축하고 고유의 교육모델 개발을 주도할 기관의 필요성에 따라 인성연구소를 설립하였다.

삼육대학교 인성교육연구소는 관계 중심의 실천하는 인성교육을 지향하며, 삼육대학교만의 '인성' 개념을 구축하고, 진정성 있는 인성의 성장 및 발현을 유도하는 참여자 중심 인성교육 프로그램을 개발하여 우리 사회의 청소년 및 청년을 지 · 영 · 체가 조화로운 '사회공헌형 글로벌 리더'로 성장시키는 것을 목적으로 한다.

＊ 대인관계훈련: 패밀리타임, '너의 의미', '힘든가요?', '요즘 너 말야'

MVP 플러스 캠프에서는 각 학과별로 '패밀리'라는 공동체를 만들고 다양한 프로그램을 함께 이루어 나간다. 특히, 패밀리타임은 캠프에서 교육받은 내용을 서로에게 적용하며 공동체의 가치를 깨닫는 귀중한 시간으로, 매 프로그램에 대해 피드백을 나누고 경험과 감상을 나눈다.

출처: https://sucharacter.tistory.com/category/MVP 플러스(+) 캠프 [삼육대학교 인성교육원].

＊ 친구와의 만남: 힐링캠프

캠프를 마무리하는 패밀리타임으로 모닥불 앞에서 서로의 고민과 진로, 함께한 시간들에 대해 이야기를 나눈다. 앞으로 4년간 서로에게 힘이 되는 사람이 되기를 기약하며, 서로의 관계 속에서 힐링을 얻는 시간이다.

출처: https://www3.chosun.ac.kr.

2) 개인역량 영역의 인성교육

(1) 대전대학교 '1인 1품 혜화 인성 인증제'

대전대학교 '1인 1품 혜화 인성 인증제'는 신체적 · 정서적 · 사회적 체험 가운데 한 가지 활동을 선택하고 졸업 시까지 지속적으로 자기를 연마하도록 하여 인성함양 결과가 뚜렷하게 나타나는 학생에게 졸업과 동시에 본교 총장 명의의 인증서를 부여하는 프로그램이다. 학기 초 인성교육 프로그램 공모 후 활동 계획상 인성함양 기여 정도를 기준으로 심사를 거쳐 10개 동아리를 선별한다.

＊ 구르미 그린 선비캠프(2박 3일 프로그램)

자연 속에서 폭넓은 학식과 인품의 조화를 추구한 선현의 숨결을 느끼며, 바람직한 가치관과 인생관에 대해 생각해 보는 프로그램이다.

– 세부 프로그램: 사상견례(士相見禮), 향음주례(鄕飮酒禮), 향사례(鄕射禮), 전통 완판본 책 만들기, 전통 뮤지컬 관람 등

전통 완판 책 만들기

사상 견례

출처: http://www.localtoday.co.kr.

(2) 백석대학교 백석인증제

BAEKSEOK UNIVERSITY
개혁주의 생명신학을 실천하는
백석쿰인성개발원
BAEKSEOK QUM INSTITUTE OF HUMANAISTIC DEVELOPMENT

백석대학교의 백석쿰인성개발원의 백석인증제는 성경에 기초한 경건과 학문을 소유한 21세기 글로벌 리더를 양성하기 위해 '기독교적 세계관, 자아관, 문화관'의 교육원리를 가지고 '교육, 훈련, 실천'의 단계적 커리큘럼으로 운영되는 인성교육 프로그램으로, 인성교육을 체계적으로 제도화하였다.

(3) 삼육대학교 MVP 플러스 인성교육 캠프

삼육대학교의 MVP 캠프는 신입생 오리엔테이션을 인성교육으로 확장한 프로그램이다. 삼육대학교만의 특별 교육 프로그램으로 '미션(Mission), 비전(Vision), 열정(Passion)을 지닌 창의적 인재'를 양성하기 위한 목적으로 지난 2010년 시작되어 꾸준하게 진행되고 있다.

＊ 부모님과의 대화: 편지는 사랑을 싣고

학업을 핑계로 제대로 되돌아보지 못했던 부모님의 사랑을 깊이 생각해 보는 시간이다. 전하지 못한 말이나 부모님께 바라는 점 등, 부모님 얼굴을 앞에 두고서는 미처 전하지 못했던 마음을 이제 대학생이 된 자녀로서 진지하게 편지지에 담아 본다.

＊ 교수님과의 만남: 섬김의 리더십, '겸손 예식'

스승이 제자들의 발을 씻겨 주는 겸손 예식은 스스로를 낮추며 봉사하던 예수의 사랑을 본 떠, 교수님이 제자에게 진심 어린 기도와 축복을 전하는 시간이다. 앞으로 학생들의 대학생활에 더 깊은 존중과 관심을 가지겠다는 섬김의 리더십을 체험하며, 교수님과 한층 깊은 관계를 다진다.

출처: https://sucharacter.tistory.com/category/MVP 플러스(+) 캠프 [삼육대학교 인성교육원].

(4) 용인송담대학교 예절 · 인성 교육

용인송담대학교 혁신지원사업단은 대학발전계획을 기반으로 학생이 재학 중 익혀야 할 핵심 역량으로 예절 · 인성을 설정하고, 학기 초부터 신입생을 대상으로 교육하고 있으며, 대학 도서관에서도 글쓰기와 더불어 SNS상에서의 에티켓 교육을 실시하는 등 용인송담대학만의 차별화된 예절 · 인성교육을 실시하고 있다.

재학생 예절교육 프로그램은 전문대학 혁신지원사업의 일환으로 진행되는 비교과 프로그램으로, 성인으로서 갖춰야 할 공수 및 배례, 경례 등 올바른 인사법과 전통 예절, 그리고 전통차의 다례 등을 교육하고 체험하는 프로그램이다.

＊ 용인송담대학교 예절·인성 교육 '올바른 배례'

용인송담대학교 혁신지원사업단과 용인시 예절교육관의 공동프로그램으로 재학생 예절·인성 교육 프로그램을 실시하였다. 성인으로써 갖춰야할 공수 및 배례, 경례 등 올바른 인사법, 전통 예절과 전통차의 다례 등을 교육하고 체험하는 프로그램이다.

올바른 배례를 배우고 있는 학생들의 모습

출처: 머니투데이(2019. 10. 24.).

생각의 씨를 뿌리면 행위를 거둬들이고,
행위의 씨를 뿌리면 습관을 거둬들이며,
습관의 씨를 뿌리면 인성을 거둬들이고,
인성의 씨를 뿌리면 운명을 거둬들일 수 있다.
– 찰스 리드(Charles Reade)

Chapter 05

'예' 중심 인성교육의 이해와 실제

아프리카에 주로 서식하는 넓적부리황새 슈빌(shoebill)이 '살아 있는 공룡의 후예'라는 별명과 사람을 잡아먹는다는 전설의 무시무시한 이미지와는 다르게 '예의 바른 슈빌'의 모습이 공개되었다. 한 여성이 슈빌을 향해 "반갑습니다."라며 머리를 숙여 인사하자, 슈빌도 머리를 흔들며 정중히 인사를 했다. 슈빌은 이렇게 머리를 숙이거나 부리를 딱딱 울리는 행동으로 인사나 구애를 한다.

개인주의적 성향이 강한 사람들은 더불어 살아가는 데 반드시 필요한 기본예절인 인사를 등한시하는 편이다. 이처럼 슈빌의 인사는 사람들에게 인사의 중요성을 다시 한번 상기시켜 준다.

이에 본 장에서는 대학생들의 예의 바른 태도 형성을 위해 예(禮)의 필요성 및 개념을 이해하고, 예(禮)를 위한 방법을 알아보며, 예(禮) 중심 인성교육의 실제를 적용해 보고자 한다.

1. 예(禮)의 필요성 및 개념

1) 예의 필요성

출처: NEWSIS(2009).

사람들을 위해 자리를 비켜 주고 만날 때마다 인사를 잘하는 로봇(robot)이 있다. 그렇다고 사람들은 로봇에게 '예절이 바르다.'라고 하지는 않는다. 예절은 상대방에 대한 인격 존중의 마음을 알맞은 형식을 갖추어 겉으로 표현하는 것이므로, 올바른 예절은 내적인 공경심과 외적인 행동이 잘 조화를 잘 이루어야 한다. 그러나 로봇은 인사라는 형식적 움직임만 있을 뿐 다른 사람에 대한 존경심이 없기 때문에 '예절이 바르다'고 볼 수 없다. 즉, 상대방을 존경하는 마음을 담아 동작과 함께 표현해야 의미가 있는 것이다.

흔히 어른들이 "요즘 아이들은 예의를 몰라.", "요즘 아이들은 버릇이 없다."라고 하는 말처럼 요즘은 나이 어린 사람과 기성세대가 많이 부딪히고 대립하기도 한다. 젊은이들에게서 어른을 공경하고 인사를 잘하고, 대중교통을 이용할 때도 자리를 양보하고 무거운 물건을 들어 주는 장면을 찾아보기 힘들다. 청소년은 대학 입시 위주의 지식교육으로 인해 기본적인 생활예절도 모른 채 도덕성 및 건전한 인격함양의 부재의 문제를 야기하면서 성장하고 있는 것이 현실이다(김미라, 2011).

조선일보 칼럼 〈아무튼, 주말〉이 '예의란 무엇인가?'를 주제로 20~60대 성인 남녀 5,051명에게 설문조사를 했다. "나는 예의 바른 사람이라고 생각하는가?"라는 질문에 '그렇다'가 48.3%, '아니다'는 7.7%였다. "평균적으로 남들은 예의 바르다고 생각하는가?"라는 질문에는 '그렇다'가 28.9%로 급감했고, '아니다'는 14.5%로 대답했다. 이는 '나는 예의를 지키는데 상대적으로 남들은 무례하다'고 생각하는 사람이 많다는 것이다. 특히, 20대 남성에게 "나는 예의 바른 사람이라고 생각한다."

라는 질문에 '아니다'라고 응답한 비율이 15.5%로 전 세대 평균 7.7%의 2배였다. "남들은 예의 있다고 생각하는가?"라는 질문에도 '아니다'가 20.8%로 평균 14.5%보다 많았다. 20대 남성이 다른 집단보다 자신도 예의 없고 남들도 예의 없다고 생각하는 경향이 강하다는 것이다(조선일보, 2020).

나는 예의 바른 사람이라고 생각하는가.

평균적으로 남들은 예의 바르다고 생각하는가.

한국 사회에서 예의의 잣대가 공평하다고 생각하는가.

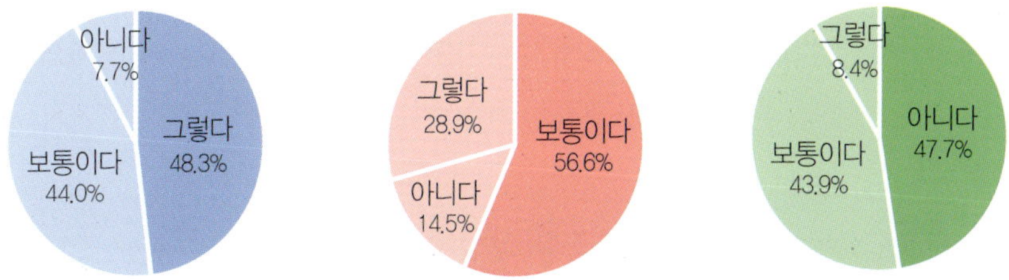

한국 사회에서 예의에 가장 많은 영향을 미치는 잣대가 무엇인가(복수응답)

당신을 화나게 하는 무례한 태도는 무엇인가(복수응답)

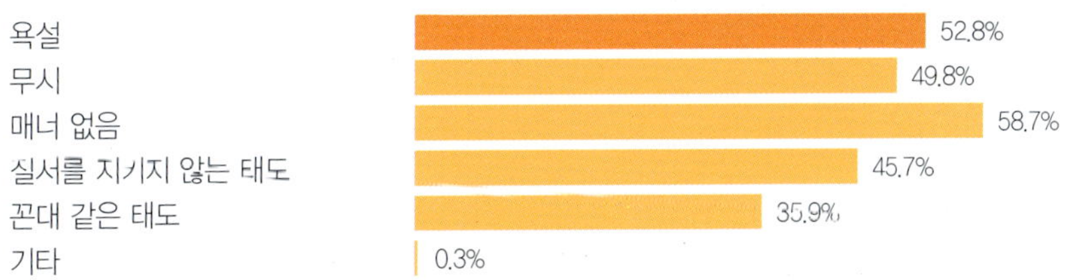

출처: SM C&C플랫폼 '틸리언 프로(Tillion Pro)'.

영화「킹스맨(Kingsman)」(2015)에서 에그시가 불량배들에게 당하는 순간에 해리가 말한 "매너가 사람을 만든다(Manners maketh man)."라는 명대사는 예절이 인간을 인간답게 만들어 준다는 뜻이며, 사람들이 열광하는 이유도 매너, 즉 예의에 대한 민감성이 과거 그 어떤 세대보다도 높기 때문이다.

우리나라는 옛날부터 '동방예의지국(東方禮儀之國)'이라는 고유한 문화를 자랑처럼 여겼다. 약 2300년 전, 공자(孔子)의 7대손 공빈(孔斌)이 고대 한국에 관한 이야기를 모아서 쓴 중국의 『동이열전(東夷列傳)』에서는 우리나라를 "동방에 있는 동이(東夷)라는 나라는 교만하지 않고 남의 나라를 함부로 침략하지 않으며, 풍속이 순박하고 인정이 두터워 길을 가는 이들에게 양보하고 음식을 서로 나누어 먹으며, 남녀가 따로 기거해 섞이지 아니하는 동쪽에 있는 예의 바른 군자의 나라"라고 했다. 이런 까닭으로 공자(孔子)가 "그 나라에 가서 살고 싶다."라고 하였다. 또한, 순자는 정(情)을 본성으로 간주하기 때문에 규제의 수단인 예의(禮義)를 강조하였다(최민수, 2011).

우리나라는 산업화로 인한 핵가족화 양상에 따라 가족구조와 기능, 가족 구성원 간의 관계에 많은 변화가 나타나고 있다. 물질문명의 발달로 우리의 전통문화가 사라지고 정신문화의 황폐화와 함께 가정과 가족의 해체를 가져왔으며, 과거에 없었던 새로운 가족 형태가 생겨나고 있다. 즉, 남편의 직장 이동이나 맞벌이 부부의 증가로 주말부부, 주말부모, 주말가족 등 '장거리 가족(long-distance family)'의 개념이 등장하였다(손승영, 1997). 한부모가족 등 해체가족의 확대로 가족 내에서 전통적으로 가졌던 어울려 협동하고, 양보하고, 질서를 잡아가는 사회의 기본적인 생활예절뿐만 아니라 전통예절 또한 소홀해졌다(이경노, 홍자영, 2010).

예절교육은 다른 사람들을 이해하고 존중하는 것으로, 어려서부터 익혀 몸에 자연스럽게 배게 함으로써 성인이 되어서도 실천할 수 있도록 하는 것이 가장 바람직하다고 학자들은 강조해 왔다(정귀옥, 2002). 예절이 원만한 인간관계 유지와 생활의 윤활유가 되려면 평상시 일상생활 속에서 습관화되도록 반복되어야 하며, 자연스럽게 몸에 익혀 생활에서 활용될 수 있는 것이기 때문에 체계적인 예절교육이 필요하다.

하지만 예절교육의 중요성과 필요성을 인식해도 구체적인 실시방법 등에 대해서는 아직도 미흡한 실정이다. 또한, 예절의 참 의미가 무엇이며, 사람답게 세상을 살아가는 데에 꼭 필요한 도리이자, 질서인 예절이 앞으로 나아가야 할 방향과 바람직하고 효과적인 예절교육 방법이 지속적으로 연구되고 실천되어야 한다. 또한, 시대의 흐름과 더불어 예절은 그 외형적인 측면에서 계속 변화되므로 항상 새로운 의미를 갖고 재조명해 보아야 한다(서수자, 1997).

특히, 국제화 시대를 살아가는 대학생들의 일상생활은 사이버 공간으로부터 시작된다고 해도 과언이 아니다. 특히, 사이버 공간에서 발생하는 악플 등의 여러 가지 문제에 대한 도덕적 민감성을 기르고, 행복한 선플(full of sunshine/sunfull) 달기를 통해 밝고 긍정적인 마음을 기를 수 있도록 인터넷 예절(netiquette)도 잘 지켜야 한다. 대학생들에게 실생활에 유용할 수 있는 예의범절과 교양을 익혀서 함께 질서 있고 도덕적인 사회를 만들어 가야 할 필요가 있다.

예의 바른 사람은 평상시 대화할 때 상대방을 배려해 함부로 말하지 않으며, 과하거나 지나치지 않도록 행동한다. 이것이 사람들에게 가르쳐야 할 언어예절이고 행동예절이며, 나아가서는 사회생활예절, 국가예절이다(김미라, 2013).

예의 바른 사람들이 지키는 7가지 규칙

1. 외모로 사람을 판단하지 않는다.
2. 먼저 스킨십(skinship) 하지 않는다.
3. 보이지 않는 곳에서도 매너(manners)를 지킨다.
4. 가십거리는 듣지도 전달하지도 않는다.
5. 자기주장만 고집하지 않는다.
6. SNS(Social Network Service)를 감정의 배설구로 사용하지 않는다.
7. 진심으로 상대방을 존중한다.

출처: 토지사랑(http://cafe.daum.net/tozisarang).

이에 21세기를 짊어지고 갈 대학생으로서 예절을 익히기 위해서는 예절에 대한 기초 이론을 토대로 다양한 관련 교수매체를 통해 예절에 대한 필요성을 인식시켜야 한다. 또한, 대학생에게 예절 관련 활동을 통해 현대사회를 살아가는 데 필요한 행동실천력을 고취시켜야 할 것이다.

2) 예의 개념

예(禮)는 '종시속(從時俗)'이라 하여 세상의 풍속대로 따른다는 뜻으로, 비록 그 모양과 형식은 바뀔지언정 그 정신만은 변하지 않아야 하며, 사회의 질서를 위해 만들어진 유교적 윤리규범을 말한다. 예(禮)는 고대 사회에서 복을 받기 위해 귀신을 섬기는 일에서 비롯되었다고 한다. 『설문해자(說文解字)』에서는 '예(禮)' 자의 '示(보일 시)'는 '神(귀신 신)'자에서, '豊(풍성할 풍)'은 그릇에 곡식을 담은 모양이라고 풀이한다(두산백과). 제단에 재물을 풍성하게 쌓아 놓고 신에게 제사를 드리는 모습에서 만들어진 '예절(禮節)'은 인간 사이에서 지켜야 할 도리로 발전하게 되었다.

예절은 예의와 범절의 준말로서, 예의(禮儀)는 다른 사람의 인격을 존중하고 경애하는 정신을 말과 행동으로 나타내는 공동체의 규정이나 관계이다. 즉, 상대방에게 갖추어야 할 말투, 몸가짐, 행동 따위이다. 범절(凡節)은 일상생활의 모든 일의 순서나 절차이며, 말투나 몸가짐, 행동의 정해진 형식이다. 그러므로 예절은 상대방의 인격을 존중하는 마음을 합당한 형식으로 표현하는 행위이다.

역사적으로 보면 예, 예의, 예절은 동양사회, 특히 중국, 한국, 일본과 같은 유교문화권에서 강조되었는데, 이는 예(禮)가 바로 유교문화의 핵심적인 내용으로서 상호 불가분의 관계를 맺고 있기 때문이다(신성자, 1998). 공자는 "예(禮)가 아니면 보지 말고, 예(禮)가 아니면 듣지도 말고, 예(禮)가 아니면 말하지도 말며, 예(禮)가 아니면 행하지도 말라."라고 했다. 또한, 순자는 정(情)을 본성으로 간주하기 때문에 규제의 수단인 예의(禮義)를 강조하였다.

2300년 전, 공자(孔子)의 7대손 공빈이 쓴 '동이열전(東夷列傳)'

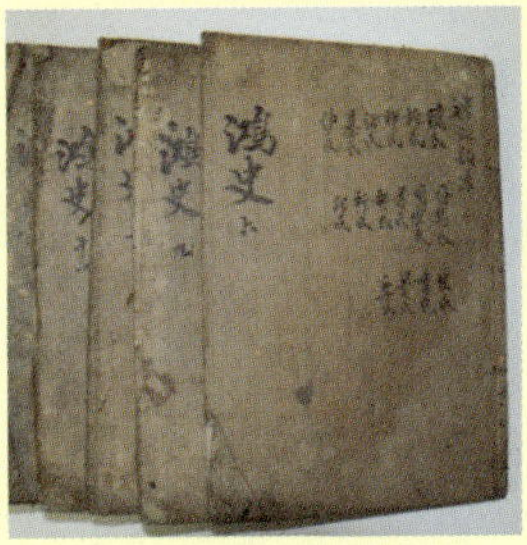

먼 옛날부터 동쪽에 나라가 있는데 이를 '동이(東夷)'라 한다. 그 나라에 단군(檀君)이라는 훌륭한 사람이 태어나니 아홉 개 부족 구이(九夷)가 그를 받들어 임금으로 모셨다.

"동방에 있는 동이(東夷)라는 나라는 교만하지 않고 남의 나라를 함부로 침략하지 않으며, 풍속이 순박하고 인정이 두터워 길을 가는 이들에게 양보하고 음식을 서로 나누어 먹으며, 남녀가 따로 기거해 섞이지 아니하는 동쪽에 있는 예의 바른 군자의 나라"라고 했다. 일찍이 소련(小連)과 대련(大連) 형제가 부모에게 극진히 효도하더니 부모가 돌아가시니까 3년을 슬퍼했는데 이들은 동이족의 후예였다.

출처: 동이열전(東夷列傳), 최민수(2011).

예절의 정신을 강조한 공자는 『논어(論語)』에서 "부지례 무이립야(不知禮 無以立也, 예를 모르면 사회에 설 수 없다)."를 들면서 "예의란, 결국 타인과 더불어 살기 위해 내 의무와 도리를 다하는 것이다."라고 했다. 화합하기 위해 아는 것도 물어서 따르는 것이 예의라고 했으며, 싸우려 드는 것은 예의가 아니며 '예의를 지켜라' 하고 상대에게 말하는 순간 '예의 없는 사람이 된다'고 했다. 또, "예(禮)는 사치한 것보다는 차라리 검소해야 하고, 상사(喪事)에는 형식을 갖추느니보다 차라리 슬퍼해야 한다."라고 했으며 "사람을 사랑하는 것이고 자신을 이기고 예로 돌아감이 인(仁)"이라고 했다.

예절의 근본정신은 인격 존중의 마음과 공경심 등이며, 형식은 표현하는 방식, 절차, 격식으로 상대방을 공경하고 사랑하며 존중하는 마음이 행동으로 자연스럽게 나타나는 것이다. 사회적 존재인 인간은 사회를 이루고 남과 더불어 살게 되는데, 다른 사람들과 함께 어울려 조화로운 사회생활을 하기 위해서는 마찰과 불편을 피할 수 있는 질서가 필요하다. 그러한 질서는 혼자 정하는 것이 아니라 사회 구성원들이 함께 정하는 것이며, 그것이 곧 예절인 것이다. 예절은 다른 사람과 사회적 관계를 맺으며 서로 어울려 살아가게 될 때에 마찰이나 불편을 피할 수 있도록 도와준다(김영옥, 2014).

[그림 5-1]은 대학생들이 생활 속에서 인식하는 예절의 개념이다.

교수님께 과제를 제출할 때 e-mail 예절을 지키는 것　　대학교 도서관에서 조용히 하는 것

[그림 5-1] 대학생들이 인식하는 예절

예절에 대한 하위 구성요소와 개념은 다음의 〈표 5-1〉과 같다.

〈표 5-1〉 예절에 대한 하위 구성요소와 개념

하위 구성요소	개념
가정생활에서의 예절	가정에서 부모 및 조부모, 가족들과 함께 지켜야 할 예절
집단생활에서의 예절	사회생활에서 공동체의 일원으로서 지켜야 할 예절
국가에 대한 예절	애국심과 국가에 대한 충성심의 표현으로서의 예절

출처: 김영옥(2014).

2. 예절 함양을 위한 교수매체

대학생의 예절을 기르기 위한 방법으로 문학 기반 인성교육은 도서, 시, 명언 및 사자성어 등의 매체가 있고, 예술 기반 인성교육은 미술, 음악 등의 매체가 있으며, 영상 기반 인성교육은 영화, 다큐멘터리 등의 다양한 매체가 있다.

1) 문학 기반 인성교육

(1) 도서

판타지 작가 모리스 샌닥(Maurice Sendak)의 『어떻게 해야 할까요?』는 여러 상황 속에서의 적절한 예의 바른 행동에 대한 이야기를 담고 있어 기본부터 충실할 수 있는 계기가 될 것이다.

어떻게 해야 할까요?
세실 조슬린 글 / 모리스 샌닥 그림 / 이상희 옮김 / 시공주니어(2013)

『어떻게 해야 할까요?』

아주 엉뚱하고 황당한 11개의 이야기가 등장한다. 여러 상황 속에서 재치 있게 행동하는 모습을 통해 행동 예절을 세련되게 보여 주고 있다. 판타지 같은 흥미진진한 이야기를 들려주면서 상황에 적절하고 예의 바른 행동이 무엇인지 자연스럽게 말해 준다.

(2) 시(詩)

박태환 시인의 시 「인사」는 함축적 표현을 통해 바쁜 삶 속에서 여유를 가지고 타인에 대한 기본적인 인사예절을 통해 삭막한 사회를 따뜻한 사회로 만들 수 있게 한다.

인사

박태환

오다가 서로
마주친 눈인사
눈부신 햇살
메마르단 세상
그게 어딘데

달려와 얼싸안는
화려한 확인
수다야 외려
결 고운 한 폭 비단
따뜻한 목도리

"안녕!
좋은 하루, 주인공 되세요!"
햇살같이 퍼져오는 등 뒤의 인사
따슨 정 펴 올리는 샘
가슴 적셔 솟구친다.

인성 씨앗 심기

예절이란 ______________________________ 이다.

왜냐하면 ______________________________ 이기 때문이다.

(3) 명언 · 사자성어

예절 관련 명언 · 사자성어를 통해 대학생들은 예절의 개념 및 중요성을 쉽게 상기시킬 수 있다.

명언

- 임금과 스승과 부모는 일체이니 정성껏 받들어야 하며, 자기 생각대로 스승을 비난하는 것과 같은 행동은 좋지 못하다. – 이이
- 모든 사람에게 예절 바르고, 많은 사람에게 친절한 사람은 아무에게도 적이 되지 않는다. – 벤자민 프랭클린
- 마음에는 예의란 것이 있다. 그것은 애정과 같은 것이어서 그같이 순수한 예의는 밖으로 흘러나와 외면 행동으로 나타나는 것이다. – 괴테
- 무례함이란 약한 인간이 강한 인간을 모방할 때 나타난다. – 엘리 호퍼
- 바른 행동이라도 예의가 뒤받쳐 주지 않으면 존경을 받을 수 없다. – 그라시안

사자성어

삼강오륜(三綱五倫)

〈삼강(三綱)〉

- 군위신강(君爲臣綱): 임금과 신하 사이에 마땅히 지켜야 할 도리
- 부위자강(父爲子綱): 어버이와 자식 사이에 마땅히 지켜야 할 도리
- 부위부강(夫爲婦綱): 남편과 아내 사이에 지켜야 할 도리

〈오륜(五倫)〉

- 부자유친(父子有親): 어버이와 자식 사이에는 친함이 있어야 함
- 군신유의(君臣有義): 임금과 신하 사이에는 의로움이 있어야 함
- 부부유별(夫婦有別): 부부 사이에는 엄격히 지켜야 할 인륜의 구별이 있어야 함
- 장유유서(長幼有序): 어른과 아이 사이에는 차례와 질서가 있어야 함
- 붕우유신(朋友有信): 친구 사이에는 믿음이 있어야 함

2) 예술 기반 인성교육

(1) 미술

에드가 드가(Edgar Degas)의 「꽃다발을 들고 무대 위에서 인사하는 발레리나」(1878)는 예절을 의미하는 미술작품으로 보인다.

꽃다발을 들고 무대 위에서
인사하는 발레리나(1878)
에드가 드가(Edgar Degas)

꽃다발을 손에 들고 관객에게 인사하는 발레리나이다. 한 발은 뒤로, 한 발은 앞으로 내민 채 상체를 꼿꼿이 하고 손은 살짝 발레복을 잡고 무릎을 굽히는 인사법은 발레 특유의 우아한 인사법인 레베랑스(reverence)이다. 발레는 특히 예절을 중요시하는 예술이다.

(2) 음악

「예절의 노래」는 우리나라가 동방예의지국(東方禮儀之國)임을 알 수 있게 한다. 대학생들은 이 노래를 통해 '온고지신(溫故知新)'의 마음으로 예절에 대해 생각할 수 있다.

예절의 노래

김득중 작사 / 한세용 작곡

1. 이어라 오랜 역사 자랑스런 전통문화 우리는 예절의 나라 참사람이 사는 나라 나부터 실천한 예절 온 나라가 하나 된다.
2. 빛나라 우리 정신 온 세상이 하나 되자 예절로 모인 우리 한목소리 우리 예절 내 집이 우리로 살아 세상 모범 되리라.
3. 온 나라 예절실천 모든 일이 마땅하다 부추겨 서로 사양 사욕 없는 한마음 오로지 우리 예절로 실천하며 살리라.

3) 영상 기반 인성교육

(1) 영화

박광우 감독의 영화 「회초리」(2011)는 막장 인생인 불량 아빠와 바른생활 훈장 딸의 이야기이다. 이 영화를 통해 대학생들로 하여금 예절의 중요성을 상기시킬 수 있다.

회초리(2011)
감독: 박광우

[줄거리]
강원도 철원에서도 가장 깊숙한 곳에 자리 잡고 있는 예절학당이 있다. 꼬마 훈장인 송이는 어린 나이에도 불구하고 남다른 학식과 카리스마를 자랑한다. 하지만 송이의 13년 인생에 최대의 위기가 찾아왔으니, 바로 사회가 포기한 문제적 어른 두열을 바로잡는 것이다. 사실 송이는 두열이 12년 전에 잃어버린 딸이다. 이 비밀을 간직한 송이는 두열과 사사건건 부딪히면서도 포기하지 않고 진심을 보여 준다. 뒤늦게 두열도 송이가 자신의 딸임을 알게 되지만 그들에게 이별의 시간은 빠르기만 하고 남은 시간은 너무 짧기만 하다.

[명대사]
- 아버지, 종아리 걷으세요. 좀 맞자. 찰싹! 오 찰지구나?
- 회초리는 폭력이 아닙니다! 회초리는 초심으로 돌아가게 해 주는 나무입니다.
- 저는 대한민국 훈장입니다. 이번 기회에 싸가지 싹 고치고 가십시오.
- 어찌 아버지께 불효하는 자식을 만듭니까? 아버지께 회초리를 드는 자식이라니,

(2) 다큐멘터리

예절 캠페인 '얼굴 바꾸기' 광고를 통해서 요즘 현대사회의 풍조를 알 수 있다. 다양한 상황에서의 예절 중, 특히 대학생들이 쉽게 접하는 인터넷 예절에 대해 강한 메시지로 전달하면서 예절에 대한 중요성을 불러일으키고 있다.

네티즌은 '얼굴 바꾸기'의 달인
가면을 벗으세요!
인터넷의 예절!
당신의 얼굴입니다.

인터넷 예절 캠페인 '얼굴 바꾸기'

출처: 한국방송광고공사 공익광고협의회.

3. '예' 중심 인성교육의 실제

예절 · 집단생활에서의 예절 · 벤자민 프랭클린의 명언

<table>
<tr><th rowspan="2">인성 관련 요소</th><th colspan="8">핵심 가치 · 덕목</th><th colspan="4">핵심 역량</th></tr>
<tr><th>예절</th><th>효</th><th>정직</th><th>책임</th><th>존중</th><th>배려</th><th>소통</th><th>협동</th><th>도덕적 예민성</th><th>도덕적 판단력</th><th>의사 결정 능력</th><th>행동 실천력</th></tr>
<tr><td></td><td>◎</td><td></td><td></td><td></td><td>○</td><td>○</td><td></td><td></td><td></td><td></td><td></td><td>◎</td></tr>
</table>

벤자민 프랭클린

모든 사람에게 예절 바르고,
많은 사람에게 친절한 사람은
아무에게도 적이 되지 않는다.

감상활동

- 벤자민 플랭클린의 명언 "모든 사람에게 예절 바르고, 많은 사람에게 친절한 사람은 아무에게도 적이 되지 않는다."를 감상하고 이야기 나눈다.
  - 벤자민 플랭클린의 명언의 주제는 무엇인가요?
  - 벤자민 플랭클린의 명언을 감상하고 난 후 느낀 점에 대해 이야기해 볼까요?

활동명: 대학신문

활동 목표	• 예절 관련 대학신문 기사 글을 써 봄으로써 예절의 필요성에 대해 인식한다. • 예절에 관련된 이야기를 나누고 기사 글을 쓸 수 있다. • 예절을 실천할 수 있는 방법을 통해 행동실천력을 기른다.

활동내용

- **상황에 맞는 예절 표현을 알아본다.**
  - 인사예절에는 어떤 것이 있는지 알아보아요.
  - 식사예절에는 어떤 것이 있는지 알아보아요.
  - 언어예절에는 어떤 것이 있는지 알아보아요.
  - 학교예절에는 어떤 것이 있는지 알아보아요.

- **주변에서 쉽게 볼 수 있는 예절의 상황을 이야기 나눈다.**
  - 가족 간의 예절에 관한 에피소드를 알아보아요.
  - 친구 간의 예절에 관한 에피소드를 알아보아요.
  - 대중매체를 통한 예절에 관한 에피소드에 대해 알아보아요.

- **예절에 관련된 대학신문 기사 글을 써 본다.**
  - 예절에 대한 나의 경험을 이야기해 보아요.
  - 모둠별로 예절에 관한 인터뷰를 해 보고 기사 글을 써 보아요.
  - 예절을 실천하는 다짐의 글을 써 보아요.

일일 리포터!

▶ 예절에 관한 인터뷰를 통해 기사 글을 작성해 보세요.

○○ 예절 동아리

▶ ○○ 예절 동아리 모집 홍보자료를 만들어 보세요.

예절 | 가정생활에서의 예절 | 영상 「회초리」

인성 관련 요소	핵심 가치 · 덕목								핵심 역량			
	예절	효	정직	책임	존중	배려	소통	협동	도덕적 예민성	도덕적 판단력	의사 결정 능력	행동 실천력
	◎				○	○				◎		

회초리(2011)

강원도 철원에 위치한 예절학당은 사회에서 문제를 일으킨 사람들에게 기본적인 예의범절과 사회 질서를 다시 가르치는 곳이다. 깐깐하고 엄격하기로 소문이 자자한 예절학당의 꼬마 훈장 송이는 어린 나이가 믿기지 않을 정도로 풍부한 학식과 날카로운 카리스마를 자랑한다. 어느 날 문제적 불량 아빠 두열이 예절학당에 입소하게 된다.

출처: blog.naver.com/hoichori2011.

감상활동

- 영화 「회초리」(2011)를 시청하고 이야기 나눈다.
  - 「회초리」에 나오는 주제는 무엇인가요?
  - 「회초리」를 보고 가장 감명 깊었던 장면과 대사는 무엇인가요?
  - 「회초리」를 보고 난 후 느낀 점에 대해 이야기해 볼까요?

활동명: ○○예절학당

활동 목표	• 예절학당에서 가르쳐야 할 것들에 대하여 의견을 나누고 예절의 중요함을 안다. • 훈장이라면 예절을 쉽고 재미있게 가르치는 방법이 무엇일지 창의적으로 생각할 수 있다. • 예절이 가지고 있는 가치와 의미를 알고 도덕적 판단력을 기른다.

활동내용

- 우리가 지켜야 할 예절에는 어떤 것들이 있는지에 대해 토론한다.
  - 나는 어떤 예절을 잘 지키는지 이야기해 보아요.
  - 예절을 지키지 않은 경험에 대해 이야기해 보아요.
  - 어떤 예절이 지키기가 힘든지 생각해 보아요.
  - 다른 사람이 나에게 지켜 줬으면 하는 예절은 무엇인지 이야기해 보아요.
- '예절학당 훈장'이라면 어떤 예절을 가르칠지 예절학당 하루일과표를 만들어 본다.
  - 어떤 예절에 대해 가르칠지 생각해 보아요.
  - 어떤 연령을 대상으로 가르칠지 생각해 보아요.
  - 하루일과에 대한 계획을 구체적으로 세워 보아요.
  - 쉽게 가르치기 위해 어떤 자료들을 사용할지 생각해 보아요(그림책, 놀이, 다양한 도구).
- 예절학당 계획안을 친구들에게 소개해 본다.
  - 자신이 만든 예절학당 계획안을 소개해 보아요.
  - 예절학당 계획안을 작성하는 활동을 통해 알게 된 점과 느낀 점에 대해 이야기해 보아요.

○○예절학당 하루일과표

▶ 쉽고 재미있게 활동할 수 있는 특별한 '○○예절학당 하루일과표'를 만들어 보세요.

○○예절학당 최고의 프로그램

▶ 친구들이 소개한 '○○예절학당 하루일과표'에서 쉽고 재미있게 활동할 수 있는 최고의 프로그램을 추천해 보세요.

활 · 동 · 지 · 예 · 시

일일 리포터!

▶ 예절에 관한 인터뷰를 통해 기사글을 작성해 보아요.

기자 : 안녕하세요! 오늘은 주변 친구들에게 '매너왕' 이라고 불리는 김정우 학생을 인터뷰해 보겠습니다. 김정우 학생 안녕하세요!

학생 : 네 안녕하세요. 이렇게 불러 주셔서 감사합니다.

기자 : 어떻게 친구들 사이에서 '매너왕' 이라고 불리게 되었나요?

학생 : 조금 부끄럽네요. 스스로 세운 규칙에 따라 사람들과 만났는데 감사하게도 그런 별명을 지어 주셨습니다.

기자 : 어떤 규칙들을 세우신 건가요?

학생 : 우선 상대방이 원하지 않는 스킨십은 하지 않는다. 나이가 나보다 어려도 반말을 하지 않는다. 존중하는 마음으로 상대방을 대한다 정도가 있겠네요. 부모님도 이렇게 가르쳐 주셨고, 제가 살아가다 보니 기본적인 예의와 존중이 있어야 사람들도 저도 행복할 수 있다는 걸 배웠어요.

기자 : 참 멋진 규칙인 것 같습니다. 요즘 사람들에게 해주고 싶은 예의와 관한 말이 있을까요?

학생 : 음. 나이와 관계없이 타인을 있는 그대로의 존중 받는 인격체로 생각하면 좋을 것 같아요. 모르는 사람도 마찬가지고, 특히 아는 사람에게도 항상 배려하고 존중하며 예의를 지켜 야 더욱 좋은 관계가 될 수 있을 것 같습니다!

기자 : 오늘 인터뷰 너무 감사했습니다.

○○ 예절 동아리

▶ ○○ 예절 동아리 모집 홍보자료를 만들어 보아요.

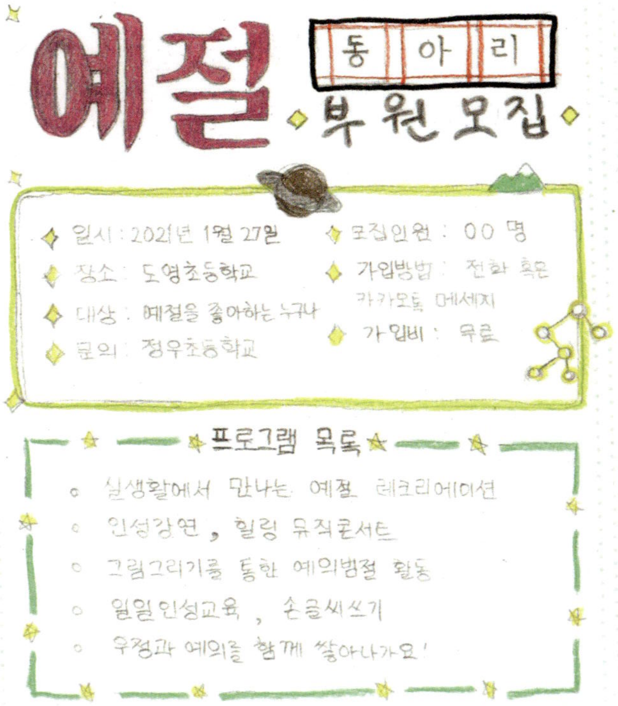

○○ 예절학당 하루일과표

▶ 쉽고 재미있게 활동할 수 있는 '○○ 예절학당 하루일과표'를 만들어 보세요.

○○예절학당 최고의 프로그램

▶ '○○ 예절학당 하루일과표'에서 쉽고 재미있게 활동할 수 있는 최고의 프로그램을 만들어 보세요.

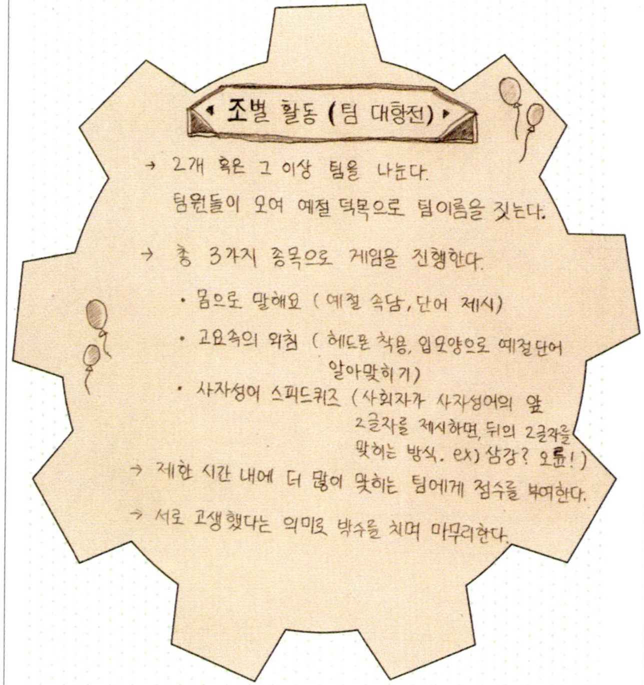

Chapter 06

'효' 중심 인성교육의 이해와 실제

일찍이 공자는 "효(孝)는 백행(百行)의 근본(根本)"이라고 가르쳤다. '효'의 가장 기본은 부모의 근심을 덜어 주는 일이다. 사실 부모의 근심을 덜어 주는 일은 많은 돈이나 시간을 요하지 않는다. 부모와 떨어져 살면 하루에 한 번 안부를 여쭙고, 어디 편찮으시지 않는지, 필요한 것은 없는지 여쭙고, 외출 시 먼저 이야기하는 것으로도 충분하다.

우리가 살아가는 현대사회에서는 다양한 교육적 혜택을 누리고, 편리한 문화생활로 윤택함은 있지만, 그 이면을 자세히 살펴보면 많은 병폐가 내재해 있고, 부모와 자식 관계에서의 심각한 문제들도 자주 발생하고 있다. 또한, 핵가족이나 다양한 가족의 형태로 인해서 친인척 간에도 서로 정을 나누며 소식 전하는 기회가 적어지고 있다. 뿐만 아니라, 바쁘게 살아가는 부모의 사회생활이나 무조건 공부만 잘하면 된다는 사회적 풍토로 인해서 주변을 살피고 웃어른을 공경하는 '효(孝)'의 정신이 점차 사라지고 있는 것이 현실이다.

이에 본 장에서는 대학생 자신의 부모에 대한 효(孝)의 실천을 위해 효(孝)의 필요성 및 개념을 이해하고, 효(孝)를 위한 방법을 알아보며, 효(孝) 중심 인성교육의 실제를 적용해 보고자 한다.

1. 효(孝)의 필요성 및 개념

1) 효의 필요성

모든 효의 시작은 어디일까? 대학생들은 '효의 필요성'에 대해 어느 정도 인식하고 있을까? 가장 기본적인 것은 가정에서부터 이루어져야 하며, 그 바탕은 '효'이어야 한다. 자신의 뿌리를 알아가거나 조부모님과 부모님, 그리고 지역사회 어른들께 존경의 마음과 행동을 표현할 수 있도록 어린 시절부터 일상생활 속에서 자연스럽게 올바른 습관이 갖추어져야 하며, 적절한 교육이 요구된다.

신현우와 김봉제(2014)는 세대 공동체 중심의 새로운 효 문화의 특성과 효 교육을 위한 SNS 활용의 예를 소개했다. 새로운 '효' 문화인 '개방적 · 의사소통적 효, 유연적 효, 매트릭스(matrix) 효'는 변화된 사회에 발맞춰 재해석된 효의 특성을 말한다. 가부장적인 문화에서의 효는 자녀를 자랑하는 것이 좋지 못한 표현으로 여겼으나, 이제는 자녀를 자랑하는 부모의 모습이 사랑의 표현이며, 자녀가 부모를 향한 감사의 마음을 대화를 나누며 관계를 유연하게 하는 것이 자녀의 효심을 기르는 것에도 도움이 된다는 관점을 의미한다.

〈표 6-1〉 세대 공동체 중심의 새로운 '효' 문화 특성

과거의 '효' 문화	새로운 '효' 문화
• 상방적(上方的)인 효 – 자식이 부모를 향한 보은의 마음과 행동	• 쌍방적(雙方的) 효 – 자식이 부모를 향하는 마음과 부모도 자식 향한 사랑과 감사의 마음을 가짐
• 상경(上敬)의 효	• 상경하애(上敬下愛) 효 – 부모도 자식에 대해 사랑하는 마음을 갖고 그에 일치하는 행동을 표현하는 것
• 폐쇄적 · 내면적 효	• 개방적 · 의사소통적 효
• 강행적 효	• 유연적 효
• 종적인 효	• 매트릭스(matrix) 효

〈표 6-2〉 '효' 교육을 위한 SNS 활용 예시

새로운 효 문화	활용 방법
쌍방적 효 상경하애 효	• 온 가족이 함께 사용하는 매체에 자녀는 부모님에 대한 감사의 마음을 매주 1회 전달하고, 부모는 자녀가 보내 준 사랑의 마음에 즉시 답하는 것
개방적 · 의사소통적 효 유연적 효 매트릭스 효	• 자식을 향한 부모의 사랑과 마음을 SNS에 표현하는 방법 • 자녀에 대한 자랑을 게시하는 것
활용 가능 매체	• 페이스북(Facebook) • 트위터(Twitter) • 밴드(Band) • 싸이월드(cyworld) • 블로그(blog) • 카카오스토리(kakaostory)

이와 같이 대학생들을 위한 효의 실천교육은 작은 습관에서부터 시작하는 것이 필요하다. 부모나 교사는 행동의 올바른 모델이 되어야 하고, 자녀들로 하여금 칭찬과 격려로 효의 정신이 바로 설 수 있도록 도와주어야 한다. 이때 부모나 조부모의 가치관과 행동, 그리고 습관과 말투에서부터 '효' 교육은 시작되는 것이다.

점점 세상이 각박해지면서 과거에는 전혀 예상치 못한 일들이 계속 일어나고 있다. 최근 자식을 죽인 부모 사건, 자식을 야단치던 어머니를 때려서 죽인 자식의 이야기 등을 접하면서 다시 한번 효의 중요성을 살핀다.

역사적인 인물 중에서도 율곡 이이의 효심은 참으로 감동적이며, 연령별 효의 마음은 다음과 같다.

〈표 6-3〉 율곡 이이의 연령별 효심 이야기

11세	이이는 위독하신 아버지를 위해서 자기 팔뚝의 피를 아버지의 입속에 넣어 드림. 사당에 들어가 고통받는 아버지를 위해 기도드림
16세 / 26세	어머니가 돌아가시자 장사를 지내고 무덤 옆에서 3년 동안 시묘살이를 함. '가례'에 따라 상복과 삼띠를 풀지 않았으며, 제찬을 올리는 일, 그릇을 씻는 등의 작은 일까지도 손수 행함. 아버지가 돌아가셨던 26세에도 똑같이 행함
33세	이이는 외할머니의 병이 위중하다는 소식을 듣고 벼슬도 버리고 강릉으로 떠남. 왕에게 파직시키기를 청하나 효행으로 인해 파직시키는 것은 불가하다고 받아들여지지 않음
34세	박순의 이조판서 취임으로 이이도 벼슬길에 오르고자 노력하지만 노환으로 누워 계신 외할머니를 늘 생각함. 학문이 진척되지 않았다고 사직을 청하지만 허락이 나지 않음. 외할머니를 모시고 싶다는 간절한 뜻을 전하니 이조는 현직에 있는 채로 강릉을 다녀올 수 있도록 인사상의 조치를 명함

출처: 위키백과.

이에 21세기를 짊어지고 갈 대학생으로서 이 시대를 살아감에 있어서 효의 정신을 가지고 부모에게 효를 실천하기 위해서는 효에 대한 기초 이론을 토대로 다양한 관련 교수매체를 통해 효의 중요성을 인식하고 대학생에게 적절한 효 관련 활동을 통해 행동실천력을 고취시켜야 할 것이다.

2) 효의 개념

효(孝)의 사전적 의미는 '어버이를 잘 섬기는 일'로 정의된다(국어국립원 표준국어대사전,2013). 즉, 효는 '자식이 마음과 정성을 다해 어버이를 받들어 섬김'을 의미하는 것으로, 자신을 낳아서 길러 준 부모에 대해 감사함과 은혜를 갚고자 하는 마음으로 부모와 자식 관계의 감정을 중요시하며 인간의 도리로 승화되어야 함을 강조하고 있다(장재천, 2014).

『효경(孝經)』에서 "효는 하늘 불변의 도리이며, 땅의 올바른 도의, 그리고 백성의 행실"로 천지자연의 법도로 다루어졌다. 또한, '신체발부 수지부모(身體髮膚受之父母)'라 하여 자신의 신체, 피부, 그리고 모발이 모두 부모로부터 물려받은 것이니 절대 손상시키지 않도록 조심을 하였다. 이것이 바로 효의 시작이라고 전해진다. 세월이 흘러 입신하여 도(道)를 행하고, 후세에 길이 이름을 드높여 부모를 빛내는 것은 효의 끝이라고 하였다. 이처럼 효는 섬김에서 시작되며, 입신에서 그 끝을 맺는 것이라고 하였다(이선화, 2014).

모든 행위의 근원인 효는 인(仁)을 행하는 근본이 된다. 부모님에 대한 마음은 정신적으로 편안하고 기쁘게 해 드리는 것과 물질적인 방법, 육체적으로 봉양하는 부분이 모두 포함된다. 부모님의 은혜에 늘 감사하고 보답하고자 하는 감은(感恩)의 정신이 효의 밑바탕에는 담겨 있다. 이렇듯 효의 정신은 웃어른을 진심으로 공경하고, 아랫사람을 사랑하는 마음이 연결되는 되는 것이라 할 수 있다(유병열, 2008).

효 사상의 역사를 거슬러 올라가면 단군의 어머니인 웅녀 '고마(固麻)'의 이야기를 접할 수 있다. '고마'는 우리가 자주 사용하는 '고맙다'에서 어머니를 이르는 말이며, 우리 민족의 마음속에는 늘 부모에 대한 효의 마음이 내재해 있음을 엿볼 수 있다(정호완, 2004). 고구려의 소수림왕 때에는 효 사상을 바탕으로 사회 정의를 실현하고자 했으며, 부모가 죽으면 후장(厚葬)하고 봉토를 만들어서 묘지 부근에 나무를 심었다는 기록이 있다. 고려의 태조 왕건은 부모에게 효도하고, 어른을 공경하는 마음을 게을리하지 않았으며, 정치의 기본 이념을 덕과 효로 삼았다. 또한, 조선시대에서는 덕과 인격의 기초인 효가 인간 만행의 시작점이었다(이종래, 2003).

효와 관련된 사자성어인 삼불효(三不孝)는 자식 된 도리로 부모에게 불효가 되는 세 가지를 뜻하는 것으로, 첫째, 부모를 불의에 빠지게 하는 것이고, 둘째는 부모를 가난 속에 버려두는 것이며, 셋째는 제사를 끊기게 하는 것이라고 했다.

그럼에도 불구하고 시대가 급속하게 변화하고 있는 지금의 시점에서는 과거 전통적인 모습의 효를 부정적인 측면으로 해석하기도 한다. 근본적인 이념은 변하지 않더라도 실천에서의 표현과 방법은 달라지고 있다. 현재 우리가 살아가고 있는 시대에서의 효는 부모에 대한 효를 자발적으로 나타내야 하며, 부모 또한 자식에 대한 마음이 자연스럽게 표현되어야 한다. 이는 미래 사회의 생활과 삶의 본질이 바로 효임을 알 수 있다(백선주, 2004).

이처럼 21세기를 살아가는 대학생들에게 있어 시대적 · 문화적인 관점에서도 효에 대한 개념이 재조명되어야 하며, 예비사회인으로 지닐 수 있는 효에 대한 개념이 전통적인 가치로 인식되어 계승 발전시켜야 한다.

[그림 6-1]은 대학생들이 생활 속에서 인식하는 효의 개념이다.

부모님께 문자로 사랑하는 마음을 전하는 것

경제적 독립을 선언하는 나의 모습

[그림 6-1] 대학생이 인식하는 효의 개념

2. 효 함양을 위한 교수매체

효의 정신을 다시 일깨우기 위한 사회적인 움직임을 살펴보면, 효 문화 중심 지역인 대전에서 지난 몇 년간 효 문화 뿌리 축제가 열렸다. 가족들과 함께 자신의 뿌리를 찾아보고, 효에 관한 글짓기나 효 콘서트, '정조 임금의 효 이야기 달빛 콘서트', '세계 효 · 사랑 UCC & 사진 공모전' 등 우리나라 전통 효 문화의 계승과 효 실천을 위한 행사가 마련되었다.

제11회 대전 효문화 뿌리축제
2019. 9. 27.~2019. 9. 29.

제5회 세계 효 · 사랑 UCC & 사진 공모전
2020. 3.30.~2020. 5. 29.

대학생들의 효 정신을 실천하기 위한 방법으로 문학 기반 인성교육은 도서, 시, 명언 및 시조, 사자성어 등의 매체가 있고, 예술 기반 인성교육은 미술, 음악 등의 매체가 있으며, 영상 기반 인성교육은 공연 · 연극, 광고 등의 다양한 매체가 있다.

1) 문학 기반 인성교육

(1) 도서

누구나 어른이 되고 나이가 들면 노인이 된다. 노인을 위하는 효의 실천방법은 무엇일까? 『너희들도 언젠가는 노인이 된다』라는 책을 통해 대학생들은 효의 의미를 깨닫고 효심을 다하는 사람을 본받을 수 있을 것이다.

너희들도 언젠가는 노인이 된단다
엘리자베트 브라미 글 /
얀 나침베네 그림 /
이효숙 옮김 / 보물창고(2006)

누구나 늙어가는데 노인의 일상은 어떨까? 나이 든 분들의 삶을 알아가는 책이다. 누구나 할아버지 할머니가 되어가지만 그분들의 외로움과 서러움 등을 새롭게 재조명해 본다.

(2) 시

박상봉 시인의 「어머니 빗자루」라는 시는 효를 함축적으로 표현하고 있어 대학생들로 하여금 효의 자세와 태도를 되새길 수 있게 한다.

어머니의 빗자루

박상봉

학산에 가면
어머니가 보인다
학산 넘어가면
어머니가 산다

달서구청 맞은편,
도심 주택가 모퉁이에
낡은 집 한 채

대문 옆에 비스듬히 기대어
햇볕을 쬐고 있는 빗자루
끝이 너덜너덜 닳았다

나는 빗자루에게 인사한다
세상에서 가장 큰 빗자루,

저녁밥상 차려놓고
식기 전에 어여 먹어라
고깃국 한 수저 떠 아사주시는*
어머니, 메마른 입술은
무엇으로 닦아드릴까?

마음의 짐 부려놓지 못해
말없이 올려다본 밤하늘에
달이 떴다

세월에 무디어진 빗자루 같은
상현달이다

* 아사주다: 물건 등을 옮길 때 가까이 있는 상대방에게 전달해 주는 행위를 일컫는 경상도 사투리

인성 씨앗 심기

효란 ______________________________ 이다.

왜냐하면 ______________________________ 이기 때문이다.

(3) 명언 · 시조 · 사자성어

효 관련 명언 및 시조, 사자성어를 통해 대학생들은 효의 개념 및 중요성을 쉽게 상기시킬 수 있다.

명언

- 어머니의 마음은 자식의 공부방이다. – H.W. 비처
- 요즈음은 부모에게 물질로써 봉양함을 효도라 한다. 그러나 개나 말도 입에 두고 먹이지 않는가, 공경하는 마음이 여기에 따르지 않는다면 무엇으로써 구별하랴. – 공자
- 아버님 날 낳으시고 어머님 날 기르시니 두 분 곧 아니시면 이 몸이 살았을까. 하늘 같은 은덕은 어디다가 갚사오리. – 정철
- 부모를 사랑하는 사람은 남에게 미움을 받지 아니하고 부모를 공경하는 사람은 남에게 업신여김을 받지 않는다. – 소학
- 공경하는 마음으로 효도하기는 쉬워도 사랑하는 마음으로 효도하기는 어렵다. – 장자

시조

- 평생에 원하노니 다만 충효뿐이로다. 이 두 가지 아니면 금수나 다르소냐. 마음에 하고자 하여 십재 황황하노라. – 권호문
- 아버지 나를 낳으시고 어머니 나를 기르셨으니 두 분의 은덕을 갚고자 애를 쓰나 하늘과 같이 크고 넓어서 갚을 길이 없어라. – 이익
- 백발의 어머님 강릉에 계시는데, 이 몸 서울 향해 홀로 떠나는 마음. 고개 돌려 북평(北坪) 때때로 바라보니, 흰 구름 나는 하늘 아래 저녁 산이 푸르구나. – 신사임당
- 아버지 날 낳으시니 은혜 밖의 은혜로다. 어머니 날 기르시니 덕 밖의 덕이로다. 하늘 같은 이 은덕을 무엇으로 갚사오리. – 김우기
- 뫼는 길고 물은 멀고 어버이 그린 뜻은 많고 하고 어디서 외기러기는 울고 가느니. – 윤선도

사자성어

- 일심경례(日心敬禮): 한마음으로 공경하고 한마음으로 예를 다해야 할 이 세상에 내가 한마음을 다해 그리워할 사람이 바로 '부모'라는 이름임
- 이효상효(以孝傷孝): 효자가 부모가 죽고 나니 너무 그리워 슬프게 욺
- 가빈친로(家貧親老): 집은 가난하고 부모는 늙어 힘이 없으면, 마음에 들지 않는 직업이라도 일을 해서 부모에게 효를 다해야 함
- 백운고비(白雲孤飛): 흰 구름을 보며 외로워한다는 뜻. 타향에서 고향에 계신 부모를 생각하며 외로워함
- 할고료친(割股療親): 자신의 허벅지 살을 잘라 부모를 치료함

2) 예술 기반 인성교육

(1) 미술

바로크 미술의 거장인 벨기에 화가 페터 파울 루벤스(Peter Paul Rubens)의 「시몬과 페로」는 아버지를 살린 딸의 사랑에 대한 의미를 표현하고 있다. 이러한 미술 매체를 통해 대학생들은 효의 표상적 의미를 유추할 수 있다.

시몬과 페로(1630)
페터 파울 루벤스(Peter Paul Rubens)

과연 노인 시몬과 젊은 여인 페로는 어떤 관계일까? 시몬은 아사형을 선고받고 감옥에 갇힌 죄인이며, 아버지가 감옥에서 굶어 죽어가고 있다는 소식을 듣고 매일 감옥에 찾아가 아버지에게 젖을 물린 딸이다. 시간이 지나도 죽지 않는 시몬을 수상하게 여긴 간수가 아버지를 위하는 딸의 행동을 고하지만 로마 법정은 페로의 효성에 감동하여 마침내 시몬을 석방하게 된다.

출처: 진실의 교훈 – 시몬과 페로(cimon and pero).

(2) 음악

해마다 5월이면 많이 불리는 노라조의 「효도」는 효도의 의미를 내포하는 노래로, 일상생활 속에서의 효에 대한 의미와 중요성을 알 수 있다.

효도

노라조 노래

아 늘어가는 어머니의 가는 흰머리 아 늘어가는 아버지의 주름살이
두 분 모두 마음 약해 요즘 갱년기 부쩍부쩍 들려오는 한숨 소리
사랑한단 표현 한번 해 봤던가 그저 손 벌릴 때만 요리조리 졸라
어버이날 빼고 신경 써 봤던가 여친 생일 반만큼도 신경 못 썼네

우리 효도하자 진짜 자꾸 말로만 말로만 하지 말고 이참에 효도해
잘하자 진짜 진짜 결국 너도 나도 얘도 걔도 자식 낳으면 알게 돼
효도 효도 효도 아빠 엄마 효도 효도 효도 내리사랑

아 요즘 따라 어머니의 관절염이 아 요즘 따라 아버지의 혈액순환이
두 분 모두 기력 쇠한 요즘 노년기 보일러가 고장 났다 전화하셨지

따듯이 손 한 번 잡아 드렸던가 그저 용돈 좀 부쳐드리면 그만
명절날 빼고 뵈었던가 아차 오늘 엄마 생신인 거 몰랐네
우리 효도하자 진짜 자꾸 말로만 말로만 하지 말고 이참에 효도해
잘하자 진짜 진짜 결국 너도 나도 얘도 걔도 자식 낳으면 알게 돼

아빠들 죄송합니다 엄마들 잘할게요
아빠들 엄마들 I love you we are family
효도 효도 효도 어무이 효도 효도 효도 아 아부지

우리 효도하자 진짜 진짜로 진짜로 정말로 정말로 진짜로 정말로
잘하자 진짜 진짜 이 노래 끝나는 대로 부모님께 당장 전화해 콜

효도 효도 효도 아빠 엄마 효도 효도 효도 내리사랑
아빠 엄마 부라보

3) 영상 기반 인성교육

(1) 공연 · 연극

김영임 명창의 '효 콘서트'는 효를 주제로 하여 매년 어버이날에 공연된다. 가장 위대한 이름을 가지신 아버지, 어머니에 대한 메시지를 전하고 대학생들로 하여금 부모를 대하는 마음을 일깨울 수 있을 것이다.

김영임 효 콘서트

매년 효 공연을 하고 있는 김영임. 그녀는 공연을 통해 부모님을 향한 마음을 전하고 있다. "효는 현대를 살아가는 모든 이들에게 삶의 근원이 되는 샘물입니다. 공연을 통해 부모님께는 환한 웃음과 위로를, 자녀들에게는 효의 근본을 일깨워 주고 싶습니다."

출처: 충청일보(2009. 2. 1.).

한중합작 2016년 아시아 연출가전인 「정란, 피에타」(2016)는 효를 주제로 한 이야기 창작 극화이다. 중국에서는 한국의 「심청전」을 토대로, 한국에서는 중국의 「24 효(孝)」 중 「각목사친(刻木事親)」 고사(故事) 내용을 토대로 창작되었다. 각목사친의 의미는 한나라 때 어려서 돌아가신 부모님을 매우 그리워한 정린이 부모님을 나무로 조각하여 모셨다는 고사에서 나온 말이다. 자식이 효를 다하지 못해 떠나보낸 부모를 그리워하는 슬픔과 그를 지켜보는 가족들의 이야기를 통해서 '이 시대에서의 효란 무엇인가?'를 함께 고민해 볼 수 있다.

정란, 피에타(2016)

일찍 돌아가신 부모님의 모습을 나무로 조각해서 가지고 있을 정도로 부모님의 은혜에 보답하고픈 정란. 극중 정란이 시골에서 올라온 어머니를 만나 집으로 향한다. 서울까지 온 어머니와 함께 지내려 하지만 아내와 딸은 원하지 않는다. 이미 정란의 노모는 오래전에 돌아가셨다. 그러나 허상에 사로잡힌 정란은 어머니를 부정하는 아내와 딸을 내쫓는다. 그를 바라보는 가족과 너무나 어머니를 그리워하는 아들의 슬픔….

출처: 서울신문(2016. 6. 14.).

(2) 광고

아시아 지역의 공통 가치인 '효'를 다룬 한중합작 공익광고 '근엄한 아버지'의 짧은 영상 속에 노부모에 대한 아버지의 모습이 그려진다. 이 영상을 통해 대학생들로 하여금 효를 실천하는 태도를 기르게 할 수 있다.

[한중 공익광고] 孝 근엄한 아버지(중국편)

나에겐 엄격한 아버지가 계신다.
회사에서나 나에겐 너무 무서운 아버지.
그러나 이상하다.
할머니 앞에서는 아버지가 재롱을 부리신다.
할머니가 웃으신다.

출처: https://www.youtube.com/watch?v=hdzaOaliujM.

대구 지하철 참사 실화를 바탕으로 제작된 '엄마의 마지막 문자(2015)'에서는 죽는 마지막 순간까지도 딸에 대한 사랑과 다해 주지 못함에 대한 애틋한 부모의 마음을 엿볼 수 있어서 효의 의미를 되새겨 볼 수 있을 것이다.

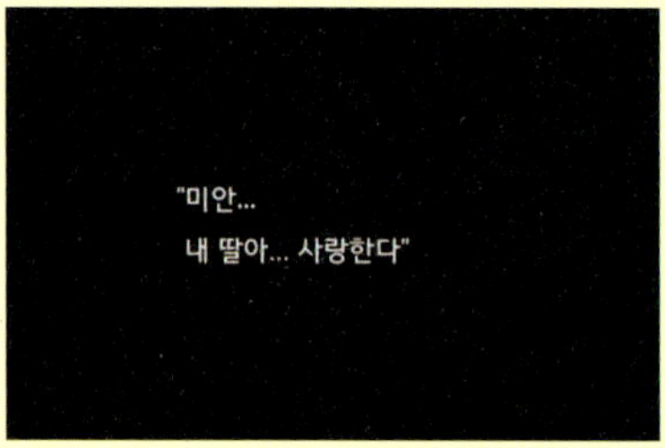

엄마의 마지막 문자(2015)

즐거운 수학여행. 그러나 나는 용돈 3만 원이 전부다. 엄마에게 화를 내고 나온 날. 집에 돌아와서 뉴스에서 흘러나오는 대구 지하철 사건. 불안한 마음에 폰을 켠다. 엄마는 오지 않고 폰에 남겨진 엄마의 마지막 문자.
"미안해, 내 딸아. 사랑한다."

출처: https://www.youtube.com/watch?v=p-qZ76akjkE.

3. '효' 중심 인성교육의 실제

효 / 부모에 대한 효 / 음악 「아버지」

인성 관련 요소	핵심 가치 · 덕목								핵심 역량			
	예절	효	정직	책임	존중	배려	소통	협동	도덕적 예민성	도덕적 판단력	의사 결정 능력	행동 실천력
		◎	○		○		○					◎

「아버지」
작사/작곡: 이현승

온 세상에 존재하는 '아버지', 어느 한순간 우리 인생에서 점점 사라져 가는 '아버지'라는 존재. 세상의 모든 아버지를 위한 작은 위로의 노래이다.

감상활동

- 음악「아버지」를 감상하고 이야기 나눈다.
  - 「아버지」를 듣고 떠오르는 단어는 무엇인가요?
  - 「아버지」를 듣고 가장 마음에 와닿는 리듬과 가사는 무엇인가요?
  - 「아버지」를 듣고 느낀 점에 대해 이야기해 볼까요?

활동명: 세상에서 소중한 父

활동 목표	• 아버지(부모님)께 편지를 써 봄으로써 효에 대한 개념을 안다. • 본인이 직접 쓴 편지를 영상으로 낭독하여 아버지(부모님)께 보냄으로써 그동안 표현하지 못했던 마음을 전하고 효를 실천할 수 있다. • 아버지(부모님)에 대한 영상 편지를 만들어 보는 과정을 통해 아버지(부모님)에 대한 효의 마음을 함양할 수 있다.

활동내용

- 「아버지」 가사와 같은 부모님에 대한 노랫말을 사용한 음악에 대해 알아본다.
  - 「아버지」와 같이, 부모님에 관한 노랫말을 사용한 음악에는 어떤 것들이 있는지 서로 이야기해 보아요.
  - 노래 가사에서 보이는 아버지의 삶은 어떠한지 토론해 보아요.
- 「아버지」에 대한 생각을 짧은 글로 나타낸다.
  - '(   ) 한 이 분은 바로 나의 아버지입니다.' 문장에 들어갈 아버지의 생김새, 특징 등에 대한 은유적인 표현을 단어나 짧은 글로 기록해 보아요.
  - 기록한 내용을 모둠별로 소개해 보아요.
- 미래에 만나게 될 나의 모습을 상상한 후 이야기 나눈다.
  - 60세가 된 자신의 모습을 상상해 보아요.
  - 미래의 자신의 모습을 상상해 보고 그 느낌을 이야기해 보아요.
- 자신의 아버지를 위한 행복한 효도 약을 처방해 본다.
  - 아버지를 위한 일일 약사가 되어 보아요.
  - 아버지를 위해 할 수 있는 효도 약 처방에는 어떤 것들이 있는지 적어 보아요.
  - 행복한 효도 약 처방전을 영상편지로 띄워 아버지에게 소개해 보아요.

이 분은 나의 아버지(어머니)입니다

▶ '아버지(어머니)'에 대한 이미지나 연상되는 단어를 빙고판에 기록해 보세요.

▶ 빙고게임에 표시된 단어들을 연결하여 아버지(어머니)를 소개하는 글이나 노래 가사를 만들어 보세요.

행복함을 전하는 약

▶ 나는야, 일일 약사! 아버지를 위한 행복한 효도 약을 처방해 보세요.

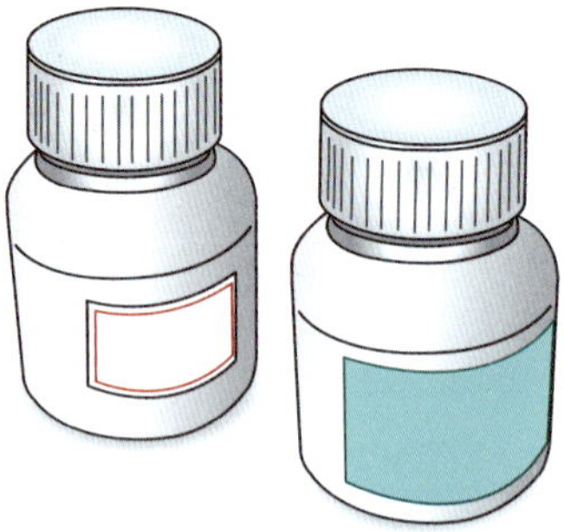

효 | 부모에 대한 효 | 영상 「세상에서 가장 강한 사람, 어머니」

인성 관련 요소	핵심 가치 · 덕목								핵심 역량			
	예절	효	정직	책임	존중	배려	소통	협동	도덕적 예민성	도덕적 판단력	의사 결정 능력	행동 실천력
		◎			○		○			◎		

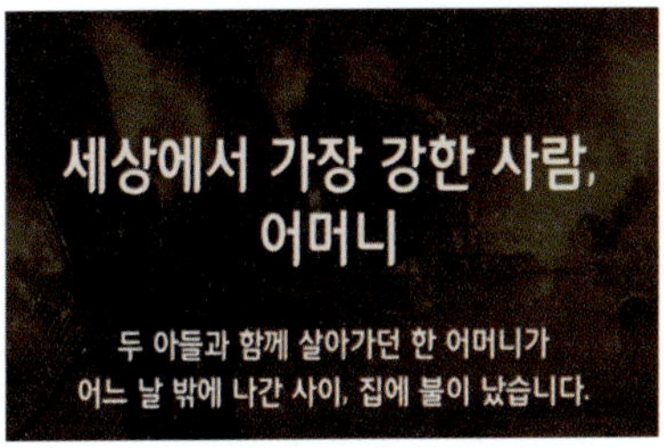

어머니께 효도하는 방법

출처: https://youtu.be/LzmCbtoLxrI

세상에서 가장 강한 사람, 어머니

온 집안에서 번져 나오는 불길을 발견하고 망설임 없이 불길에 뛰어든 어머니. 온몸에 화상을 입고 다리를 다쳐 구걸하면서 두 아들을 키운다. 어려운 생활에서도 어머니의 희생으로 큰아들은 서울대에, 작은아들은 연세대에 수석 입학을 한다. 세월이 흘러 두 아들의 졸업식 날, 큰아들이 다니는 서울대에 가지만 수위실에서 자신을 찾는 어머니가 부끄러운 큰아들의 반응이 서러워 자살을 기도한 어머니. 둘째 아들을 마지막으로 보기 위해 연세대로 온 어머니를 '자신을 불 속에서 구하고 구걸을 해서 공부시켜 주신 분'으로 소개한다. 감동을 받은 사람들은 눈물을 흘렸고 그는 대그룹 사위가 되었다. 그러나 큰아들은 입사 취소의 위기에 처한다.

감상활동

- 다큐멘터리 「어머니께 효도하는 방법」을 감상하고 이야기 나눈다.
  - 「어머니께 효도하는 방법」에 나오는 주제는 무엇인가요?
  - 「어머니께 효도하는 방법」을 감상한 후 느낀 점에 대해 이야기해 볼까요?

활동명: 효! 효! 효!

활동 목표	• 두 아들의 입장을 통해 효의 중요성을 안다. • 가족을 위해 희생하는 어머니의 마음을 헤아려 봄으로써 가족 구성원에게 사랑을 표현해 보고 효를 실천할 수 있다. • 인성을 평가하는 지표를 작성하는 활동을 통해 도덕적 판단력을 기른다.

활동내용

- **부모님께 사랑을 표현하는 방법에 대해 알아본다.**
  - 부모님께서 표현해 주시는 사랑의 방법에 대해 자신의 경험을 이야기해 보아요.
  - 부모님께 드리고 싶은 말, 선물, 고마움을 어떻게 표현할 것인지에 대해 이야기해 보아요.

- **영상 속에 등장한 두 아들에 대해 이야기 나눈다.**
  - 두 아들의 어린 시절 성장과정에 대해 이야기해 보아요.
  - 두 아들이 행한 '효'의 의미를 알아보아요.

- **내가 꿈꾸는 효에 대해 이야기 나눈다.**
  - 미래의 자식들에게 받고 싶은 효는 무엇인지 이야기해 보아요.
  - 지금 내가 행하는 효의 모습과 어떻게 다른지 소개해 보아요.

- **대학 졸업 후 입사하게 될 직장에서의 인성 평가에 대해 이야기해 본다.**
  - 만약, 임원이 되어 신입사원을 뽑는다면 어떤 기준을 적용할 것인지 이야기해 보아요.
  - 인성 평가 기준표를 작성하여 친구들에게 소개해 보아요.

내가 꿈꾸는 효

▶ 미래의 자식들에게 받고 싶은 효는 무엇이며, 지금 내가 행하는 효의 모습과 어떻게 다른지 소개해 보세요.

지금 내가 하고 있는 효		미래에 받고 싶은 효
	→	

▶ 나는야, 효 실천이!

부모님을 위한 일일 효 실천 쿠폰을 만들어 보세요.

결정의 순간

▶ 만약 내가 최종 면접관이 된다면 어떤 기준으로 신입사원의 인성을 확인할 것인지 인성 평가 항목과 평가 점수를 작성해 보세요.

덕목	인성평가 지표	점수
효		
정직		

활 · 동 · 지 · 예 · 시

이 분은 나의 아버지입니다

'아버지'에 대한 이미지나 연상되는 단어를 빙고판에 기록해 보세요.

사랑	자동차	요리	멋있다
전자제품	최고	존경	향기
수염	섬세하다	마음	친구
고맙습니다	스폰서	행복	영화

빙고게임에 표시된 단어들을 연결하여 아버지를 소개하는 글이나 노래가사를 만들어보세요.

[노래가사]

고맙습니다 아버지
영화 같은 삶을 선물하신
사랑하는 나의 아버지

존경합니다 아버지
오색 빛깔 행복을 보여준
멋있는 나의 아버지

내 마음 알아주는
때로는 친구같은
최고, 우리 아빠.

행복함을 전하는 약

▶ 나는야 일일 약사~ 아버지를 위한 행복한 효도 약을 처방해 보세요.

처 방 전

위 환자에게 다음과 같이 처방한다.

- 건강 알약 100mg
- 행복 타블렛 1정

각각 1일 3회씩 섭취 바람.

사랑하는 약사 아들.

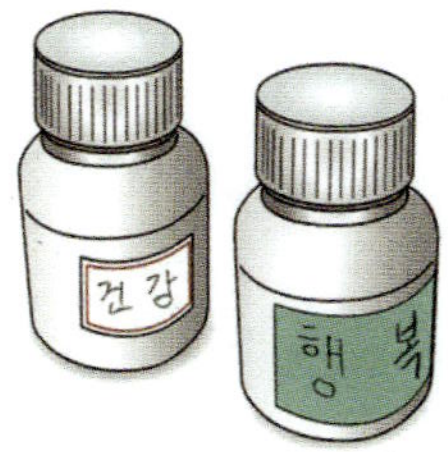

내가 꿈꾸는 효

▶ 미래의 자식들에게 받고 싶은 효는 무엇인가? 지금 내가 행하는 효의 모습과 어떻게 다른지 소개해 본다.

지금 내가 하고 있는 효	미래에 받고 싶은 효
> 꾸준히, 자주 전화하기	> 꾸준히 사랑받기
> 사랑한다고 말씀드리기	> 자주 연락하며 소통하기
> 집안일 분담하기	> 건강하게 자라기
> 자랑스러운, 부끄럽지 않은 아들 되기	

▶ 나는야 효 실천이!

부모님을 위한 일일 효 실천 쿠폰을 만들어 보세요.

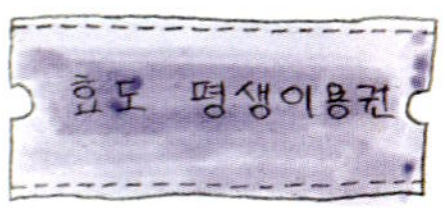

· 100%의 확률로 효도 평생이용권을 획득하는 쿠폰입니다.

· 사용기한 : 무제한, 매일매일

· 다양한 집안일을 합니다.

· 요리, 빨래, 분리수거 등 집안일 전반에 걸쳐 이용 가능합니다.

결정의 순간

▶ 만약 내가 최종 면접관이 된다면 어떤 기준으로 신입사원의 인성을 확인할 것인지 인성 평가 항목과 평가 점수를 작성해 보세요.

덕목	인성평가 지표	점수 (200점)
효	· 부모를 향한 마음	50점
	· 주변어른을 대하는 행동 (자립하는 면	50점 100점 → 추가질문)
정직	· 자기자신에게 솔직한 면	50점
	· 타인에게 정직한 면	50점
존중	· 함께 일하는 사원이 실력이 없다면 / 실수가 많다면	50점 50점
책임	· 내일 사표를 쓰게 된다면?	50점
	· 휴가중 업무거사가 있다면?	50점
협동	- 우리 회사에서 가장 협력이 필요한 순간은?	100점

Chapter 07

'정직' 중심 인성교육의 이해와 실제

한창 이슈가 되었던 질소과자는 과자 봉지에 질소 충전을 한 것으로, 과자보다 질소가 더 많은 것을 의미한다. 아이들이 좋아하는 과자에까지 과도한 포장으로 부풀려진 질소과자는 우리 사회의 일면을 잘 보여 주고 있다. 이처럼 정직하지 못한 행위들이 매일 뉴스에 지속적으로 등장하고 있어 불신과 거짓이 만연해 있는 사회 속에서 학습자들의 올바른 인성을 기대하기란 어렵다. 우리나라에서 공직자의 정직은 2011년 '벤츠 여검사 사건'으로 도마 위에 오르게 되었다. 이 사건으로 공직자의 부정부패 방지 법안이 필요하다는 여론이 거세게 일었고, 그 결과 많은 논란 끝에 「부정청탁 및 금품 등 수수의 금지에 관한 법률(청탁금지법 · 김영란법)」이 2016년 9월 28일부터 시행되고 있다. "정직이 최선의 방책이다."라는 말이 있듯이 최첨단과학과 정보기술이 급진적으로 발달한 현대사회에서 우선적으로 강조되어야 할 부분은 바로 '정직'인 것이다.

이에 본 장에서는 대학생들의 정직한 태도 형성을 위해 정직의 필요성 및 개념을 이해하고, 정직을 위한 방법을 알아보고 정직 중심 인성교육의 실제를 적용해 보고자 한다.

1. 정직의 필요성 및 개념

1) 정직의 필요성

우리 사회의 여러 분야에서 정직과 관련된 도덕적 병폐를 지적하는 목소리가 높다. 학력위조, 병역비리, 특혜입학, 실험결과 조작 등 '정직'이 무너짐으로 파생되는 심각한 사회문제들이 우리 사회의 병폐로 지적되고 있으며(한덕웅, 강혜자, 2000; 한덕웅, 최훈석, 2006), 안타깝게도 뉴스를 통해 고위층 사람들의 비리가 지속적으로 나오고 있다. 인간은 정직하기 위해 알고, 느끼며, 행동하는 것이기에 인지 · 정의 · 행동적 측면을 통합적으로 다루는 것이 필요하다(Lickona, 1991).

최근 여러 조사 결과를 보면 비리개선이 매년 조금씩 향상되고는 있지만 사립유치원 비리, 병역특례 비리에 관련한 기사 등 아직도 우리 사회에 남아 있는 부정부패와 비리는 여전히 개선될 부분이 많다.

독일에 있는 비정부 국제기구인 국제투명성기구(TI: Transparency International)에서 발표한 국가별 공공 · 정치 부문에 존재하는 부패의 수준을 평가하는 부패인식지수(CPI: Corruption Perceptions Index)에서 대한민국은 2017년에는 54점으로 51위, 2018년에는 57점으로 45위를, 그리고 2019년 59점으로 세계 180개국 중 39위를 차지하며 점점 더 청렴한 사회로 발전해 나가는 모습을 보여 주고 있으며, 국민권익위원회는 세계 20위권 청렴 선진국 진입을 위해 더욱 노력한다고 한다.

국민권익위원회가 '2020년 공공기관 청렴도'를 측정한 [그림 7-1]과 [그림 7-2]의 결과를 보면, 종합청렴도가 2019년 대비해서 4년 연속 상승한 것으로 나타났다. 공공기관과 업무 경험이 있는 국민이 평가하는 외부청렴도(8.53점, +0.06점)는 좋아졌지만, 공직자가 평가하는 내부청렴도(7.59점, -0.05점)는 하락해서 개선 노력이 필요한 것으로 나타났다. 청렴도는 크게 부패 수준에 대한 인식과 경험을 측정하는데, 부패 경험은 2019년보다 개선된 것에 비해 부패인식은 조사대상에 따라 다르게 나타났다.

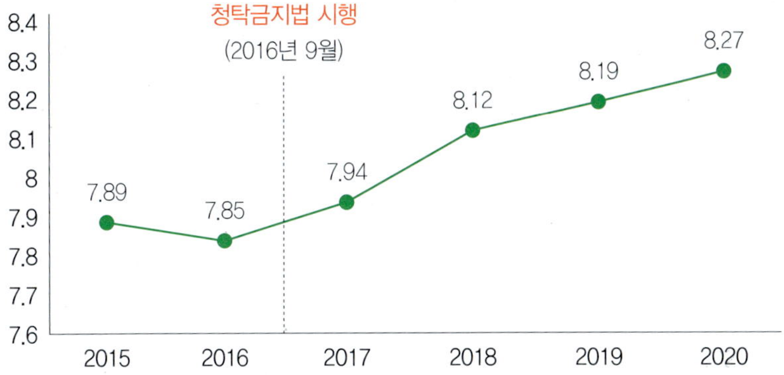

[그림 7-1] 최근 5년간 공공기관 청렴도 점수 추이(2015년~2020년)

출처: 국민권익위원회.

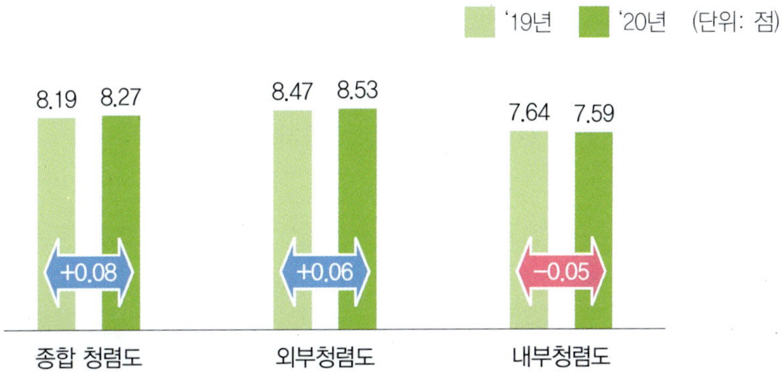

[그림 7-2] 공공기관 종합청렴도 및 각 영역별 점수 비교(2019년~2020년)

출처: 국민권익위원회.

2010년부터 청소년 정직 지수를 조사하고 있는 홍사단 투명사회운동본부에서 발표한 2019년도 '성인(직장인) · 청소년 정직 지수 윤리 의식' 결과는 〈표 7-1〉과 같이 대한민국 성인(직장인)의 정직 지수가 60.2점으로, 청소년 정직 지수 77.3점에 비해 무려 17.1점이나 낮게 나타났다. 즉, 대한민국에서는 청소년의 모범이 되어야 할 어른들의 정직 · 윤리 의식이 청소년의 정직 · 윤리 의식보다 현저히 떨어지는 것이다. 특히, 20대의 정직 지수가 51.8점으로 모든 연령대에서 가장 낮아 20대의 정직 · 윤리 의식이 심각한 것으로 나타났다. 또한, '10억 원이 생긴다면 잘못을 하고 1년 정도 감옥에 들어가도 괜찮다'는 항목 조사 결과에서 초등학생 23%, 중학생 42%, 고등학생 57%, 20대 53%, 30대 43%, 40대 40%, 50대 이상 23%가 괜찮다는 응답을 했다. 이러한 결과로 볼 때, 돈을 위해서는 가족까지도 해치는 사건이 최근 빈번하게 발생하고 있는 우리 사회의 삐뚤어진 가치관 확립과 엄정한 부패 척결에 대한 대책이 시급한 것이다. 이는 바람직한 인성을 갖추어야 할 청소년들이 정직이라는 도덕적 가치보다는 물질을 더 중시한다는 것으로 우리 사회의 인성교육에 대한 경각심을 불러일으키는 메시지인 것이다.

〈표 7-1〉 성인(직장인) 및 청소년 정직 지수(2019년)

(단위: 점)

부분	청소년 전체(A)	초등학생	중학생	고등학생	성인 전체(B)	19~29세	30대	40대	50대 이상	GAP = A−B
정직 지수	77.3	87.8	76.9	72.2	60.2	51.8	55.6	58.7	66.3	17.1
직장(학교)	73.7	88.2	73.5	66.0	54.7	45.1	50.1	52.4	61.4	19.0
사회	77.2	87.5	76.8	72.1	560	48.2	51.6	54.2	62.3	21.0
가정	75.2	87.6	74.9	68.6	49.5	46.0	49.7	46.4	52.5	25.7
친구	74.8	81.4	73.7	72.4	65.3	53.1	59.3	64.2	73.0	9.5
인터넷	85.8	94.1	85.4	81.6	75.6	66.4	67.4	76.4	82.3	10.2

출처: 홍사단 투명본부 윤리연구센터(2019).

이러한 인성교육에 대한 문제점을 해결하기 위한 학교교육정책 중 하나로, 창의 · 인성교육의 기본 방향에서도 인성이 뒷받침된 창의적 인재 육성을 위한 덕목으로 '정직'을 중요하게 다루고 있다(문용린 외, 2010). '정직'이라는 덕목이 교육과정상 범문화적으로 중요하게 다루어지는 기본 덕목임은 분명한 사실이다(박효정, 정광희, 2001).

정직한 후보(2020)

프랑스 파리의 노트르담 대학의 심리학과 교수인 아니타 E. 켈리(Anita E. Kelley) 박사는 정직한 사람들은 더 행복하고 건강하다면서 정직하고, 거짓말하지 않는다고 하였다. 또한, 자신과 자신의 말에 진정성을 갖는 것은 더 큰 행복을 창출하며, 정직한 사람들은 주변에 신뢰할 수 있는 사람들이 많이 존재한다고 하였다.

장희선과 손경원(2011)은 서울과 강원도 소재 예비교사를 대상으로 '정직한 사람'의 속성, 특성에 대해 개방적 진술을 분석한 결과, 예비교사들은 '정직한 사람'의 특성으로 '양심적인'(81명/69%), '거짓말하지 않기'(63명/54%), '진실만 말하기'(56명/48%) 등으로 인식하고 있었다.

정직한 사람의 특성과 그에 따른 구체적인 행동을 설명하면 〈표 7-2〉와 같다.

〈표 7-2〉 정직한 사람의 특성과 행동

양심적인	하늘을 우러러 한 점 부끄럽지 않은, 스스로에게 떳떳한, 당당한, 자신을 사랑하는, 부끄러움 알기
거짓말하지 않기	사실이 아닌 것을 사실인 것처럼 꾸며서 말하지 않기
진실만 말하기	사실만 말하기, 솔직한 사람, 과장하지 않기, 자신의 잘못을 모른 채 하지 않기
속이지 않기	솔직하게 행동하는, 가식 없기, 남을 속이지 않기, 감정을 속이지 않기, 나이나 키를 속이지 않기
공평한	남에 대한 태도도 나와 똑같게 여기기

곧은	흔들림이 없는, 꾀부리지 않기, 타의 모범이 되기, 바른 것을 추구하기
합리적인	이성적인, 사리분별, 알맞은 상황 판단하기
일관적인	두말하지 않는, 말과 행동이 일치하는, 가치관을 행동에 반영하려 노력하기
타인에게 피해 주지 않기	다른 사람에게 해롭게 하지 않기
준법적인	질서를 잘 지키는, 법과 규칙을 지키는, 편법 하지 않기
용기 있는	불의를 보고 참지 않는, 이익이나 가치관에 반하는 일이어도 자신의 잘못을 인정하는, 대범하게 행동하기

출처: 장희선, 손경원(2011).

이에 21세기를 짊어지고 갈 대학생들에게 정직한 태도를 가지고 관계 속에서 정직을 실천하기 위한 다양한 관련 교수매체 활동을 통해 정직의 행동실천력을 고취시킬 수 있을 것으로 기대된다.

2) 정직의 개념

정직(Honesty)의 사전적 의미는 '마음에 거짓이나 꾸밈이 없이 바르고 곧음'으로 정의된다(국립국어원, 2012). 즉, 정직은 일반적으로 '마음이 바르고 곧음'을 의미한다. 맹자의 『인의도덕론(仁義道德論)』에서는 정직을 인간이 선천적으로 갖추고 있는 것으로서 옳고 그름을 분별하는 마음, 부끄럽게 여기는 마음, 양보하는 마음 등의 세 가지 마음으로 보았다. 또한, 정범모(2004)는 정직성(正直性)을 있는 대로 말하고, 있는 대로 하는 것, 즉 사실대로 말하고 당위대로 행하는 것으로 정의하였다.

정직을 절대적 도덕규범으로 보는 입장과 상황 의존적인 입장, 그리고 사회적 책임으로 보는 입장을 각각 설명하면 다음과 같다.

- 절대적 도덕규범으로 보는 입장: 어떠한 상황에서도 절대적으로 지켜야 할 규범으로 판단하고 그러한 행위를 하고자 하는 것(Kohlberg, 1958, 1984; Piaget, 1932, 1965)
- 상황 의존적으로 보는 입장: 모든 상황에서 일관되게 정직하거나 부정직하게 행동하는 것, 그리고 정직한 사람과 부정직한 사람이 명확하게 구분되는 것이 아니라고 보는 것(Hartshorne & May, 1928)
- 사회적 책임으로 보는 입장: 개인 간, 집단과 집단 또는 국가와 국가 간의 관계에 있어서 상대방에 대한 신뢰에서 비롯된다고 보는 것(Knapp & Comadena, 1979)

대학생들이 현실에서 인식하는 정직의 개념은 [그림 7-3]과 같다.

분실물(핸드폰 등)을 주인에게 찾아 주는 것

더 받은 거스름돈을 솔직하게 돌려주는 것

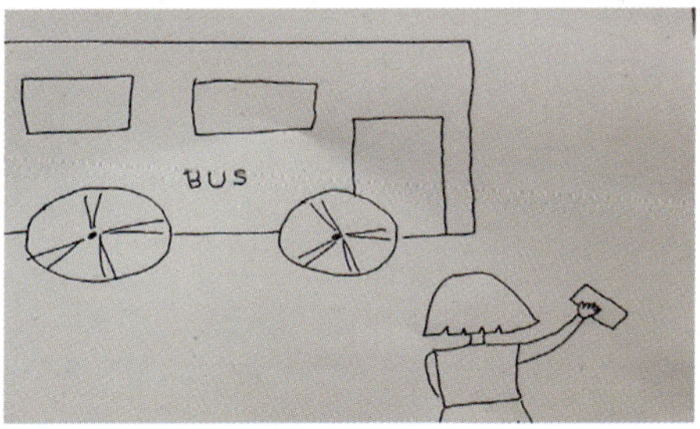

학생 요금으로 속이고 타지 않는 것

수입산 식품을 국산으로 속여 팔지 않는 것

[그림 7-3] 대학생이 인식하는 정직

정직의 구성요소는 크게 개인이 정직해야 하는 이유에 대한 신념과 사회적 책임에 대해 인식하는 '책임 판단'과 정직한 행동을 이끌어 내기 위한 '자아 통제 개념'으로 나눌 수 있다(Kohlberg & Candee, 1984). 정직 정체성이 있는 사람은 성격화된 정직의 가치가 정직한 행동을 동기화하기 때문에 있을 법한 속임수나 부정직한 행동을 피하고 정직한 사람이라는 자아개념에 따라 행동한다(장희선, 손경원, 2011).

정직은 '대화 속 정직'과 '행위 속 정직'으로 나눌 수 있다. '대화 속 정직'은 다른 사람을 속이지 않고 자신이 알고 있는 것을 최대한 사실대로 표현하는 것이다. '행위 속 정직'은 다른 사람의 것을 훔치지 않는 것, 부정행위 또는 속임수나 기만하지 않고 규칙에 따라 행동하는 것이다.

정직의 하위요인을 구체적으로 살펴보면 〈표 7-3〉과 같다.

〈표 7-3〉 정직의 하위요인

하위요인	개념	유사한 뜻	진술문
원칙주의	개인 내적 양심에 거리낌이 없고 바른 마음가짐	양심적인	속이 깊은, 평온한 마음가짐, 마음가짐이 바름
		신뢰	믿을 만한, 소신이 있는
		이성적인	이성적인, 흔들리지 않음
		고지식한	손해 보는 성격, 우직함, 융통성이 없음, 고지식한, 어려운
진실성	거짓 없이 있는 그대로 말하고 행동하는 특성	거짓말하지 않기	거짓말하지 않기
		진실 말하기	거짓 없이 사실 추구하기, 사실을 그대로 이약하기, 진실을 말하기, 솔직하기, 얄미워 보임
		속이지 않기	숨기지 않기, 속이지 않기, 꿍꿍이 없는, 겉과 속이 같은, 언행일치(言行一致)
정의성	옳고 의로운 일을 추구하려는 행동 특성	용기	남에게 끌려다니지 않기, 주변의 비난을 받을 확률 높음, 의지가 곧음, 신념 지키기, 대범함, 진실을 말할 수 있는 용기
		공정	자신의 이해관계에 얽매이지 않기, 자신의 잘못 인정하기, 나와 남을 같게 생각하기, 공정하기
		정의로운	불의와 타협하지 않기, 의로운 일 행하기, 정의를 실현하기, 옳은 일 하기, 올바른 것을 추구하기

하위요인	개념	유사한 뜻	진술문
충실성	꾸준하고 성실하며 책임감 있는 태도	성실	성실한, 바른 가치관 지니기, 바른 생활, 자신과 남에게 떳떳하기
		책임	양심의 가책을 느낌, 억지 부리지 않기, 책임지기
		일관성	일관적인, 객관적으로 행동하기, 사리분별하기, 물질 앞에서 의연하기
준법성	사회적 관계 속에서 규칙이나 규범과 같이 지켜야 할 일을 준수하려는 행동 특성	타인에게 피해 주지 않기	피해 주지 않기, 나쁜 일 하지 않기, 노력 이상의 몫을 탐내지 않기
		법과 질서 규칙준수	편법 하지 않기, 부정행위 하지 않기, 법질서 준수, 부끄러움 없기, 스스로 규칙 지킴, 규율에 맞는, 예외 없는
		배려하는	배려하는, 타의 모범, 법 없이 살 수 있음, 비밀을 누설하지 않기, 과장되지 않기

출처: 장회선(2012) 재인용.

2. 정직 함양을 위한 교수매체

대학생의 정직한 태도를 기르기 위한 방법으로 문학 기반 인성교육은 도서, 시, 명언 및 사자성어 등의 매체가 있고, 예술 기반 인성교육은 미술, 음악 등의 매체가 있으며, 영상 기반 인성교육은 영화, 다큐멘터리, 광고 등의 다양한 매체가 있다.

1) 문학 기반 인성교육

(1) 도서

링컨(Abraham Lincoln)은 미국의 대통령 중에서도 정직하기로 유명하다. 이에 『정직한 에이브』라는 책을 통해 대학생들은 정직한 사람의 모델을 본받을 수 있다.

에이브러험 링컨
정직한 에이브
신현배 글 / 장선환 그림
그레이트북스(2011)

어려서부터 '정직한 에이브(Honest Abe)'라고 불린 링컨은 뱃사공, 농부, 노동자, 장사꾼, 품팔이, 군인, 우체국 직원, 측량사, 변호사, 주의원, 상원의원, 대통령까지 다양한 직업을 체험한 사람이었다.

링컨은 스스로를 '언제나 배우려는 사람'이라고 했다. 문학적인 면에서 셰익스피어 연구로 전문적인 수준이었고, 종교 면에서 성서 연구 등 괄목할 경지에 있었다.

링컨은 많은 실패에도 불구하고 열심히 배우고 부지런히 일하고 정직하게 살았다. 한때 사업을 할 때, 동업자를 잘못 만나 파산한 경험이 있으며, 하원의원에 당선되었지만 재선에서 고배를 마시기도 했다. 상원의원 선거에도 패배, 부통령 입후보 때도 여러 차례 실패를 경험하였다. 그럼에도 불구하고 링컨은 강인한 신념을 가지고 용감하게 생활하였다.

출처: 최효섭 아동문학가 · 목사(한국일보 오피니언, 2013.2.11, 삶과 생각 中에서)

(2) 시

이기철 시인의 시 「그렇게 하겠습니다」는 정직의 함축적 표현으로, 대학생으로 하여금 정직한 자세와 태도를 되새길 수 있게 한다. 특히, 시인은 정직하지 못했을 때의 부끄러움과 괴로워하는 마음을 시어(詩語)로 잘 표현하고 있다.

그렇게 하겠습니다

이기철

내 걸어온 길 되돌아보며
나로 하여 슬퍼진 사람에게 사죄합니다
내 밟고 온 길
발에 밟힌 풀벌레에게 사죄합니다

내 무심코 던진 말 한마디에 상처받은 이
내 길 건너며 무표정했던 이웃들에
사죄합니다

내 작은 앎 크게 전하지 못한 교실에
내 짧은 지식 신념 없는 말로
강요했던 학생들에 사죄합니다

또 내일을 맞기 위해선
초원의 소와 순한 닭을 먹어야 하고
들판의 배추와 상추를 먹어야 합니다

내 한 포기 꽃나무도 심지 않고
풀꽃의 향기로움만 탐한 일
사죄합니다

저 많은 햇빛 공으로 쏘이면서도
그 햇빛에 고마워하지 않은 일
사죄합니다

살면서 사죄하면서 사랑하겠습니다
꼭 그렇게 하겠습니다

인성 씨앗 심기

정직이란 ______________________________ 이다.

왜냐하면 ______________________________ 이기 때문이다.

(3) 명언 · 사자성어

정직 관련 명언 및 사자성어를 통해 대학생들은 정직의 개념 및 중요성을 쉽게 상기시킬 수 있다.

명언

- 하나의 거짓을 관철하기 위해 우리는 또 다른 거짓말을 발견해야 한다. – 스위프트
- 진실은 빛과 같이 눈을 어둡게 한다. 거짓은 반대로 아름다운 저녁노을처럼 모든 것을 멋지게 보이게 한다. – 카뮈
- 거짓말을 하다가 들킨 사람은 진실을 말해도 아무도 믿어 주지 않는다. – 스페인 속담
- 완벽한 사람이 아닌 정직한 사람이 되라. – 앤드류 매튜스
- 거짓말을 한 순간부터 뛰어난 기억력을 필요로 하게 된다. – 코르네이유

사자성어

- 정직무사(正直無私): 정직하고 공정하며 사사로움이 없음
- 익자삼우(益者三友): 사귀어 자기에게 유익한 세 부류의 벗이라는 뜻으로, 정직한 사람, 친구의 도리를 지키는 사람, 지식이 있는 사람을 이르는 말임
- 정직청렴(正直淸廉): 공정하고 강직하며 청렴결백함
- 양두구육(羊頭狗肉): '양의 머리와 개의 고기'라는 뜻으로, 밖에는 양 머리를 걸어 놓고 실제로는 개고기를 판다는 말로 겉과 속이 다르다는 말임
- 조삼모사(朝三暮四): 아침에는 3개, 저녁에는 4개라는 뜻으로 원숭이들에게 먹이로 아침에는 4개, 저녁에는 3개인데 원숭이들이 화를 내니까 아침에는 3개, 저녁에는 4개라고 바꾸어 원숭이들이 수긍했다는 말로, 얄팍하게 남을 속이는 것을 일컬음

2) 예술 기반 인성교육

(1) 미술

프랑수아 페리에르(Francois Perrier)의 「이피게이아의 희생(*Sacrifice of Iphigenia*)」이란 미술작품은 선의의 거짓말이라는 의미를 담고 있다. 이러한 미술 매체를 통해 대학생들은 정직의 표상적 의미를 유추할 수 있다.

이피게이아의 희생(1650)
프랑수아 페리에르(Francois Perrier)

「이피게이아의 희생」의 작품 배경이 되는 이야기는 이러하다. 아버지로 인해 전쟁의 희생이 되었던 이피게네이아는 가문을 위해 동생 오레스테스와 선의의 거짓말로 토아스 왕을 속인다. 그 후, 아르테미스 여신상을 조국으로 가져가게 된다. 그림의 위쪽을 보면 하늘에서 암사슴을 데리고 아르테미스 여신이 내려오는 것을 볼 수 있다. 사제가 이피게네이아의 목을 치려는 순간 여신은 짙은 안개로 주변을 감싸고 이피게네이아를 구했으며 대신 암사슴을 놓고 사라졌다.

출처: 김원익(2011).

(2) 음악

「광대」는 인간의 이중성을 내포하는 노래로, 대학생들은 이 노래를 통해 정직에 대한 경각심을 기를 수 있다.

광대

리쌍 노래

내가 웃고 있나요
모두 거짓이겠죠
날 보는 이들의 눈빛 속에는
슬픔이 젖어 있는데
내 이름은 광대 내 직업은 수많은 관객
그 앞에서 웃음을 파는 일
슬퍼도 웃으며 내 모습을 감추는 게 철칙
오~ 이런 내 처질 손가락질 하며 날 모욕해도
더 크게 웃고 난 땀으로 목욕하고
음악이 꺼지고 막이 내리고 밤이 오면
별빛에 몸을 씻고 눈부시게 광낸 구두를 신고
달에게 청혼하듯 손을 내밀어
얼음 위를 미끄러지듯 앞으로 달려
아무도 모르게 조용히 흐르는 이 시간에
외롭게 홀로 핀 꽃 한 송이에 난 반해
사랑을 나누러 나는 간다네

3) 영상 기반 인성교육

(1) 영화

「더 헌트(The Hunt)」는 작은 거짓말이 몰고 온 재앙을 구체화시킨 영화이다. 이러한 영화 내용에 공감하고 동일시한 대학생들로 하여금 정직에 대한 경각심을 불러일으킬 수 있다.

더 헌트(2013)
감독: 토마스 빈터베르그

[줄거리]

유치원 교사 루카스는 이혼 후 고향으로 내려와 새로운 여자친구를 사귀며 아들 마커스와 함께 살게 된다. 이 마을에서는 아이가 성년이 되면 총을 선물로 주면서 사냥(더 헌트)을 할 수 있게 되는 풍습이 있다. 루카스는 유치원을 다니는 한 소녀의 거짓말로 인해 아동 성추행범으로 오해를 받게 된다. 루카스를 둘러싼 사소한 거짓말이 마을에 전염병처럼 퍼지고, 마을 사람들의 '마녀사냥'이 시작된다. 그 후 루카스는 직장에서 해고를 당하고 친한 친구들도 모두 루카스 곁을 떠난다.

결국, 루카스는 법적으로 아동 성추행에 대한 혐의가 없다는 결백을 인정받았지만 마을 사람들은 여전했다. 이로 인해 루카스는 고향을 떠난다. 1년 후 루카스는 마을로 돌아오는데, 마을 사람들은 그에게 상처를 줬다는 것을 인식하지도 못한 채 웃는 얼굴로 대한다.

[명대사]

- 내 눈을 봐. 내 눈을 보라고! 내 눈에 뭐가 보여? 뭐가 보이기나 해? 없어. 아무것도 없잖아. 그러니 그만 괴롭혀.
- 내가 바보 같은 말을 했어. 아저씨는 잘못 없어. 정말이야.
- 클라라가 무슨 죄가 있다고!
- 이렇게 선이 많은데 어떻게 넘어설 수 있을까?
- 인간은 쥐가 되고, 쥐는 인간이 된다.

(2) 다큐멘터리

'지식채널e-선택의 이유, 정직한 사회를 위하여'에서는 2013년도에 중학생들을 대상으로 설문조사를 했는데 가장 낮은 점수의 항목이 바로 정직이었다. 부정부패를 일삼더라도 부자가 되는 것이 정직하게 사는 것보다 낫다는 비율이 40% 정도가 된다는 내용을 소개하고 있다. 이 다큐멘터리는 우리 사회의 부패를 드러내는 것으로 이러한 영상을 통해 대학생들로 하여금 정직의 의미를 되새겨 볼 수 있다.

정직한 사람들이 잘살 수 있는 행복한 사회가 만들어져야 한다. 안타깝게도 뉴스를 통해 본 대한민국의 모습은 정직하지 못한 사람들이 판을 치고 부정부패가 빈번하게 일어나고 있다. 정직한 사람들이 힘들고 가난하게 살아가고, 청렴하지 않고 부정부패를 일삼는 사람들이 오히려 고위층을 장악해 부자로 사는 사회는 발전할 수가 없다.

최근까지도 고위층들의 비리가 끊임없이 터져 나오고 정치권에서도 정직한 사람은 찾아보기 드물다. 우리 사회가 왜 이렇게 되었을까? 착하고 정직하게 살면 오히려 손해 보기 쉽고, 이기적이고 기회주의적인 태도가 사회생활에 도움이 되어 성공으로 이어진다는 이중적이고 모순적인 구조가 사람들로 하여금 점차 정직에서부터 멀어지게 하는 것은 아닐까?

출처: EBS 지식채널e-선택의 이유, 정직한 사회를 위하여.

(3) 광고

화장품 브랜드 빌리프(Belif)의 '당신은 정직한가?'라는 광고와 '정직– 믿는 편이 좋습니다!'라는 짧은 영상 속에는 정직에 대한 인식을 감동 있는 메시지로 잘 보여주고 있다. 정직한 태도로 살아야 한다는 광고의 강한 메시지를 통해 대학생들은 정직한 태도를 기를 수 있다.

당신은 정직한가? by. 빌리프

출처: LG 생활건강.

정직 – 믿는 편이 좋습니다!
비디오 콘테스트 우승 작품

출처: https://www.youtube.com/watch?v=NemuUOx7Ahk.

3. '정직' 중심 인성교육의 실제

정직 | 진실성 | 영화 「라이어 라이어」

인성 관련 요소	핵심 가치 · 덕목								핵심 역량			
	예절	효	정직	책임	존중	배려	소통	협동	도덕적 예민성	도덕적 판단력	의사 결정 능력	행동 실천력
			◎		○	○				◎		○

라이어 라이어(1997)

거짓말쟁이 악질 변호사 플레처는 아내와 아들 맥스에게까지 신용을 잃는다. 맥스가 생일에 아빠가 하루만이라도 거짓말을 하지 않게 해 달라고 기도하자 소원이 이루어지고, 다음날부터 플레처는 그의 의지와는 상관없이 계속 정직한 말만 하게 되어 곤욕을 치르게 된다. 한편, 플레처는 법정에서 아이들을 진심으로 사랑하는 상대편 의뢰인을 보고 아들을 사랑하는 마음이 되살아난다.

[명대사]

– 아무도 진실만 말하고 세상을 살 수 없단다.

– 몇 년 전 친구 집에 도둑이 들었어요. 그 도둑은 부엌 천장으로 떨어져 칼에 다쳤죠. 도둑은 뻔뻔스럽게 친구에게 소송을 걸었고 당신 같은 변호사 덕분에 승소했고 친구는 도둑에게 6천 달러나 줬어요. 그게 정의예요?

감상활동

- 영화 「라이어 라이어」(1997)를 시청하고 이야기 나눈다.
  - 「라이어 라이어」에 나오는 주제는 무엇인가요?
  - 「라이어 라이어」를 보고 가장 감명 깊었던 장면과 대사는 무엇인가요?
  - 「라이어 라이어」를 보고 난 후 느낀 점에 대해 이야기해 볼까요?

활동명: 하얀 거짓말

활동 목표	• '선의의 거짓말'의 필요성에 대해 인식할 수 있다. • '선의의 거짓말'을 해야 하는 상황에 대해 이야기 나눔으로써 도덕적 판단력을 기른다. • 사회생활에 맞는 바람직한 정직을 실천할 수 있다.

활동내용

- 「라이어 라이어」의 주인공처럼 거짓말을 했던 경험을 떠올려 이야기 나눈다.
  - 가장 기억에 남는 거짓말은 무엇인지 이야기해 보아요.
  - 나의 정직점수는 몇 점인가요? 왜 ㅇㅇ만큼 정직점수를 주었는지 발표해 보아요.
  - 어떤 일이 있었나요? 그 상황으로 다시 돌아간다면 어떻게 하고 싶은지 생각해 보아요.

- 「라이어 라이어」 속 플레처가 사람들에게 정직한 말을 한 후 어떤 일이 있었는지 이야기 나눈다.
  - 플레처가 정직한 말을 했을 때 사람들의 반응을 떠올려 보아요.
  - 플레처가 정직했는데도 왜 사람들은 좋아하지 않았는지 생각해 보아요.

- '선의의 거짓말'이 왜 필요한지 이야기 나눈 후 선의의 거짓말 관련 '정직 저널' 만화를 만들어 본다.
  - '선의의 거짓말'을 한 상황에 대해 이야기해 보아요.
  - '거짓말'과 '선의의 거짓말'의 차이는 무엇인지 생각해 보아요.
  - 사회생활에서 '선의의 거짓말'이 왜 필요한지 생각해 보아요.
  - 자기 일화를 중심으로 '선의의 거짓말'과 관련된 '정직 저널' 만화를 만들어 보아요.

- '선의의 거짓말'과 관련된 일화를 생각하여 '하얀 거짓말 콜라주' 작품을 만들어 본다.
  - 스마트폰으로 '선의의 거짓말'과 관련된 장면의 사진이나 상황 그림을 찾아보아요.
  - 잡지를 활용하여 하얀 거짓말 상황 그림을 창의적으로 꾸며 보고 소개해 보아요.
  - '하얀 거짓말 콜라주' 작품에 어울리는 제목을 생각해 보아요.
  - 친구들의 '하얀 거짓말 콜라주' 작품에 대해 들어 보아요.

정직 저널

▶ 선의의 거짓말을 했던 것 중 가장 기억에 남는 일화를 생각하여 '정직 저널' 만화를 만들어 보세요.

하얀 거짓말 콜라주

▶ 스마트폰을 활용하여 '선의의 거짓말'을 할 수 있는 사진이나 상황 그림을 고른 후 잡지를 활용하여 꾸며 보세요.

정직	정의성	명화 「인간의 아들」

인성 관련 요소	핵심 가치 · 덕목								핵심 역량			
	예절	효	정직	책임	존중	배려	소통	협동	도덕적 예민성	도덕적 판단력	의사 결정 능력	행동 실천력
			◎		○		○				◎	

인간의 아들(1964)

명화 소개

르네 마그리트(Rene Francois Ghislain Magritte)의 1964년 초현실주의 작품이다.

'우리가 보는 모든 것은 다른 무언가를 숨기고 있다. 우리는 항상 보이는 뭔가에 가려진 뭔가를 보고 싶어 한다. 하지만 그건 불가능하다. 인간은 비밀을 너무 잘 숨긴다.'

페르소나(persona)는 내가 보는 '나'가 아닌 다른 사람이 보는 '나'를 더욱 중요하게 생각하는 것으로 주위의 기대와 조화에 맞추어 주는 자신의 '태도'이다. 집단과의 관계를 유지하는 동안 자신도 모르게 집단에서 원하고, 요구하는 모습으로 동화되어 자신의 본연의 모습으로 여기는 경우가 많이 있다. 자신의 진아(眞我)와 가아(假我)를 구별하여 자신의 본연의 참모습의 아름다움과 가치를 인식하고 환경 안에서 만들어 가는 자신의 모습을 인정하고 받아들인다.

감상활동

- 명화 「인간의 아들」(1964)을 감상하고 이야기 나눈다.
  - 「인간의 아들」에 나오는 주제는 무엇인가요?
  - 「인간의 아들」을 감상한 후 느낀 점에 대해 이야기해 볼까요?

활동명: 인간의 이중성

활동 목표	• 페르소나에 대해 이야기 나눔으로써 인간의 이중성에 대해 공감한다. • 명화 「인간의 아들」을 '정직의 아들'로 패러디해 봄으로써 진짜 자기를 발견할 수 있다. • 진짜 자기를 발견하기 위한 고심을 통해 도덕적 예민성을 기른다.

활동내용

- 「인간의 아들」 명화 속 장면에 가려진 표정을 추측해 본다.
  - 인간의 아들 표정에 대해 생각해 보아요.

- 페르소나(가면, mask)에 대해 이야기 나눈다.
  - 내 속에 있는 페르소나에 대해 이야기해 보아요.
  - 다른 사람이 보는 나에 대해 알아보아요.
  - 진짜 나(眞我)와 가짜 나(假我)의 모습에 대해 이야기해 보아요.

- 자신의 페르소나와 관련된 단어나 떠오르는 것을 그림으로 표현해 보세요.
  - 자신의 페르소나와 관련된 단어를 생각해 보아요.
  - 자신의 페르소나와 어울리는 색, 추상적인 형태로 표현해 보아요.
  - 자신에게 어울리는 단어나 떠오르는 것을 그림으로 그려 보아요.
  - 자신의 페르소나 작품에 대해 어울리는 제목을 생각해 보아요.

- 「인간의 아들」을 '정직의 아들'로 패러디해 보세요.
  - 진짜 나(眞我)의 모습을 찾기 위해 어떤 것들이 필요한지 생각해 보아요.
  - 「인간의 아들」 명화를 '정직의 아들'로 패러디해 보아요.

나의 페르소나 찾기

▶ 친구에게 자신에게 어울리는 단어나 떠오르는 것을 그림으로 그려 보게 하세요. 자신의 페르소나와 관련된 단어나 떠오르는 것을 그림으로 표상해 보세요.

정직의 아들 패러디

▶ 진짜 자기의 모습을 찾기 위해 「인간의 아들」을 정직의 아들로 패러디해 본다.

활·동·지·예·시

정직 저널

▶ 선의의 거짓말을 했던 것 중 가장 기억에 남는 일화를 생각하여 '정직 저널'만화를 만들어 보세요.

하얀 거짓말 콜라주

▶ 스마트 폰을 활용하여 선의의 거짓말을 할 수 있는 사진이나 상황그림을 고른 후 잡지를 활용하여 꾸며보세요.

나의 페르소나 찾기

▶ 친구에게 자신에게 어울리는 단어나 떠오르는 것을 그림으로 그려보게 하세요. 자신의 페르소나와 관련된 단어나 떠오르는 것을 그림으로 표상해 보세요.

출처 : http://blog.naver.com/ingu1995?Redirect=Log&logNo=20177105863

정직의 아들 패러디

▶ 진짜 자기의 모습을 찾기 위해 인간의 아들을 정직의 아들로 패러디해 본다.

Chapter 08

'책임' 중심 인성교육의 이해와 실제

2014년 4월 16일 전라남도 진도군 조도면 부근 해상에서 발생한 세월호 여객선 침몰은 총 승선 인원 476명 중 172명만이 구조되어 36.1%라는 저조한 생존율을 기록했다. 무능하고 무책임한 정부의 대응뿐만 아니라 국가와 행정부서 간 서로에게 책임 전가를 하는 모습과 승객의 안전보다 먼저 탈출한 선원들을 통해 무책임한 리더십의 단면을 보여 준 사례라고 할 수 있다.

이러한 사건에서도 알 수 있듯이 책임감은 현재 우리가 갖추어야 할 역량 중 매우 중요한 인성덕목이다. 그럼에도 불구하고 우리 사회는 무책임한 사례들이 날로 증가하고 있으며, 하루가 멀다 하고 이와 관련된 사건과 기사들이 쏟아지고 있다.

이에 본 장에서는 대학생들의 책임 있는 태도를 위해 책임의 필요성 및 개념을 이해하고 책임감을 위한 방법을 알아보며, 책임 중심 인성교육의 실제를 적용해 보고자 한다.

1. 책임의 필요성 및 개념

1) 책임의 필요성

출처: http://myperu.blog.me/220272829246.

영화 「브레이브 하트(Brave Heart)」의 주인공 멜 깁슨(Mel Gibson)은 자신이 공개처형을 당하는 날, 최후 변론에서 "freedom!"이라고 외치면서 끝내 처형당한다. 자유에 대한 갈망이 얼마나 처절했으면 죽는 순간에까지 저렇게 처절하게 절규했을까? 이 영화의 장면은 보는 사람으로 하여금 많은 생각에 잠기게 한다. 실제로 인간은 완전한 자유보다 적당한 구속에서 평안함을 느낀다고 한다. 왜냐하면, 안전한 자유는 그만큼 무거운 '책임'이 따르기 때문이다.

미국의 사회심리학자 스탠리 밀그램(Stanley Milgram)의 '복종 실험'은 상부 명령에 쉽게 복종하는 인간의 심리를 잘 표현해 주고 있다. 상부 명령에 복종한다는 것은 그만큼 책임으로부터 벗어날 수 있다는 것을 의미한다. 즉, 명령 주체가 책임져야 할 사항이지 자신의 책임은 아니라는 주장이다. 홀로코스트 주범이었던 아이히만이 법정에서 내세운 논리 역시 '책임 회피'였다. 자신은 그저 상부 명령에 복종한 것이지 죄가 없다는 주장이었다.

'방관자 효과(傍觀者 效果, bystander effect)'는 주위에 많은 사람이 있을수록 어려움에 처한 사람을 돕지 않게 되는 현상의 사회심리학 용어이며, '구경꾼 효과'라고도 한다. 만 명의 노인들을 대상으로 7,500억 원을 횡령한 '도요타상사 사건'은 일본 사상 최악의 사기 사건으로 불린다. 1985년 6월 18일, 주모자인 도요타상사 회장 나가노 가즈오(Kazuo Nagano)가 연행되는 장면이 전국으로 생방송 될 당시, 회장의 거주지 앞에 약 30여 명의 기자들이 연행되는 장면을 찍기 위해 모여 있었다. 갑자기 "도요타상사 회장을 죽이러 왔습니다"라고 말하며, 두 명의 남자가 아파트 창문을 깨고 침입해서 회장을 살해한 후 걸어 나왔고, 기자들을 포함한 30여 명의 목격자들은 범행을 지켜보기만 했다. 당시 회장을 살해한 두 남자는 8년 징역을 선고받았다(위키백과).

1978년 사회심리학자인 존 달리(John Darley)와 대니얼 베이트슨(Daniel Bateson)이 신학생을 대상으로 한 '선한 사마리아인 실험(Good Samaritan Experiment)'도 책임 회피에 대한 연구로 많이 인용된다. 실험군의 한 집단은 '노상강도를 만나 죽어가는 사람을 극진히 보살피는 내용'의 착한 사마리안에 대한 설교 과제를 주었고, 다른 집단은 이와 관련 없는 설교 과제를 주었다. 설교를 하러 가는데 길거리에서 강도에게 습격을 당한 것 같은 사람이 쓰러져 신음소리를 낸다. 과연 어느 집단의 사람들이 도움의 손길을 주었을까? 예상과는 달리, 변수는 착한 사마리안 설교 수강 여부가 아닌 '설교시간'에 있었다. 즉, 설교시간이 촉박한 사람은 노상강도를 외면했고, 설교시간이 여유가 있었던 사람은 쓰러진 사람을 도왔다. 이 실험에서도 알 수 있듯이 촉박한 시간이 주는 '책임 회피'에 우리는 주목할 필요가 있다. 도와주고 싶지만 설교시간 때문에 어쩔 수 없다는 이유로 도움을 주지 못한다는 변명이 작동한 것이다.

출처: http://blog.naver.com/lim9217/221225940861.

현대사회는 세월호 사건과 같이 사회적 책임과 관련된 큰 이슈에서부터 이혼 앞에서 자신의 아이를 책임지지 않겠다고 상대방 양육자에게 맡기려는 무책임한 부모, 국민들의 건강과 안전을 간과한 채 기업의 물질적인 이익만을 앞세우며 성장하고 있는 무책임한 기업, '나 하나쯤이야.' 하고 환경오염의 심각성을 잊은 채 무방비하게 자연과 환경을 훼손하는 사람들까지 그 심각성은 날로 더해 가고 있다.

공동체 생활에서 책임감 없는 행동은 관계에 신뢰를 잃게 되고 타인에게 피해를 입힐 뿐만 아니라 결국 자신도 곤경에 처하게 된다. 책임감이 결여된 사람은 자신이 하는 일에 책임을 지지 않고 다른 사람의 권리를 존중하지 않으며, 자신의 이익과 욕구에만 관심을 갖는 자기중심적인 태도를 보인다. 또한, 그들은 부정적인 결과에 대해 타인이나 환경의 탓으로 돌리며, 자신과 타인, 사회에 해를 끼치는 행동을 하는 경향이 높다(서경덕, 2013).

교육에 있어서 학교에서는 미래 사회를 살아갈 대학생들에게 인성과 함께 21세기 글로벌 인재가 지녀야 할 특성으로 책임감을 지닌 학습자의 역량을 길러 주어야 한다(문용린, 최인수, 2010). 학습자에게는 자신과 타인과의 긍정적인 관계 맺기를 통해 효율적인 문제해결능력을 발휘하여 개인적 또는 공동으로 노력하게 되는 책임지기의 과정을 경험할 수 있도록 해야 한다. 또한, 자기 피드백을 통해 반성적 기회를 가지며, 반복적인 훈련과 실제 현실 상황과 연계하여 쉽게 적용해야 한다. 인간은 알고, 느끼며, 행동하는 것을 분리하여 배우지 않기 때문에 인지 · 정의 · 행동 측면을 통합적으로 다루는 것이 필요하다(Lickona, 1991).

이에 21세기를 짊어지고 갈 대학생으로서 자신의 일을 수행함에 있어서 책임감 있는 실천을 위해, 책임에 대한 기초 이론을 토대로 다양한 관련 교수매체를 통해 책임에 대한 인식을 높이고, 책임 관련 활동을 통해 행동실천력을 고취시켜야 할 것이다.

2) 책임의 개념

책임(責任)은 상호 의존적으로 결합된 인간 공동체 내에서 공동선(公同善)의 실현을 위해 각 구성원들에게 부여된 역할과 의무를 충실히 이행하는 것을 말한다(유병열, 2004). 인간은 누구라도 자신에게 맡겨지는 책임이 있으며, 주어진 책임을 성실하고 충실하게 해낼 의무가 있다. 이러한 책임은 인간이 주어진 과제, 곧 주어진 일을 다함으로써 사회에 이바지하는 것을 요구하고 공동생활을 위한 사회의 분업을 전제로 하여 개인의 행동을 전체의 목표에 연결시키는 도덕적인 덕목인 것이다(이규호, 1989).

학자별 책임에 대한 정의를 살펴보면 〈표 8-1〉과 같다.

〈표 8-1〉 학자별 책임의 개념

학자	책임에 대한 정의
포스터 (Foster, 1962)	다른 사람에게 불쾌감을 주지 않고, 타인을 존경하며, 자신과 타인, 사회에 이로움을 주는 행동을 하는 것
릭코나 (Lickona, 1991)	책임감을 존중의 확대로 보면서, 내가 맡은 일을 중히 여기는 마음으로 자신과 타인, 그리고 공동체를 위해 최선을 다하는 것
힐슨 (Hellison, 1995)	자신에 대한 특성을 이해하고, 자기 스스로 선택하고 책임지는 행동을 하는 것, 어려움에 처해 있거나 도움을 필요로 하는 사람을 도와주기 위한 선택을 하고 행동으로 옮기는 것
유병열 (2004)	상호 의존적으로 결합된 공동체 내에서 공동선을 실현하기 위해 각 구성원들에게 부여된 역할과 의무를 충실히 이행하는 것
미국 연방정부 교육부 (2005)	신뢰를 주고 약속을 지키며 의무를 다하고 말과 행동에 대한 책임을 지는 것
문용린, 최인수 (2010)	자신의 능력을 조절하여 하고자 하는 임무를 완성하고 나아가 자신의 역할을 다하여 세상에 기여하고자 하는 것
단현국 (2014)	자신과 다른 사람을 신뢰하며, 자신이 해야 할 일을 선택하여 스스로 수행하고, 긍정적인 본보기를 보이며 형성시켜 가는 행동의 일체

책임을 실현하는 사람은 자신이 선택한 것에 대해 인내와 끈기를 발휘해서 최선을 다하고, 자신이 선택한 범위를 벗어난 상황에서 자신의 역할과 지위를 인식하여 의무를 다하며, 이를 해내려는 동기가 있다(이명준 외, 2011).

책임감 있는 사람은 자신이 할 수 있는 모든 것을 수행하며, 무책임한 행동을 하지 않는다. 즉, 그들은 자신과 타인을 잘 돌보고 존중할 줄 알고, 의무를 다하며, 자신에게 부여된 책임을 수행하려는 성향이 강하다. 특히, 책임감 있는 사람은 자신이 해야 할 일은 스스로 수행함으로써 자신의 생각과 감정, 행동에 대한 책임을 지며, 다른 사람에게 걱정이나 근심걱정을 끼치지 않을 뿐만 아니라 오히려 다른 사람에게 도움을 준다.

[그림 8-1]은 대학생들이 생활 속에서 인식하는 책임의 개념이다.

조별 과제 시 참석해서 수행하는 것

유치원 교사로서
아이들을 끝까지 보호할 책임감을 가지는 것

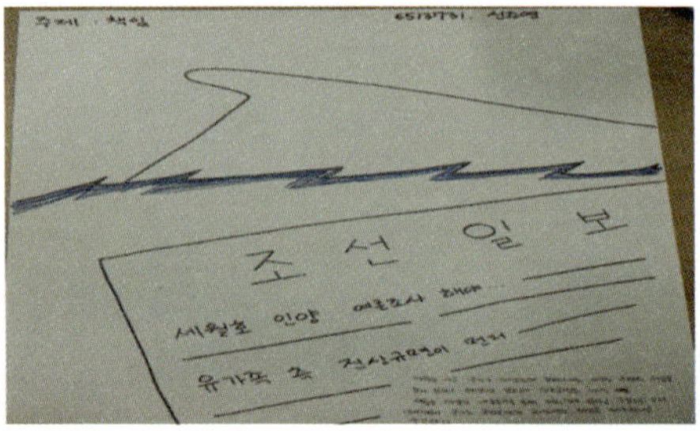

세월호 사건에 대한 국가적 책임

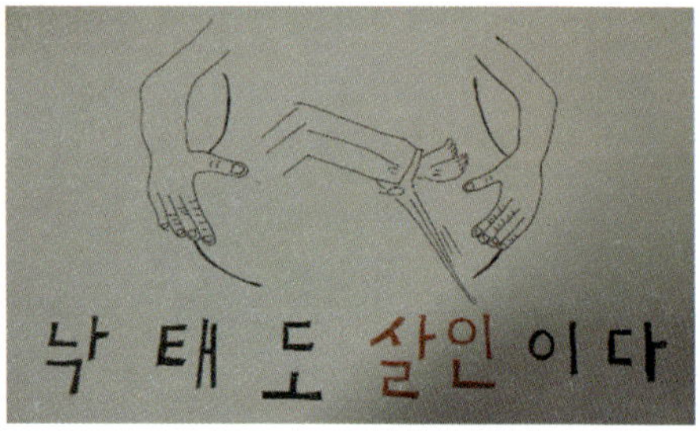

태어날 생명에 대한 책임

[그림 8-1] 대학생이 인식하는 책임

힐슨(Hellison, 1995)은 책임의 하위요인을 개인적 책임, 사회적 책임으로 나누었다.

- 개인적 책임: 자기 자신이 해야 할 일을 스스로 선택하고 책임지는 행동과 태도를 보이는 것, 노력하기와 자기 감독 등
- 사회적 책임: 어려움에 처해 있거나 도움이 필요한 사람이 있음을 알고 그들을 돕는 선택을 하여 행동으로 옮기는 것, 타인의 권리와 감정을 존중하기와 타인을 배려하고 돕기 등

책임감 있는 사람이 되기 위한 책임감 기르기는 다음과 같다.

책임감 기르기

1. 자제력 기르기
2. 의욕을 잃지 않게 계속해서 자신에게 다짐하기
3. 어려운 일을 해결할 줄 알기
4. 다중작업(Multitasking)에 능숙해지기
5. 헌신하는 법 배우기
6. 일관성 있는 사람 되기
7. 믿을 수 있는 사람 되기
8. 다른 사람의 충고 받아들이기

출처: https://rightnow888.tistory.com/99.

2. 책임 함양을 위한 교수매체

대학생의 책임감을 기르기 위한 방법으로 문학 기반 인성교육은 도서, 시, 명언 및 사자성어 등의 매체가 있고, 예술 기반 인성교육은 미술, 음악 등의 매체가 있으며, 영상 기반 인성교육은 영화, 다큐멘터리, 광고 등의 다양한 매체가 있다.

1) 문학 기반 인성교육

(1) 도서

생텍쥐페리(Saint-Exupery, 1900~1944)의 『어린 왕자』 책을 통해 양극화되고 있는 현대사회에서 대학생으로서 존경받는 사회적 책임인이 되기 위한 태도를 기르게 될 것이다.

어린 왕자(2015)
생텍쥐페리 지음 /
황현산 옮김 / 열린책들

여우가 말했다.
"비밀을 말해 줄게. 아주 간단한 거야. 잘 보기 위해서는 마음의 눈으로 보아야 해. 가장 중요한 것은 눈에는 보이지 않으니까."
"가장 중요한 것은 눈에는 보이지 않으니까."
어린 왕자가 그 말을 기억해 두기 위해서 되풀이했다.
"네 장미꽃이 그토록 중요한 꽃이 된 것은, 네가 그 꽃을 위해서 바친 그 많은 시간들 때문이야."
"내가 그 꽃을 위해서 바친 그 많은 시간들 때문이야……."
어린 왕자는 그 말을 기억해 두기 위해서 되풀이했다.
"사람들은 이 진리를 잊어버렸어. 하지만 너는 잊어버리면 안 돼." 하고 여우는 계속 이어 말했다.
"네가 길들인 것에 대해서 너는 영원히 책임을 느끼게 되는 거야. 너는 네 장미꽃에 대해 책임이 있어……."
"나는 내 장미꽃에 대해 책임이 있어……."
어린 왕자는 그 말을 기억해 두기 위해 다시 한번 되풀이해서 말했다.

출처: 생텍쥐페리의 『어린 왕자』 中.

(2) 시

복효근 시인의 시 「울음의 빛깔」은 책임의 함축적 표현으로, 대학생들로 하여금 책임 있는 자세와 태도를 되새길 수 있게 한다. 특히, 시 구절의 단어마다 가족에 대한 책임을 느낄 수 있으며, 책임감 있는 삶에 대한 의지를 잘 표현하고 있다.

울음의 빛깔

복효근

봄에 온 철새들은
봄 한 철 제 목청껏 운다

새에게 울음은
짝짓고 새끼 기르는 데 불가분 관련이 깊겠거니
그처럼 애간장을 녹이는 일이 어디 있으랴
비바람 숭숭한 둥지 하나 틀어 놓고
사랑한다, 내 아이를 낳아 줘, 여기는 내 처와 내 새끼들이 사는 곳
함부로 침범하지 말라 외치는 일

뜨겁거나 아주 차갑거나
이불 같거나 가시 같은 그것이 피륙으로 짜여
울음은 봄날을 꽃빛으로 혹은 핏빛으로 물들이기도 하는 것인데

여름 깊으면
그렇게는 요란스럽게 울지 않는다
열병 같은 한고비 넘겨서였겠거니
그렇다고 새가 울지 않는 것은 아니다
통곡만이 울음이 아니듯이
어느 가파른 곳에 이르렀거나 급한 굽이에서
암중모색 흐느끼는 울음도 있으려니

적금 하나 허물고
보험 하나 해지하여 아이들에게
서울 가까운 곳에 새 둥지 같은 원룸 하나 구해 주고 돌아온 날
오랜만에 아버지 어머니 산소에 다녀와서

밤늦게 소주를 마시며
적시는 눈물 같은 것으로
새의 울음도
짙은 녹음 빛깔로 고요히 깊어지기도 할 것이므로

인성 씨앗 심기

책임이란 ______________________________ 이다.

왜냐하면 ______________________________ 이기 때문이다.

(3) 명언 · 사자성어 · 속담

책임 관련 명언 · 사자성어 및 속담을 통해 대학생들은 책임의 개념 및 중요성을 쉽게 상기시킬 수 있다.

명언

- 경솔한 말이나 농담, 혹독한 명령, 남을 배려하지 못한 이러한 것들을 조심하지 않고는 책임 있는 높은 위치에 있을 수 없다. – 나이팅게일
- 미국의 국민에 대하여, 그리스도의 세계에 대하여, 역사에 대하여, 더욱 나라는 일개 인간의 궁극적 인격에 있어서 하나님의 대하여, 나는 책임을 지지 않으면 안 된다. – A. 링컨
- 군자는 자기에게 책임을 추궁하고 소인은 남에게 추궁한다. – 공자
- 마음을 정하는 것은 대단히 중요하다. 나의 일을 내가 결정하지 못하면 다른 사람들이 결정해 버린다. 우리가 선택한 것에 대해 전적인 책임을 질 때만 풍족한 삶을 살 수 있다. – 스티브 구디어
- 책임과 권위는 동전의 양면과 같다. 권위 없는 책임이란 있을 수 없으며, 책임이 따르지 않는 권위도 있을 수 없다. – 막스 베버

사자성어

- 의인물용(疑人勿用), 용인물의(用人勿疑): 믿지 못할 사람은 쓰지 말 것이며, 일단 쓴 사람은 의심하지 말라.
- 미생지신(尾生之信): 옛날에 미생이란 사람이 다리 밑에서 여자와 만나기로 약속하고 기다려도 오지 않으므로, 물이 차도록 떠나지 않고 기다리고 있다가 결국 다리를 안고 죽었다는 이야기
- 질풍지경초(疾風知勁草): 강한 바람이 불 때 약한 풀은 다 쓰러지므로 비로소 굳센 풀이 눈에 띈다는 뜻으로, 간난을 당하여도 굳은 절개와 신뢰를 알 수 있게 된다는 말
- 거경신(巨卿信): 한나라 범식이라는 사람이 친구 장원백과 봄에 이별하고 그 가을 구월 보름에 만나기로 약속하였는데, 천 리를 불구하고 찾아와 신의를 지킨 이야기

속담

- 김 씨가 먹고 이 씨가 취한다: 좋지 못한 결과에 대하여 남에게 책임을 지운다는 뜻
- 도둑의 때는 벗어도 자식의 때는 못 벗는다: 자식의 잘못은 어쩔 수 없이 부모가 책임을 져야 한다는 뜻
- 뱁새는 작아도 알만 잘 낳는다: 생김새가 작고 볼품없어도 제구실을 다한다는 말
- 자기가 뿌린 씨는 자기가 거두지 않으면 안 된다(영국): As you sow shall reap.
- 스스로 지면 짐이 무겁지 않다(영국): A voluntary burden is no burden.

2) 예술 기반 인성교육

(1) 미술

프리다 칼로(Frida Kahlo)의 그림 「떠 있는 침대」는 아이에 대한 책임의 의미를 담고 있다. 이러한 미술 매체를 통해 대학생들은 책임의 상징적 의미를 유추할 수 있다.

떠 있는 침대(1932)
프리다 칼로(Frida Kahlo)

칼로가 일생을 다해 사랑한 남자 디에고 리베라는 칼로에게 정신적 동반자였고 예술적 영감을 주는 사람이었다. 그러나 디에고 리베라는 여성편력이 심해 결혼을 하고서도 외도를 계속했다. 아이를 낳고 싶었던 칼로, 그러나 그녀는 아이를 품지 못하는 몸이었고, 몇 차례 유산을 하면서 아이에 대해 채워지지 않는 갈증을 그림으로 승화시켰다.

이 작품은 유산 후, 칼로의 감정을 담은 작품이다. 앞으로도 출산과 동반되는 모성애를 느낄 수 없다는 것을 슬퍼하는 감정을 잘 보여 주고 있다.

(2) 음악

언타이틀의 「책임져」는 이성 간의 사랑과 이별 과정에서의 책임에 대한 노래이다. 대학생들은 이 노래를 통해 사랑에 대한 책임을 느낄 수 있다.

책임져(1996)

언타이틀 노래

책임져 전부 다 책임져
정말 말도 안 되게 됐어
이렇게 될 줄은 누구도 몰랐어
폐인이 되버린 날
책책책 책 책임쳐
너 혼자 행복하면 슬퍼져
아무것도 난 할 수가 없어
제발 내 인생 책임져

우연히 널 만났고 너를 사랑하게 됐지
하루하루 시간이 가는 줄도 몰랐었지
하지만 싫증이 났니 아니면 내가 잘못을 했니
갑자기 날 떠나갔고 난 폐인이 되버렸어
그렇게 망친 내 인생 책임져
날 떠난 후 너는 행복하니 난
그렇지 않아 내 인생 책임져
너 하나 때문에 아무것도 할 수 없게 됐어 난
처음으로 알게 된 너의 큰 사랑 속에서
데이트 또 데이트 매일 너만 생각했지
하지만 싫증이 났니 아니면 내가 잘못을 했니
갑자기 날 떠나갔고 난 폐인이 되버렸어
그렇게 망친 내 인생 책임져
날 떠난 후 너는 행복하니 난
그렇지 않아 내 인생 책임져
너 하나 때문에 아무것도 할 수 없게 됐어 난
하지만 싫증이 났니 아니면 내가 잘못을 했니
갑자기 날 떠나갔고 난 폐인이 돼버렸어
그렇게 망친 내 인생 책임져
날 떠난 후 너는 행복 하니 난
그렇지 않아 내 인생 책임져
너 하나 때문에 아무것도 할 수 없게 됐어 난
그렇게 망친 내 인생 책임져
날 떠난 후 너는 행복하니 난
그렇지 않아 내 인생 책임져
너 하나 때문에 아무것도 할 수 없게 됐어 난

3) 영상 기반 인성교육

(1) 영화

연상호 감독의 영화 「부산행」은 근본적으로 부모로서의 책임, 직업적 책임, 공동체 의식이라는 세 종류의 책임이 묘사되어 있다. 이 영화는 책임에 비례해 권리가 따르지만, '권리만 누리고 책임은 지지 않는다'는 사람들의 이기적인 속성이 잘 드러난다. 이는 대학생들로 하여금 이러한 영화 속 상황에 공감하게 하고 개인, 국가, 사회적 책임에 대해 생각해 보는 시간을 가지게 할 것이다.

부산행(2016)
감독: 연상호

[줄거리]

영화 「부산행」은 한국 최초의 좀비 블록버스터를 지향한 작품으로 '책임'에 대해 생각해 볼 수 있는 영상이다.

영화 속에는 정체불명의 바이러스가 전국으로 확산되고 대한민국에 긴급재난경보령이 선포된다. 그러한 가운데, 열차에 몸을 실은 사람들은 단 하나의 안전한 도시 부산까지 살아가기 위한 치열한 사투를 벌이게 된다. 치열한 사투 속에서 자신만 살아남겠다는 고위층 간부를 비롯하여 여자아이와 배 속의 아이를 보호하기 위한 아버지들의 치열한 열전이 기다리고 있는데…….

[명대사]

- 아빠, 아빠는 왜 자기 생각만 해요? 그래서 엄마가 떠난 거잖아요.
- 원래 아빠는 그렇게 희생하는 거야. 어때? 내 말이 멋있어 보이냐?
- 왜 그랬어! 다 태울 수 있었잖아! 이 ***야!
- 정부는 절대로 여러분들을 버리지 않겠습니다.
- 여기 있는 사람들은 살아야 할 거 아냐!
- 저희 잘못 아니죠? 저희는 그냥 시키는 대로 하는 사람들이잖아요.

(2) 다큐멘터리

'제노비스 신드롬(Genovese syndrome)'이라고도 하는 '침묵한 38인의 목격자'는 누군가 경찰에 신고를 했을 것이라는 책임 회피성 추측이 끔찍한 비극을 초래한 내용이다. 책임감 분산 효과로 표현되며, 사건을 목격한 사람이 많을수록 개인의 책임감이 적어지기 때문에 도움을 줄 가능성이 낮아진다는 법칙을 잘 드러내고 있다. 따라서 대학생들로 하여금 현대사회에서 책임 분산에 대한 의미와 자신의 도덕적 책임의식에 대해 깊이 있게 생각해 볼 기회를 제공할 것이다.

출처: EBS(2008. 6. 12. 지식채널e-38인의 목격자).

1964년 3월 13일 금요일 새벽 3시, 뉴욕 퀸스 지역에서 20대 후반의 한 여성 제노비스(Genovese)가 귀가 중에 아파트 앞에서 죽는다. 범인은 윈스컨 모즐리(Winston Moseley)라는 사람으로 살해 동기는 '묻지마 살인'이었다. 어떤 동기나 이유도 없이 범인은 35분 동안 세 차례나 범행 장소로 돌아와 죽어가는 여성을 칼로 찔렀다. 여성은 필사적으로 소리치며 도움을 요청했지만, 비명소리를 들은 아파트 주민들은 불을 켜고 창문에서 몰래 지켜보기만 했다. 이 잔혹한 살인의 광경을 직접 목격한 증인들은 모두 서른여덟 명이었다. 수사가 시작되자, 사건 자체보다 더욱 충격적인 사실은 여성이 범죄에 희생당하는 동안, 끔찍한 비명소리를 들으면서도 목격자인 38명의 아파트 주민들은 창문을 열어 바라볼 뿐, 도움은커녕 여성이 완전히 목숨을 잃었을 때까지 살인을 저지하려는 행동을 하거나 경찰에 전화를 거는 신고조차 하지 않았다는 것이다. 도대체 왜 이날의 목격자들은 왜 스스로의 신변에 직접적인 위협이 없었음에도 불구하고 어떠한 도움도 주지 않았던 것일까?

(3) 광고

'실화(失和) 책임광고'와 빌리프의 광고 '제3회 플래너즈 보도국 영상제-책임 의식 광고'에서 우리의 책임 의식을 감동 있는 메시지로 잘 보여 주고 있다. 책임 있는 태도로 살아야 한다는 이 광고의 강한 메시지를 통해 대학생들은 책임감의 중요성을 인식할 수 있다.

실화(失和) 책임 광고

출처: 한국화재보험협회(https://www.youtube.com/watch?v=JYCR6I6g7OY)

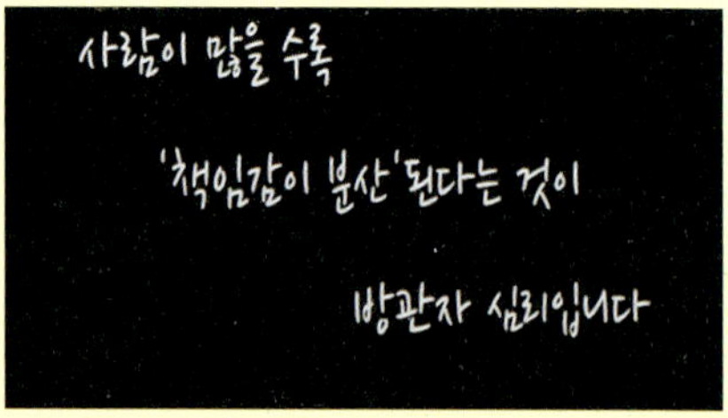

제3회 플래너즈 보도국 영상제 책임 의식 광고

출처: https://www.youtube.com/watch?v=MDdOaobGbQY

3. '책임' 중심 인성교육의 실제

책임	개인적 책임	영상 「타임머신」

인성 관련 요소	핵심 가치 · 덕목								핵심 역량			
	예절	효	정직	책임	존중	배려	소통	협동	도덕적 예민성	도덕적 판단력	의사 결정 능력	행동 실천력
				◎	○	○					◎	

타임머신(2002)
감독: 사이먼 웰스

시간여행이 가능하다고 믿는 과학자이자 발명가 알렉산더 하트겐은 약혼녀 엠마를 잃고 과거를 바꾸기 위해 4년간 타임머신 개발에 매달린다. 결국, 그는 타임머신을 완성하여 과거로 되돌아가는데, 과거는 결코 변하지 않는다는 무서운 교훈을 깨닫는다. 그는 미래에는 해답이 있을 것으로 확신하며 타임머신을 타고 2030년 미래로 향하지만 미래에서도 아무런 해답을 얻지 못하고 현실로 돌아가려던 중 무려 80만 년 후의 미래로 가버렸다. 그곳에는 빛의 종족 엘로이족과 어둠의 종족 머록족이 대치하고 있다. 머록족은 엘로이족을 사냥하러 지하세계에서 나타나는 끔찍한 괴물들. 이들은 수 세기 동안의 진화를 거쳐 스파이와 사냥꾼이라는 두 계급으로 분화된 채 우버 머록이라는 인간을 닮은 독재자의 지배를 받게 된다. 알렉산더는 이 싸움에 휘말려 생사를 넘나드는 모험을 겪게 되는데...

[명대사]

- 우리에겐 모두 타임머신이 있지. 우리를 과거로 인도해 주는 것은 기억이고 우리를 미래로 인도해 주는 것은 꿈이지.
- 과거는 바꿀 수 없지만 미래는 바꿀 수 있다.
- 때로는 끔찍한 현실이라 해도 인정하고 받아들여야 해. 그리고 싸워야 하지.

감상활동

- 영화 「타임머신」(2002)을 시청하고 이야기 나눈다.
  - 「타임머신」에 나오는 주제는 무엇인가요?
  - 「타임머신」을 보고 가장 감명 깊었던 장면과 대사는 무엇인가요?
  - 「타임머신」을 보고 난 후 느낀 점에 대해 이야기해 볼까요?

활동명: 내 인생 목표 달성 점수는?

활동 목표	• 본받고 싶은 인생모델과 미래 인생을 설계해 봄으로써 책임에 대한 개념을 안다. • 미래 인생설계도를 작성해 봄으로써 의사결정능력을 기른다. • 미래를 위해 현재 자신에게 주어진 책임을 실천할 수 있다.

활동내용

- 자신이 본받고 싶은 인생 모델에 대해 이야기 나눈다.
  - 자신이 본받고 싶은 롤모델에 대해 알아보아요.
  - 다른 친구들이 발표한 롤모델은 어떤 인물들이 있었는지 떠올려 보아요.
  - 나와 친구들의 롤모델의 공통점은 무엇인지 찾아보고 어떤 인성덕목들을 갖추고 있는지 발표해 보아요.

- 미래 인생설계도를 작성해 본다.
  - 자신의 인생 목표 3가지를 작성해 보아요.
  - 자신의 인생 목표 달성을 위해 지금 하고 있는 일은 무엇인지 발표해 보아요.
  - 자신의 인생 목표 달성에 방해가 되는 습관 및 환경 요소는 무엇인지 생각해 보아요.
  - 만약 타임머신을 타고 미래에 갔다면, 과연 자신의 인생 목표 달성 점수는 몇 점을 받을 수 있는지 생각해 보아요.
  - 그렇게 생각한 이유는 무엇인지 발표해 보아요.

- 자신이 설계한 미래 인생설계도를 친구들에게 소개한다.
  - 자신의 미래 인생설계도를 친구들에게 소개해 보아요.
  - 자신의 미래 인생설계도를 지키기 위해 스스로 다짐해 보아요.
  - 이 활동을 통해 알게 된 점과 느낀 점은 무엇인지 발표해 보아요.

나의 롤모델은?

▶ 자신이 본받고 싶은 롤모델에 대해 적어 보세요.

▶ 나와 친구들의 롤모델은 어떤 공통점을 가졌나요? 공통된 인성덕목을 구체적으로 적어 보세요.

내 인생 목표 달성 점수는?

▶ 자신의 인생 목표 3가지를 세워 보세요.

-
-
-

▶ 자신의 인생 목표를 달성하기 위해 내가 하고 있는 일을 기록해 보세요.

▶ 자신의 인생 목표의 달성에 방해가 되는 습관, 환경 요소 등은 무엇인지 찾아 보세요.

▶ 타임머신을 타고 미래에 갔다면, 과연 나는 내 인생 목표 달성 점수를 얼마나 줄 수 있을까요? 그 이유는 무엇인지 기록해 보세요.

________________점

이유: ________________________________

책임 | 진실성 | 영상 「티모시 그린의 이상한 삶」

인성 관련 요소	핵심 가치 · 덕목								핵심 역량			
	예절	효	정직	책임	존중	배려	소통	협동	도덕적 예민성	도덕적 판단력	의사 결정 능력	행동 실천력
			○	◎	○						◎	

티모시 그린의 이상한 삶(2012)

불임판정을 받은 부부는 아이가 생기길 바라는 마음을 담아 마당에 상자 하나를 묻었다. 그런데 그 자리에서 부부의 아이, 티모시가 태어난다. 남들의 눈에 조금은 달라 보이는 아이 티모시. 부부는 티모시를 통해 새로운 세상을 경험한다.

[명대사]

- 때로는 자식이 부모를 만듭니다.
- 우리는 티모시가 완벽한 아이가 되길 바라지 않았어요. 다만, 완벽한 어린 시절을 만들어 주고 싶어요.

감상활동

- 영화 「티모시 그린의 이상한 삶」(2012)을 시청하고 이야기 나눈다.
  - 「티모시 그린의 이상한 삶」에 나오는 주제는 무엇인가요?
  - 「티모시 그린의 이상한 삶」을 보고 가장 감명 깊었던 장면과 대사는 무엇인가요?
  - 「티모시 그린의 이상한 삶」을 보고 난 후 느낀 점에 대해 이야기해 볼까요?

활동명: 티모시 그린의 부모 되기

활동 목표	• 미래 인생설계를 통해 현재 자신의 삶에 대한 책임의 중요성을 인식한다. • 미래 인생설계도 작성해 봄으로써 의사결정능력을 기른다. • 미래를 위해 현재 자신에게 주어진 책임을 실천할 수 있다.

활동내용

- **티모시 그린의 부모에 대해 이야기 나눈다.**
  - 티모시 그린의 부모에 대해 이야기해 보아요.
  - 티모시 그린 부모의 바람직한 면, 그렇지 못한 면을 찾아보고 발표해 보아요.
  - 티모시 그린의 부모는 어떤 인성덕목들을 갖추고 있는지 생각해 보아요.
  - 티모시 그린이 행복하려면 티모시 그린의 부모는 어떻게 해야 하는지 이야기해 보아요.

- **무책임한 부모의 사례를 들어 이야기 나눈다.**
  - 뉴스나 신문기사, 또는 주변에서 본 무책임한 부모의 예를 찾아보아요.
  - 그들은 왜 자신의 아이에게 무책임하게 행동했는지 그 이유에 대해 생각해 보아요.
  - 무책임한 부모에 대한 생각과 느낌을 발표해 보아요.

- **좋은 부모가 되기 위한 책임에 대해 이야기 나눈다.**
  - 어떤 준비(책임을 다할 수 있을 때)가 되었을 때, 부모가 될 수 있는지 이야기해 보아요.
  - 내가 만약 아이 엄마, 아빠가 된다면 어떤 느낌인지 생각해 보아요.
  - 나의 아이를 책임지기 위해 나는 어떤 것들을 할 수 있는지 발표해 보아요.

티모시 그린 부모는?

▶ 영화 속 티모시 그린의 부모 모습 중 바람직한 면과 바람직하지 못한 면을 찾아보세요.

바람직한 면	바람직하지 못한 면

▶ 티모시 그린이 행복하려면 티모시 그린의 부모는 어떻게 했어야 했나요?

책임감 있는 부모

▶ 뉴스나 신문기사, 또는 주변에서 본 무책임한 부모의 예를 콜라주해 보세요.

▶ 책임감 있는 부모의 모습이나 태도를 찾아보세요.

활 · 동 · 지 · 예 · 시

나의 롤 모델은?

▶ 자신이 본받고 싶은 롤 모델에 대해 적어보세요.

나의 롤 모델은 유재석이다. 재미있고 뛰어난 언변, 사람을 설득하는 눈빛과 마음, 착한 성품을 닮고 싶다. 사람들을 즐겁고 행복하게 해준다는 점에서 크게 본받을 만하다고 생각한다.

▶ 나와 친구들의 롤 모델은 어떤 공통점을 가졌나요? 그들의 인성덕목을 구체적으로 적어보세요.

책임 자신이 맡은 바를 끝까지 완수하고 정성을 다하는 자세

선한 영향력 주위 사람들에게 긍정적이고 좋은 영향을 끼치는 것

긍정 생각, 말투, 표정 전반에 긍정적인 요소가 있는 것

내 인생 목표 달성 점수는?

▶ 내 인생 목표 3가지를 적어 보아요.

- 건강하기
- 행복하기
- 원하는 것 이루기

▶ 내 인생 목표를 달성하기 위해 내가 하고 있는 일은 무엇인가요?

① 운동하기, 편식하지 않기, 일정한 수면 주기 지키기.
② 많이 웃기, 취미 가지기, 가족·친구와 잘 지내기
③ 열심히 공부하기, 최선을 다하기, 구체화하기, 장기적·단기적 계획 세우기

▶ 내 인생 목표의 달성에 방해가 되는 습관, 환경 요소 등은 무엇인가요?

많이 자는 습관, 게임, 여가 시간 등

▶ 타임머신을 타고 미래에 갔다면, 과연 나는 내 인생 목표 달성 점수를 얼마나 줄 수 있을까요? 그 이유는 무엇인가요?

100 점

이유 : 어떠한 미래이든간에 최선을 다했을 것이기에 후회 없이 점수를 줄 것 같다.

책임감 있는 부모

▶ 뉴스나 신문기사, 또는 주변에서 본 무책임한 부모의 예를 콜라주 해보세요.

▶ 내가 부모라면 자녀를 책임지기 위해 할 수 일에는 어떤 것들이 있을까요?

진심을 다해 아이 키우기. 올바른 길 제시하기.
창의력을 극대화해주기. 인성 교육하기.
자녀가 하는 일, 가는 길 물심양면으로 보조해주기.
내 삶이 다하는 날까지 사랑으로 대하기.
자녀가 사랑받는 사람이란 것을 항상 알려주기.

서 의원은 오늘(10일) 국회에서 기자회견을 열고 "의무를 다하지 못한 부모가 혈육이란 이유로 자녀 재산을 상속 받는 것은 크나큰 맹점"이라며 이같이 밝혔습니다. 기자회견에는 가수 고 구하라씨와 고 강한얼 소방관의 유가족도 참석해 민법 개정안 처리를 호소했습니다. 앞서 서 의원은 구하라법이 지난 20대 국회에서 처리되지 못하자 21대 국회에서 재발의했습니다. 법조계에서는 '부양의무를 현저히 게을리한 사람'이란 기준이 모호하다는 우려가 공존합니다. 이에 서 의원은 "판례로 구체화시킬 수 있는 법률 용어"라고 반박했습니다.

(서영교 '구하라법' 국회 통과 촉구…"무책임 부모 상속 막자", 연합뉴스, 2020. 11. 10)

Chapter 09

'존중' 중심 인성교육의 이해와 실제

"존중받고 싶으면, 먼저 상대를 존중하라."라는 말은 다른 사람을 진심으로 존중하고 귀하게 대접한다면 서로 존중받을 수 있다는 의미이다. 즉, 내가 상대방을 무시하는 행동을 했기 때문에 자신도 무시를 당한다는 '거울효과'인 것이다. 이는 내 행동에 따라 상대방도 같이 반응을 하게 되므로 거울과 같다는 것이다.

이처럼 인간관계의 성립은 존중의 마음에서부터 출발이 되어야 한다. "좋은 것을 심으면 좋은 것이 나오고, 나쁜 것을 심으면 나쁜 것이 나온다."는 옛말처럼 서로 균형을 이루지 못하면 아무리 좋은 마음과 존중의 마음으로 대해도 자존감을 상실하게 되는 일이 생길 수 있는 사회에 우리는 살고 있다.

사람마다 존중받고 인정받고자 하는 마음은 크나, 먼저 존중을 실천하는 것은 쉽지 않다. 자신이 상대로부터 대우받기를 원할 때, 남을 먼저 대우하는 것이 바로 존중이다. 존중은 성별과 인종, 종교와 능력에 상관없이 모든 사람들의 갈망이므로 상대방을 존중하는 일상적인 노력이 있다면 자신도 존중받을 수 있을 것이다.

이에 본 장에서는 대학생들의 존중하는 태도 형성을 위해 존중의 필요성 및 개념을 이해하고, 존중을 위한 방법을 알아보고 존중 중심 인성교육의 실제를 적용해 보고자 한다.

1. 존중의 필요성 및 개념

1) 존중의 필요성

현대사회를 살아가고 있는 사람들은 모두 특별하고 소중한 존재일 것이다. 각자 소중하고, 다른 사람의 감정과 행동도 귀하게 여기고 중요하게 생각하는 마음이 바로 '존중'이다.

존중은 개인이 갖추어야 하는 도덕적 요건 중의 하나로, 먼저 자기 자신을 아끼고 사랑하며, 타인의 생각을 신중하게 듣고 공손하게 행동하는 가치 있는 습관이다.

대부분의 사람들은 자기의 가치관, 취향은 중요하게 여기면서 타인의 주관과 가치관, 취향은 인정하지 않는 편이다. 타인의 존재를 무시하거나 무관심한 상태로 사는 것, 타인의 잘못을 너그럽게 받아들이지 못하고 서로 다름을 인정하지도 않는 삶에서 존중하고 존중받는 삶을 살기 위해서는 먼저 '상대와 나의 다름'을 인정하는 것이 필요하다.

대학생들은 어떤 순간에 존중이 필요하다고 생각할까? 이는 자신부터 다른 사람들을 높여 소중히 여기고, 상대방의 가치를 인정해 주어야 한다는 것을 깨닫는 것과 상대방이 자신과 '틀린 것'이 아니라 '다르다는 것'을 인정하고, 타인을 존중하는 마음으로 대하는 태도를 형성하는 순간일 것이다.

대부분의 대학생들이 선호하는 직업은 무엇일까?, 존중받는 직업은 무엇일까? 과연 모든 직업이 다 존중받을 수 있을까? 배우 라미란 씨는 남편의 직업에 대해 "모든 연예인의 남편이 사업을 해야 하는 건 아니잖아요? 막노동을 하는 남편이 전혀 부끄럽지 않아요. 세상 사람들이 자기 능력에 맞게 일을 하는 것이 옳아요." 라고 한 토크쇼에서 밝히면서 존중의 마음을 표현했다. 모든 직업에는 귀천이 없다. 그러나 배우 라미란 씨가 인터뷰한 내용이 막노동이 건설업으로 포장되는 우리 사회의 분위기에 대해 깊이 사고할 필요가 있을 것이다.

다른 사람의 직업을
비웃거나 판단하지 말아요
혹은 자기 자신을 비하하지 마세요.

누군가는 사무실에 있어야 하고,
누군가는 현장에 있어야 하며
누군가는 장사와 노동을
누군가는 청소를 해야 합니다.

이에 21세기를 짊어지고 갈 대학생으로서 이 시대를 살아감에 있어서 존중하는 태도를 가지고 다양한 관계 속에서 존중을 실천할 수 있는 기회가 제공되어야 한다. 또한, 존중에 대한 기초 이론을 토대로 존중에 대한 인식을 높이고 대학생에게 적절한 존중 활동을 다양한 매체를 통해 접해 보고 행동실천력을 고취시켜야 할 것이다.

2) 존중의 개념

존중의 사전적인 의미는 '상대방을 높이어 귀중하게 대하는 것'이다. 한자를 살펴보면 높을 존(尊)은 '높이다', '지위가 높다'의 뜻이고, 무거울 중(重)은 '무겁게 하다'의 뜻이다. 또한, 존중(respect)은 존경함과 가치, 그리고 경의로운 것을 찬양하는 의미이다. 이것은 상대방이 가지고 있는 가치를 인정하는 것이며, 도덕적 의미로 사용된다. 또한, 다른 사람과의 관계를 설명할 때 사용되는 용어로 명예나 경의, 존경을 표시하는 것(신득렬, 2003)과 사람이나 사물의 중요성에 대해 경의를 표하는 것(Lickona, 2006)으로 존중의 의미를 설명하고 있다. 결국, 존중이란, 사람과 사물의 가치를 소중히 여기는 것이다.

대학생들이 현실에서 인식하는 존중의 개념은 [그림 9-1], [그림 9-2]와 같다.

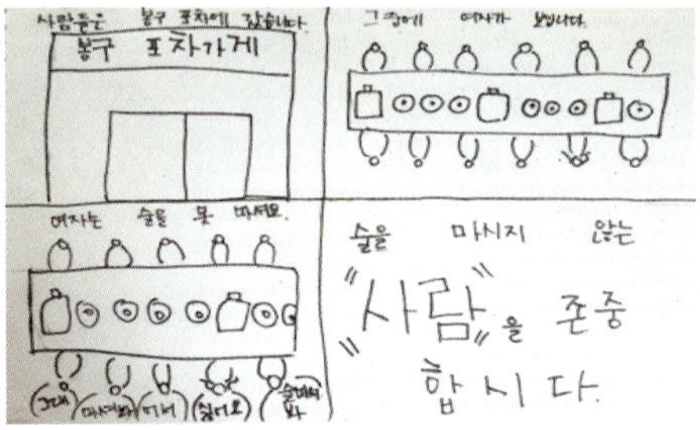

술을 먹지 못한다고 욕을 먹었다.
술을 못 하는 사람에 대한 존중

첫 직장에서 당하는 야~ 너, 미스 김.
정확하게 이름을 불리고 싶은 존중

다른 나라에서 왔다고 놀림을 당했다.
너와 다를 뿐인데 차별 없는 존중

아르바이트를 하면서 겪는 무시.
일에 대한 존중

[그림 9-1] 대학생이 인식하는 존중

소중한 나

나는 나를 사랑하지요
나는 소중하니까요
나는 나를 믿어요
나는 소중하니까요
나는 나를 아껴요
나는 소중하니까요
나는 무엇이든 할 수 있어요
나는 소중하니까요
나는 모두에게 소중한 사람이 될래요
나는 소중하니까요

〈소중한 '나'〉

내가 생각하는 '나만의 특별한 점'은?

남의 말을 잘 들어준다.
시간 약속을 잘 지킨다.
성실하다.
부지런하다.
책임감이 강하다.
절약을 잘 한다.
요리를 잘 한다.
남을 잘 배려한다.
청소와 정리정돈을 잘 한다.
모든 일을 스스로 한다.

〈특별한 '나와 너'〉

이 세상에 소중하지 않은 사람
아무도 없습니다.

나는 소중합니다.
그것을 잊지 말고 살아야 합니다.
자신을 존중합시다.
당신은 당신이라서 소중한 겁니다.

〈소중한 '너'〉

[그림 9-2] 대학생이 말하는 존중받을 만한 나

2. 존중 함양을 위한 교수매체

대학생들의 존중하는 태도를 기르기 위한 방법으로 문학 기반 인성교육은 도서, 시, 명언 및 사자성어 등의 매체가 있고, 예술 기반 인성교육은 포스터, 음악 등의 매체가 있으며, 영상 기반 인성교육은 영화, 다큐멘터리, 광고 등의 다양한 매체가 있다.

1) 문학 기반 인성교육

(1) 도서

타인을 사랑하는 방법은 존재 그 자체를 인정해 주고 존중해 주는 것이다. 도서 『존중하는 습관』의 내용을 통해 대학생들은 다른 사람과의 관계에서 서로 다른 사람을 판단하거나 낮춰 보는 것이 아니라 신체적인 부분과 정신적인 측면의 사소한 습관에서부터 존중의 태도를 기르게 될 것이다.

존중하는 습관
바톤 골드스미스 글 /
최주언 옮김
처음북스(2016)

상대를 존중하는 것도 습관이다. 출근하기 전 사랑을 담아 뽀뽀하거나, 칭찬의 한마디, 그냥 웃게 해 주는 것도 좋다. 상대를 존중해 주는 마음도 너무 중요하지만, 더 중요한 것은 상대가 존중받는다고 느껴야 한다. 존중받는 느낌을 받으면 상대도 나를 존중해 준다.

(2) 시

박태환 시인의 「커피를 마시고부터는」이라는 시는 건강한 사회 풍토를 위해 상대방의 인격과 생각을 존중하는 것에 대한 함축적 표현으로 대학생들로 하여금 존중하는 자세와 태도를 되새길 수 있게 한다.

커피를 마시고부터는

박태환

커피가 입에 익은 사람은
커피, 커피 하고

술이 몸에 밴 사람은
술, 술 한다.

남들이 커피, 커피 할 때
나는 막걸리, 막걸리 하다가

나이 좀 들어
어쩌다 커피를 마시고부터는
남들이 커피 하면
나도 커피 하게 되었다.

더 이상 막걸리, 막걸리만
외지 않게 되었다.

인성 씨앗 심기

존중이란 ____이다.

왜냐하면 ____이기 때문이다.

(3) 명언 · 사자성어

아래와 같은 존중 관련 명언 및 사자성어를 통해 대학생들은 존중의 개념 및 중요성을 쉽게 상기시킬 수 있다.

명언

- 나는 직원들을 만날 때마다 그들의 가슴에 '나는 존중받고 싶다'라고 쓰인 목걸이를 차고 있다고 생각하고, 그들을 대한다. – 메리 케이 애시
- 인간의 생명은 둘도 없이 귀중한 것인데도, 우리들은 언제나 어떤 것이 생명보다 훨씬 더 큰 가치를 갖고 있는 듯이 행동한다. 그러나 그 어떤 것이란 무엇인가? – 생텍쥐페리
- 생명은 자연의 가장 아름다운 발명이며, 죽음은 더 많은 생명을 얻기 위한 자연의 계교이다. – 괴테
- 한 아이에게 벌레를 밟지 말라고 가르치는 것은 벌레를 위한 것만큼이나 그 아이를 위해서도 소중한 가르침이다. –브래드리 밀러
- 동물의 운명은 나에겐 어리석게 보인다는 것보다 더 큰 의미를 지닌다. 인간의 운명과 명확히 연계되어 있기 때문이다. – 에밀 졸라

사자성어

- 경로사상(敬老思想): 노인을 공경하는 마음을 지님
- 겸즉유덕(謙則有德): 겸손하게 살면 덕을 봄
- 욕존선겸(欲尊先謙): 남에게 존경을 받고자 하면 먼저 겸손해야 함
- 역지사지(易地思之): 처지를 바꾸어서(그것을) 생각함
- 역지개연(易地皆然): 사람의 처지를 바꿔 놓으면 그 처지에 동화되어 그 언동이 같게 됨

2) 예술 기반 인성교육

(1) 미술

포스터 '내 생명 네 생명 소중한 생명', '우리가 빛이 되어 줄게!'는 생명존중에 대한 의미를 담고 있다. 이러한 미술 매체를 통해 대학생들은 존중의 표상적 의미를 유추할 수 있다.

생명존중 포스터 당선작

출처: 경기도민일보(2016).

생명존중 포스터 당선작

출처: 고양시정신건강증진센터(2016).

(2) 음악

「존중받지 못한 이별」은 연인 간의 존중을 내포하는 노래로, 대학생은 이러한 노래를 통해 존중에 대한 경각심을 기를 수 있다.

존중받지 못한 이별

라데 노래

헤어지잔 그런 말 너무 쉽게
뱉었던 그 말 너무 아픔만 주던 그런 말
너의 미소가 보고 싶어
작은 선물도 준비해 봐도
떠난 너의 마음을 붙잡지 못해 (난 이젠)
버려질 우리 둘 (사이에)
남겨질 추억 그 (자리에)
이제는 가득 채워진 그의 생각만
그대를 사랑한 나는 어떡하라고
내 안에서 쉽게 사라지지도 않을 사람
오 네가 뭐라고 존중받지 못했던
이별에도 난 너를 보내줘야만 하니
너 떠난 그 자리엔 홀로 지낼 하루만
남아 일어설 이유 없는 내일만 남아
너의 목소릴 듣고 싶어
나의 하루를 남겨 봐도
떠난 너의 마음을
붙잡지 못해 (난 이젠)
버려질 우리 둘 (사이에)
남겨질 추억 그 (자리에)
이제는 가득 채워진 그의 생각만
그대를 사랑한 나는 어떡하라고
내 안에서 쉽게 사라지지도 않을 사람
오 네가 뭐라고 존중받지 못했던
이별에도 난 너를 보내줘야만 하니

3) 영상 기반 인성교육

(1) 영화

「님아, 그 강을 건너지 마오」는 KBS에서 방송된 다큐드라마 '인간극장'을 통해 소개된 내용을 재구성하여 탄생한 다큐멘터리식 영화이다. 노부부의 사랑 이야기로 영화 내용에 공감한 대학생들로 하여금 존중에 대한 경각심을 불러일으킬 수 있다.

님아, 그 강을 건너지 마오(2014)

[줄거리]

76년 동안 서로를 향한 순애보를 펼친 백발 부부의 사랑 이야기로 진정한 사랑의 메시지를 전하는 감동 다큐멘터리이다.

조그만 강이 흐르는 강원도 횡성의 아담한 마을에 89세 소녀 감성 강계열 할머니와 98세 로맨티스트 조병만 할아버지는 어딜 가든 고운 빛깔의 커플 한복을 입고 두 손을 꼭 잡고 걷는 노부부이다.

백발의 노부부는 봄에는 꽃을 꺾어 서로의 머리에 꽂아주고, 여름엔 개울가에서 물장구를 친다. 가을엔 낙엽을 던지며 장난을 치고, 겨울에는 눈싸움을 하는 매일이 신혼 같은 나날을 보낸다.

[명대사]

- "님아, 님아, 내 님아, 물을 건너가지 마오 / 님아, 님아, 내 님아 / 그 예 물을 건너시네 / 아~ 물에 휩쓸려 돌아가시니 / 아~ 가신 님을 어이 할꼬.(公無渡河 公竟渡河 墮河而死 當柰公何)" (고조선의 시가(詩歌) '공무도하가' 中)

(2) 광고

'이름 없는 영웅'이라는 태국 생명보험 광고는 짧은 영상 속에 인간 존중에 대한 내용을 감동 있는 메시지로 잘 보여 주고 있다. 이러한 광고의 강한 메시지를 통해 대학생들은 인간을 존중하는 태도를 기를 수 있다.

'이름 없는 영웅(Unsung Hero)'
태국생명보험 광고

출처: https://www.youtube.com/watch?v=c0ACO4pllMY.

길을 가던 한 남자가 배수구에 떨어져 물에 흠뻑 젖게 되자 다른 사람들을 위해서 화분을 옮겨 놓아 준다. 남자는 항상 타인을 도우며 살아가는 듯하다. 길에서 물건을 파는 할머니의 수레를 끌어 주고, 거리에서 구걸하는 모녀를 돕고, 이웃 독거노인에게는 바나나를 주고, 길거리 개에게는 자신의 식사를 나눠 주며 자신이 할 수 있는 범위 내에서 타인을 위해 노력을 한다. 남자의 선행은 매일 이어진다. "이 남자가 얻게 되는 건 무엇일까요?" 아무것도 받을 수 없고 더 부유해지는 것도 아닙니다. TV에도 나오지 않습니다. 알아주는 사람도 없습니다. 유명해지지도 않습니다. 그러나 그가 받을 수 있는 것은 감동입니다. 더 깊게 이해하고 사랑을 느낄 수 있습니다. 돈으로 살 수 없는 것을 얻을 수 있습니다. 이전보다 더 아름다워진 세상을 받을 수 있습니다. 당신의 인생은 어떠합니까? 당신이 가장 원하고 있는 것은 무엇입니까?"

3. '존중' 중심 인성교육의 실제

존중 | 자기존중 | 시 「소중한 가족」

인성 관련 요소	핵심 가치 · 덕목								핵심 역량			
	예절	효	정직	책임	존중	배려	소통	협동	도덕적 예민성	도덕적 판단력	의사 결정 능력	행동 실천력
					◎	○	○			◎		

소중한 가족

현혜정

미안하다 아들
늘 바쁘다는 핑계로
함께 놀고 싶어 하는 마음 알아주지 못해
엄마가 늘 미안해

용서해요 여보
힘든 마음 어루만져 주지 못해
혼자 외롭게 무거운 발걸음만 옮기니
용서하세요

사랑한다 딸
언제나 포근한 품으로
따뜻하게 감싸 안는 너의 손길에
오늘도 소리쳐 본다 사랑해

감사해요
언제나 나에게 살아가는 힘이 되어 주는
소중한 가족에게 온 마음으로
감사함을 전합니다

감상활동

- 시 「소중한 가족」을 읽고 이야기 나눈다.
  - 시 「소중한 가족」에서 이야기하고자 하는 것은 무엇인가요?
  - 시 「소중한 가족」을 읽고 가장 기억에 남는 구절은 무엇인가요?
  - 시 「소중한 가족」을 감상한 후 느낀 점에 대해 이야기해 볼까요?

활동명: 서로 존중하는 마음

활동 목표	• 시를 읽고 자신이 소중하게 여기는 것의 의미와 존중의 중요성을 안다. • 시 「소중한 가족」을 '존중받는 나'로 패러디해 봄으로써 존중하는 방법을 실천할 수 있다. • 나와 타인을 존중하는 활동을 통해 도덕적 판단력을 기른다.

활동내용

- 자신에게 가장 소중한 것이 무엇인지 이야기해 본다.
  - 시 「소중한 가족」에 나온 단어 중 소중함을 드러내는 말은 무엇인지 이야기해 보아요.
  - 자신이 가장 소중하게 여기는 것을 친구들에게 소개해 보아요.
  - 만약, 소중한 것들의 가치를 금액으로 환산한다면 어느 정도인지 이야기해 보아요.

- 존중받아야 하는 것들에 대해 이야기해 본다.
  - 우리 주변에서 존중받지 못하는 것들에 대해 이야기해 보아요.
  - 자신이 가장 존중받고 싶은 순간은 언제인지 이야기해 보아요.
  - 만약, 내가 타인에게 존중받지 못할 때의 기분은 어떤지 생각해 보아요.
  - 남들과 다른 나만의 특별한 것을 소개하는 시간을 가져 보아요.

- 「소중한 가족」을 '존중받는 나'로 패러디해 본다.
  - 존중해야 할 것들에는 어떤 것들이 있는지 생각해 보아요.
  - 시 「소중한 가족」을 '존중받는 나'로 패러디해 보아요.
  - 친구들에게 내용을 소개해 보아요.

소중한 나

▶ 자신에게 가장 귀한 것, 가장 아끼는 것, 가장 존중받고 싶은 사물이나 일, 특별한 것 등의 목록을 작성해 보세요.

존중받는 나

▶ 시 「소중한 가족」에서 가장 중요한 4가지 말을 찾아보고 그 내용을 사용하여 '존중받는 나'로 패러디하여 발표해 보세요.

존중 → 타인 존중 → 신문기사 「전문적이지만 조금 이상한 직업」

인성 관련 요소	핵심 가치 · 덕목								핵심 역량			
	예절	효	정직	책임	존중	배려	소통	협동	도덕적 예민성	도덕적 판단력	의사 결정 능력	행동 실천력
					◎	○	○			◎		

전문적이지만 조금 이상한 직업 14가지

영화 「김종욱 찾기」에서 김종욱은 '첫사랑 찾기 사무소장'이라는 직업을 가진 주인공이다. 이처럼 세상에는 다양한 직업들이 만들어지고 사람들은 흔치 않은 직업을 찾고 있다. '지구상에서 가장 이상한 직업 Top 10', '아주 이상한 14가지 직업'을 소개한다.

지구상에서 가장 이상한 직업 Top 10

1. 푸시맨
2. 페인트 건조 감시자
3. 병아리 감별사
4. 타조 베이비 시터
5. 전문 귀 클리너
6. 빙산 치우기
7. 전문 문상객
8. 유골로 초상화 아티스트
9. 오리 마스터
10. 악취 냄새 평가자

출처: 지구촌/오델리아(2017. 3. 14.) (https://odelian.tistory.com/750)

아주 이상한 14가지 직업

1. 애견 서핑 강사
2. 전문 TV시청자
3. 유골 초상화 화가
4. 입 냄새 평가원
5. 줄 세우기 전문가
6. 사료 시식가
7. 포옹 전문가
8. 얼굴 감각사
9. 곡소리 전문가
10. 빙하 추적자
11. 뱀독 추출사
12. 전문 들러리
13. 포춘 쿠키 문구 작가
14. 치킨 섹서

출처: 허핑턴 포스트 코리아(2016. 4. 6.)

감상활동

- 신문기사 「전문적이지만 조금 이상한 직업 14가지」를 읽고 이야기 나눈다.
  - 「전문적이지만 조금 이상한 직업 14가지」에서 강조하는 메시지는 무엇인가요?
  - 「'전문적이지만 조금 이상한 직업 14가지」를 읽고 난 후 느낀 점에 대해 이야기해 볼까요?

활동명: 수상한 직업

활동 목표	• 상대방의 직업에 대해 알아보는 활동을 통해 존중의 중요성을 안다. • 인간관계에서 중요한 부분인 상호 존중의 의미를 헤아려 봄으로써 존중하는 태도를 실천할 수 있다. • 직업에 대한 의견을 조율해 보는 활동을 통해 도덕적 판단력을 기른다.

활동내용

- 인간관계에서 가장 어려운 부분에 대해 이야기해 본다.
  - 다른 사람과의 관계에서 가장 주의해야 하는 부분에 대해 이야기해 보아요.
  - 상대방의 일을 존중해 주는 것의 필요성에 대해 이야기해 보아요.

- '전문적이지만 조금 이상한 직업 14가지'에서 소개하는 직업에 대해 이야기해 본다.
  - '전문적이지만 조금 이상한 직업 14가지' 중에서 가장 전문직이라고 할 수 있는 일에 대해 토론해 보아요.
  - 만약, 자신이 직업을 선택한다면 어떤 일을 하고 싶은지 이야기해 보아요.

- 대한민국에서 가장 힘든 직업과 가장 대접받는 직업에 대해 이야기 나눈다.
  - 많은 사람들이 가장 부러워하는 직업과 가장 힘든 직업 Best 10위를 작성해 보아요.
  - 각자 작성한 것을 조원들과 비교해 보아요.

존중받는 직업 돋보기

▶ '전문적이지만 조금 이상한 직업 14가지'에서 소개된 직업을 갖게 된다면 어떤 준비가 필요한지, 수입은 어느 정도인지 예상해 보고 기록해 보세요.

직업군	갖추어야 하는 부분	수입
애견 서핑 강사	서핑 강사 자격증	월 350만 원

▶ 미래 자신의 직업을 얻고자 할 때 어떤 준비가 필요한지, 수입은 어느 정도인지 예상해 보고 기록해 보세요.

개념 있는 고백

▶ 배우 라미란 씨의 남편 직업에 대한 고백이 화제가 되었다. 자신이 생각하는 '대한민국에서 존중받아야 하는 직업 Best 10'을 선정해 보고 발표해 보세요.

순위	
1위	
2위	
3위	
4위	
5위	
6위	
7위	
8위	
9위	
10위	

활·동·지·예·시

소중한나

▶ 자신에게 가장 귀한 것, 가장 아끼는 것, 가장 존중받고 싶은 사물이나 일, 특별한 것 등의 목록을 작성해 보세요.

가장 아끼는 것
손편지. 기쁜 날,
축하 받을 일에
받은 편지들이
아직도 크게 위로가
된다.

가장 귀한 것
나자신. 그자체
어떤 물질적인 것으로 나를
대신 할 수 없고 여러
잠재 능력을 가진 귀한
존재이다.

특별한 것
친구들♡
언제 어디서나 날 믿고
응원 해준다.
때로는 나보다 나를 더
믿고 크게 봐주는 친구들이다.

애!
존중받고 싶은 것
"나의 꿈"
유치원 교사! 엄마의 꿈을
이해하고 존중해주었으면
좋겠다.

존중 받는 나

▶ 시 '소중한 가족'에서 가장 중요한 4가지 말을 찾아보고 그 내용을 사용하여 '존중받는 나'로 패러디하여 발표해 보세요.

* 미안하다
* 사랑한다
* 용서해요
* 고마워요

제목 〈존중받는 나!〉

미안해
스스로에게 더 좋은 말을 해주지 못해서
내가 늘 미안해 so sorry!

사랑해
누구보다도 나 자신을 가장 아끼고 사랑해

고마워
스스로 믿고 열심히 해줘서 늘 고마워

존중받는 직업 돋보기

▶ '전문적이지만 조금 이상한 직업 14가지'에서 소개된 직업을 갖게 된다면 어떤 준비가 필요한지, 수입은 어느 정도인지 예상해 보고 기록해 보세요.

직업군	갖추어야 하는 부분	수입
애견 서핑 강사	서핑 강사 자격증	월 350만 원
여행 테스터	여행상품 선별사	400만
조세 전문가	체력	300만
애완동물 탐정	애완견	250만
페이스 필러	마사지 경력	300만
포옹 전문가	감정교류	150만
빙산 운반 전문가	해상 운전면허	300만
전문 문상객	·	150만

▶ 미래 자신의 직업을 얻고자 할 때 어떤 준비가 필요한지, 수입은 어느 정도인지 예상해 보고 기록해 보세요.

· 유튜버
✓ 영상기초 . 촬영기획서 제작
✓ 영상편집. 촬영기법
✓ 방송국 운영 노하우를 위한 실습
→ 월 400만 ~1000만

개념 있는 고백

▶ 배우 라미란 씨의 남편 직업에 대한 고백이 화제가 되었다. 자신이 생각하는 '대한민국에서 존중받아야 하는 직업 Best 10'을 선정해 보고 발표해 보세요.

1위 노인을 섬기는 직업
2위 영유아를 가르치는 직업
3위 환경문제 해결에 앞장서는 직업
4위 노동이 필요한 직업
5위 상담으로 ~~사~~ 행복하게 하는 직업
6위 서비스 직종
7위 아르바이트하는 모든人
8위 동물보호가
9위 생태관련 직업군
10위 건축관련 직종

Chapter 10

'배려' 중심 인성교육의 이해와 실제

아파트 베란다에서 무심코 피우는 담배로 인한 연기와 아래위 층간소음 문제로 이웃과 다투거나 심지어 방화와 살인까지 범하는 현상이 일어나고 있다.

환경부 층간 소음 이웃사이센터의 발표에 의하면 2019년 층간소음 상담건수가 26,230건으로 2016년(19,495건)에 비해 급격히 늘어난 것으로 나타났다.

이러한 현상의 밑바닥에는 이웃을 배려, 공감하지 못한 채 분노를 폭발해 버리는 현대사회의 문제점들이 복합적으로 뒤섞여 있다.

이에 본 장에서는 대학생들의 바람직한 배려교육을 위해 배려의 필요성 및 개념을 이해하고, 배려를 위한 방법을 알아보고 배려 중심 인성교육의 실제를 적용해 보고자 한다.

1. 배려의 필요성 및 개념

1) 배려의 필요성

과거 우리나라 대학교육은 지나치게 지식이나 실용 위주의 교육만을 추구해 왔다. 그 결과, 직업세계로 나아갈 예비사회인인 대학생들 또한 비인간적 경쟁의식과 이기주의가 만연해지고 있다. 이러한 사회현실 속에서 대학생들에게 배려교육은 필수적이며, 배려의 중요성은 예비사회인들에게 절실히 요구되는 덕목이다.

최근 학교폭력이나 교내 구성원의 비인격적인 사건 등이 빈번히 발생하고 있다. 이는 우리나라 교육이 과도한 지식 위주의 교육에만 초점이 맞추어지면서, '배려'와 '나눔' 등의 더불어 사는 사회성교육 또는 인성교육의 불균형 현상 때문이다. 이러한 환경 속에서 형식적이고 기계적이며, 개인주의에 바탕을 둔 이기주의적 인간관계가 형성되었으며, 더 나아가 '배려의 결여', '배려의 빈곤'을 초래하게 되었다(박은혁, 2011). 따라서 대학교육에서는 대학생들로 하여금 수동적인 태도에서 벗어나 주도적이고 긍정적인 태도, 배려적 인성을 실천하도록 해야 한다.

이에 대학생의 실천적 배려교육의 필요성을 정리하면 다음과 같다.

- 학교에서 교육의 목적, 교육과정 속에 배려를 위한 관계 형성이 이루어져야 한다.
- 배려교육은 친사회적 행동, 감정조절에 긍정적 영향을 미치며, 자아존중감과 공감능력을 향상시킨다.
- 타인과의 관계에 있어 질적 수준을 고양할 수 있고, 건강하고 행복하게 성장할 수 있다.
- 행복한 삶을 살게 하는 데 궁극적 목적을 가지며, 행복한 삶을 위해 각자의 능력, 개성을 발달시키면서 상황 속에서 옳은 가치를 판단하고, 실천하며 배려할 줄 알아야 한다.
- 자기를 위한 배려교육이 중요하다. '자기를 배려한다'는 것은 '자기를 존중하는 것'이고, 자기반성, 자기지식이 요구된다(고미숙, 2004). 또한, 자기를 배

려한다는 것은 자아의 존중이 자기 자신에 머물러 있는 것이 아니라 타인에게 확대될 수 있다.

누군가에게는 이 계단이 에베레스트산입니다.

출처: 미국 장애인협회.

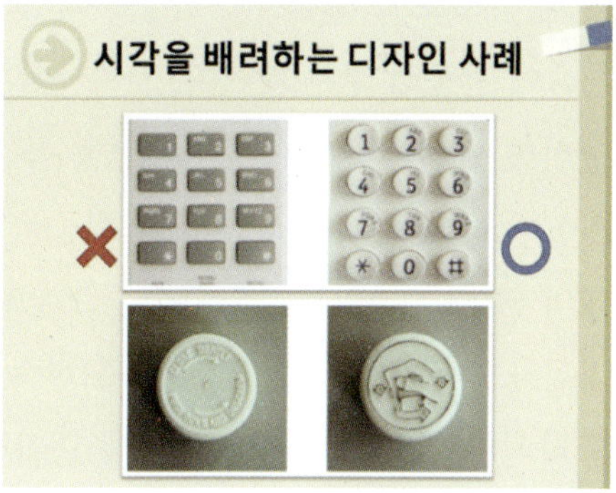

출처: http://www.slideshare.net/wowkid1/ss-17121985.

이와 같이 배려교육은 현재 대학생들의 인성교육에 필수적이며, 정서적 · 이타적 성향 함양에 중요한 역할을 한다. 또한, 행복하고, 건강한 사회적 존재로 구성원들과 함께 살아가는 데 필수적인 요소가 실천적 배려이다. 따라서 21세기 대학생들이 배려를 실천할 수 있는 다양한 교수매체를 통해 배려의 인식을 높이고 적절한 배려 관련 활동으로 실천력을 높일 수 있을 것으로 기대된다.

공익광고 '배려와 주장'

시위대 중 한 명이 대치 중인 전경에게 물을 건네고 있다. 이 광고는 시위대를 배려가 없는 이들로 만들었다고 주장하기도 한다.

'촛불 시위와 삼보일배를 하는 게 바르고 공익적인 시위'라고 말하는 '배려와 주장' 편은 다양한 이익집단 중 한 쪽의 손을 들어준 대표적인 공익광고의 사례다. 즉, '자신들의 주장을 과도하게 표현하는 시위 같은 것은 배려가 없는 것'이라는 메시지를 전달한다.

2) 배려의 개념

배려(背戾)라는 단어에는 다양한 의미가 있다. 배려는 '관심을 가지고 도와주거나 보살펴 줌'의 뜻으로 상대방의 입장을 자신의 입장보다 우선시하고 타인의 어려움이나 필요에 반응해 주는 것이며, 사회에서 연약하고 어린 사람 등 다른 사람의 도움이 절실히 필요한 노약자나 장애인을 돕는 것이다. 또한, 배려는 의료인이나 사회사업가, 교사 등의 전문적인 직업 활동을 의미하기도 한다(권미정, 2008). 따라서 배려의 의미는 '타인을 도와주거나 보살펴 주려고 마음을 씀', '남의 형편이나 처지를 걱정하고 근심함'으로 요약된다(고현숙, 2007).

배려는 타인의 성격이나 성향에 대해 민감하게 파악하는 능력, 타인의 어려운 상황에 대해 공감하는 마음, 타인의 이익을 위해 자신의 감정을 조절하고 타인이나 사물을 존경하는 마음, 도움이 필요한 사람에게 온정을 베풀고, 관심을 갖는 마음을 포함하는 개념이다(지은림, 2013).

따라서 '배려'는 일상적인 생활 속에서 나와 타인과의 관계성이 전제되고 있으며, 다른 인성덕목들에 비해 행동적 측면의 실천적 의미를 가지고 있다(노선화, 2014). 또한, 남명자(2006)도 배려를 '돌보는 사람과 돌봄을 받는 대상 간의 상호 의존적인 관계 속에서 이루어지는 실천'의 의미로 규정하면서, 상대방의 입장에서 그들의 필요에 응답하는 실천적 측면을 강조하였다. 즉, 자신의 필요나 요구보다 상대방의 필요나 요구를 더 중요하게 여기고 그에 반응하여 행동하는 배려자의 마음자세는 구체적인 행동과 실천으로 나타나며, 배려를 받는 사람은 그러한 행동과 실천 속에서 배려자의 배려를 느끼게 된다는 것이다. 이러한 실천적인 측면은 배려가 배려자의 따뜻하고 친밀한 태도에서 그치는 것이 아니라 피배려자를 '위하는' 책임감 있는 행동으로 표현되어야 한다는 것을 의미한다.

따라서 실천적 배려는 경험을 통해 대학생들이 마음껏 자신의 의견을 개진하고 탐색할 수 있도록 하는 핵심적 요소라고 할 수 있다. 즉, 대학생들로 하여금 자신이 느끼고 생각한 것을 타인과 공유하며, 그 과정에서 학생들의 아이디어를 발전시키고 확장하도록 이끌어 주는 정서적 분위기를 형성한다(김민성, 2011).

배려는 민감성, 온정성, 배려성, 타인에 대한 배려로 나누어지고, 이러한 구성요소에 따른 배려의 개념은 〈표 10-1〉과 같다.

〈표 10-1〉 구성요소에 따른 배려의 개념

핵심 덕목		하위 구성요소	개념
배려	도와주거나 보살펴 주려고 마음을 씀	민감성	타인의 성향이나 성격에 대한 공감, 타인의 상황이나 표현을 빠르게 이해함
		온정성	타인의 어려운 상황에 대한 공감, 타인의 어려운 상황을 변화시키는 데 시간을 할애, 타인의 입장에 서서 감정을 이해함
		배려성	타인의 이익을 위해 자신의 감정을 조절하고 사랑, 도움, 존경하는 마음을 가짐
		타인에 대한 배려	타인이 격려가 필요할 때 적절한 도움이나 충고 등을 제공, 타인의 감정을 위로, 타인에게 공감적 관심을 보여 줌

참고: 지은림(2013). 인성지수 개발 연구. 교육부.

대학생들이 생활 속에서 인식하는 배려의 개념은 [그림 10-1]과 같다.

청각장애인에 관한 포스터
'나에게는 시끄러운 소음
누군가에겐 아름다운 화음'

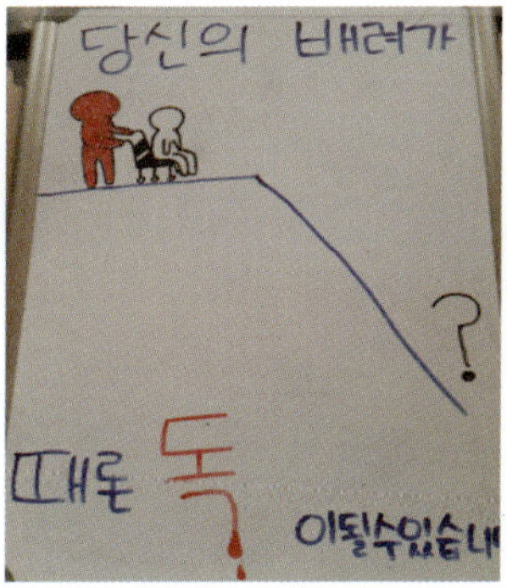

상대가 배려로 받아들일 때 배려다!
'당신의 배려가 때론
독이 될 수 있습니다.'

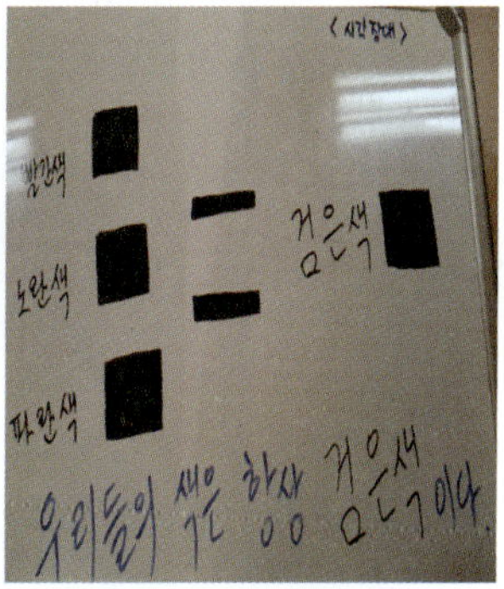

시각 장애인에 관한 포스터
'우리들의 색은 항상 검은색이다.'

[그림 10-1] 대학생들이 인식하는 배려

2. 배려 함양을 위한 교수매체

대학생들의 배려하는 태도를 기르기 위한 방법으로 문학 기반 인성교육은 도서, 시, 명언 및 사자성어 등의 매체가 있고, 예술기반 인성교육은 미술, 음악 등의 매체가 있으며, 영상기반 인성교육은 영화, 다큐멘터리, 광고 등의 다양한 매체가 있다

1) 문학 기반 인성교육

(1) 도서

'배려'는 생각이 아니라 마음을 담은 실천에서 비롯된다는 『청소부 밥』 도서 내용을 통해 대학생은 사람의 마음을 움직이는 힘이 바로 배려라는 것을 배울 수 있을 것이다.

청소부 밥
토드 홉킨스 · 레이 힐버트 지음 /
신윤경 옮김 /
위즈덤하우스(2006)

주인공 밥티드웰은 기업인 출신으로, 퇴직을 하고 청소부로 일하면서 한 중견기업의 사장인 로저 킴브로우에게 삶의 지혜와 깨달음에 관련된 조언을 해 주는 인물이다. 로저 사장이 회사와 가정에서 어려움을 겪고 있다는 사실을 알게 되고, 사별한 아내 앨리스가 생전에 전해 준 '가정에서나 직장에서 행복한 삶을 살기 위한 여섯 가지 지침'을 자신의 일화와 함께 일주일에 한 가지씩 전해 준다.

(2) 시

박상봉 시인의「자동판매기가 전하는 말」시에서 배려란 일상생활에서의 실천임을 함축적으로 표현하는 것으로, 대학생들로 하여금 배려의 마음과 실천을 되새길 수 있게 해 준다.

자동판매기가 전하는 말

박상봉

입춘 지나도 바람은 여전히 맵다
몸을 녹이려고 자동판매기 앞에서
커피를 뽑고 있는데
조사실 연구실 민과장이
왜 사무실 커피 타 먹지 않고
돈 들여 뽑아서 먹느냐고 묻는다

그럴 때, 그런 질문을 받을 때
정말 시가 쓰고 싶어진다
자동판매기는 말을 하지 않지만
손 내밀면 따뜻한 커피 한잔
내어놓을 줄 안다

긴 겨울 찬바람에 떨고 서 있을 때
따뜻하게 손 잡아주는 사람 있던가
피곤하고 기분 상하여 일하기 싫어질 때
말 못하는 기계도 그윽한 커피 향기로
마음 달래줄 줄 아는데

내민 손 부끄럽지 않게 잡아주면서
위로의 말 한마디 건네주는
따뜻한 사람이 곁에 있는가

함부로 손 내밀지 말아라
다가와서 손 잡아주기는커녕
뒤통수 맞지 않으면 다행인 줄 알아라

다만 조용히 귀 기울이고
삐걱대는 마른 나뭇가지 목소리 같은
자동판매기가 전하는 말
가만 들어보아라

인성 씨앗 심기

배려란 ______________________________ 이다.

왜냐하면 ______________________________ 이기 때문이다.

(3) 명언 · 사자성어

배려 관련 명언 및 사자성어를 통해 대학생들은 배려의 개념 및 중요성을 쉽게 상기시킬 수 있다.

명언

- 남의 흉한 일을 민망히 여기고, 남의 좋은 일은 기쁘게 여기며, 남이 위급할 때는 건져 주고, 남의 위태함을 구해 주라. – 명심보감
- 네가 하기 싫은 일을 남에게 시키지 말라. – 논어
- 마음을 자극하는 유일한 사랑의 영약은 진심에서 오는 배려다. 남자는 언제나 그것에 굴복한다. – 메난드로스
- 모든 사람에게 예절 바르고, 많은 사람에게 친절한 사람은 아무에게도 적이 되지 않는다. – 플랭클린
- 친절은 이 세상을 아름답게 만들며, 모든 비난을 해결한다. 그리고 얽힌 것을 풀어헤치고, 어려운 일을 수월하게 만들고, 암담한 것을 즐겁게 바꾼다. – 톨스토이

사자성어

- 역지사지(易地思之): 입장을 바꾸어 생각해 보아라.
- 살신성인(殺身成仁): 자신을 희생해 옳은 것을 행하라.
- 만강혈성(滿腔血誠): 모든 일에는 정성이 필요하다.
- 만인이심(萬人異心): 사람마다 마음이 모두 다르다.
- 이타주의(利他主義): 일을 행하는 데 있어 상대방의 이익을 위하여 일을 하라.

2) 예술 기반 인성교육

(1) 미술

빈센트 반 고흐(Vincent Van Gogh)의 명화 「비탄에 잠긴 노인」(1890)은 울고 있는 한 노인이 아니라 웅크린 등과 꼭 쥔 주먹만으로 통탄의 슬픔을 표현한 고흐 자신의 모습을 의미한 것이다. 이 그림은 우리 주변에서 쉽게 볼 수 있는 슬픔에 잠긴 노인들의 모습을 연상하게 한다. 이러한 미술 매체를 통해 대학생들은 노인에 대한 배려의 표상적 의미를 유추할 수 있다.

비탄에 잠긴 노인(1890)
빈센트 반 고흐(Vincent Van Gogh)

고흐가 1882년 헤이그에서 만든 석판화 「영원의 문」에서 다시 유화로 제작한 것이다.

작품의 주인공은 벗어날 수 없는 경제적인 궁핍함에 둘러싸여 진퇴양난의 삶을 살고 있던 고흐 자신의 모습일 것이다.

비탄에 잠긴 노인들이 다시 희망에 찬 모습을 볼 수 있도록 우리가 할 수 있는 일들은 무엇이 있을까?

(2) 음악

가수 클릭비의 「배려」는 배려에 대한 인간의 이중성을 내포하는 노래로, 대학생들은 노래를 통해 상대방이 배려로 받아들이지 않는 배려에 새로운 시각, 배려의 온정성에 대한 이해를 할 수 있다.

배려

클릭비 노래

어제 무슨 일이 생겼나요 그대 너무 안 좋아 보여요
아무렇지 않은 듯 웃고 있지만 그대 모습 아니에요
자꾸 날 피하려 하는 눈빛 무슨 생각하고 있는지
알 것 같아요 또 헤어지겠죠
Oh my love for you Oh your love for me
기억하고 있나요 그대 힘든 만큼 나 더 노력할게요
나보다 더 좋은 사람 만나지 못할 테니까
Oh Baby 날 속이려 하지 말아요 그대 표정만으로 난 알 수 있어요
약해지는 마음 나를 위한 그대 배려라는 걸
날 사랑하고 있다면 언제까지라도 우리 함께해요 지켜줄게요 나의 사랑
Oh my love for you Oh your love for me
말을 하지 않아도 항상 나 모르게 애쓰는 그대 모습 알고 있죠
누구보다 내게 과분하다는 걸
Oh Baby 날 속이려 하지 말아요 그대 표정만으로 난 알 수 있어요
약해지는 마음 나를 위한 그대 배려라는 걸
날 사랑하고 있다면 언제까지라도 우리 함께해요
지켜줄게요 나의 사랑 주위의 많은 시선들을 생각하지 말아요
그댈 향한 내 마음 변치 않아요 나를 믿어봐요 약속할게요
날 속이려 하지 말아요 그대 표정만으로 난 알 수 있어요
약해지는 마음 나를 위한 그대 배려라는 걸
날 사랑하고 있다면 언제까지라도 우리 함께해요 지켜줄게요 나의 사랑

3) 영상 기반 인성교육

(1) 영화

영화 「미라클 벨리에(La Famille Belier)」는 사랑하는 가족들과의 가장 이상적인 거리에 대한 이야기이다. 대학생들로 하여금 관계의 독립성, 배려에 대한 생각거리를 유쾌하게 던지고 있다.

미라클 벨리에(2015)
감독: 에릭 라티고

[줄거리]

주인공 폴라가 꿈을 찾는 과정을 그린 영화이다. 우여곡절 끝에 폴라는 오디션을 결심하고 '비상'이라는 노래로 무대에 오른다. 그리고 노래가 마무리될 때쯤 음악이 꺼지고 폴라가 수화로 노래를 이어간다. 엄마 아빠를 위한 노래이다.

[명대사]

–사랑하는 부모님, 저는 떠나요.
–도망치는 게 아니에요.
–날개를 편 것뿐. 부디 알아주세요.
–비상하는 거예요.

(2) 다큐멘터리

다큐멘터리 「데프 U」는 모두가 청각장애인을 평범한 하나의 개인으로 생각하기를 원하며, 청각장애인을 차별하고 동정하는 것에 대해 생각하게 한다. 「데프 U」를 통해 대학생들로 하여금 우리가 살고 있는 사회의 완전한 조화를 위해서는 육체적 또는 정신적 장애에도 모든 사람을 공평하게 사랑, 배려, 애정으로 대해야 함을 시사한다.

사람 사는거 다 똑같다!
넷플릭스 데프 U –청각장애 대학생 다큐멘터리
감독 :나일 디마르코

청각장애인들이 마주하게 되는 학교, 성장기 청각장애와 현대사회에서 청각장애의 압박에 직면해있는 학생들을 다룬 「데프 U」는 청각장애인을 위한 워싱턴 D.C.의 사립대학인 갤러뎃 대학교의 학생들을 중심으로 하며, 포용적인 환경을 만들어 학생들이 편안함을 느낄 수 있도록 돕는다. 모두가 수화를 사용하여 의사소통을 하지만 그들은 또한 대학생이기도 하다.

출처: https://issuehouse.com/28 [당신이 궁금해하는 이야기]

(3) 광고

광고 '임산부 먼저'와 '1분의 배려'는 짧은 영상 속에 우리의 배려에 대한 인식을 감동 있는 메시지로 잘 보여 주고 있다. 배려는 멀리 있는 것이 아니라 우리의 가장 가까운 옆 사람을 위해 필요한 것임을 광고의 메시지를 통해 대학생들은 배려의 태도를 기를 수 있다.

임산부 배려 캠페인: 임산부 먼저
출처: 인구보건복지협회, 보건복지부.

1분의 배려
출처: http://blog.naver.com/kingofnsb.

3. 배려 중심 인성교육의 실제

배려 | 민감성 | 음악 「배려」

인성 관련 요소	핵심 가치 · 덕목								핵심 역량			
	예절	효	정직	책임	존중	배려	소통	협동	도덕적 예민성	도덕적 판단력	의사 결정 능력	행동 실천력
				○	○	◎			◎	○		◎

배려
클릭비(Click-B)

「배려」는 젊은이들의 사랑 속에서도 서로의 배려를 생각해 보게 하는 노래이다.

좋아하고 싫어하는 것도 개개인에 따라 다르기 때문에 내가 싫어하는 것을 상대방은 좋아할 수도 있다. 진정한 배려는 많은 대화와 끊임없는 관심, 지속적인 노력으로 완성되지 않을까?

감상활동

- 노래 「배려」를 감상하고 이야기 나눈다.
  - 「배려」에 나오는 주제는 무엇인가요?
  - 「배려」의 가사에서 가장 감명 깊었던 리듬과 가사는 무엇인가요?
  - 「배려」를 불러 보고 난 후 느낀 점에 대해 이야기해 볼까요?

활동명: 배려의 래퍼

활동 목표	• 배려에 대한 음악을 토론함으로써 배려에 대한 개념과 필요성을 재정의할 수 있다. • 타인의 성향이나 성격에 대한 공감 등 타인의 입장에 서서 감정을 이해하는 배려의 민감성을 함양한다. • 사회생활에 맞는 바람직한 배려실천능력을 기른다.

활동내용

- 「배려」의 노랫말에 이어서 어떤 일이 있어 났는지 상상적 이야기 나눈다.
  - 「배려」의 노랫말이 나의 상황이라면 어떤 행동을 했는지 생각해 보아요.
  - 이성친구 간의 사랑에서 배려는 어느 정도까지 이루어져야 하는지 이야기해 보아요.

- 이성친구 간의 필요한 배려에 대해 소집단 형태로 토론한다.
  - 이성친구와의 배려가 필요한 상황에 대해 이야기해 보아요.
  - 사랑이라는 이름으로 이성친구가 원하지 않는 배려 상황은 어떠한 것이 있는지 발표해 보세요.

- 사랑의 배려 언약서를 글이나 그림으로 표현해 본다.
  - 미래(현재) 이성친구에게 내가 할 수 있는 배려의 일화를 생각해 보아요.
  - 미래(현재) 이성친구를 향한 사랑의 배려 언약서를 랩 가사로 표현해 보아요.
  - 사랑의 배려 언약서를 래퍼가 되어 서로 발표해 보아요.

사랑 가면 속의 배려~

▶ 사랑이라는 이름으로 상대가 원하지 않는 배려의 일화를 생각하여 글이나 그림으로 표현해 보세요.

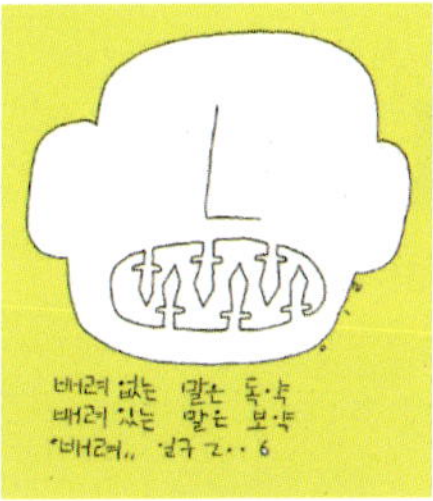

배려의 래퍼

▶ 미래(현재) 이성친구를 향한 '사랑의 배려 언약서'를 랩(또는 배려 관련 음악 개사)으로 표현해 보세요.

배려 | 온정성 | 광고 '제가 도와 드릴게요'

인성 관련 요소	핵심 가치 · 덕목								핵심 역량			
	예절	효	정직	책임	존중	배려	소통	협동	도덕적 예민성	도덕적 판단력	의사 결정 능력	행동 실천력
					○	◎		○			○	◎

태국의 동영상 '제가 도와 드릴게요'

출처: https://www.youtube.com/watch?v=DcC8trRV3nw

비록 본인도 넉넉하지 않지만 불우한 아이들을 지나치지 않고 무거운 리어카를 끌고 가는 할머니께 "제가 도와 드릴게요."라고 리어카를 밀어준다. 이웃집 할머니를 작은 것으로나마 베푸는 소박한 배려가 상대에게 큰 감동으로 전해진다.

감상활동

- 다큐멘터리 「제가 도와 드릴게요」를 시청하고 이야기 나눈다.
  - 「제가 도와 드릴게요」 다큐멘터리에 나오는 주제는 무엇인가요?
  - 「제가 도와 드릴게요」 다큐멘터리를 보고 가장 감명 깊었던 장면과 대사는 무엇인가요?
  - 「제가 도와 드릴게요」 다큐멘터리를 본 후 느낀 점에 대해 이야기해 볼까요?

활동명: 배려 119 구조대원

활동 목표	• 대학가에 필요한 배려에 대해 생각해 봄으로써 주변의 작은 배려의 필요성에 대한 도덕적 예민성을 기를 수 있다. • 배려 상황 119 구조대원 가상 경험을 통해 배려에 대한 의사결정능력을 기를 수 있다. • 배려 포스트를 통해 행동실천력을 기를 수 있다.

활동내용

- 「제가 도와 드릴게요」 다큐멘터리를 통해 대학가의 배려에 대해 토론한다.
  - 내가 경험한 배려 사례 중심으로 이야기해 보아요.
  - 캠퍼스 내 배려의 중요성에 대해 토론해 보아요.
- 캠퍼스 내 가장 효과적인 배려 홍보를 결정한다.
  - 소집단 형태로 대학가의 배려가 필요한 상황에 대해 적어 보아요.
  - 캠퍼스 내 가장 효과적인 배려 홍보는 어떤 것이 있는지 알아보아요.
- 배려에 관한 영상, 표지판, 포스터를 만들어 본다.
  - 소집단 형태로 대학가의 배려에 관한 영상, 표지판, 포스터를 만들어 보아요.
  - 교내 배려에 관한 포스터나 표지판을 붙여 보아요.
  - 교내 배려에 관한 캠페인 활동을 해 보아요.

배려 119 구조대원

▶ 캠퍼스 내 배려가 필요한 상황에 대해 가상적 시나리오를 만들고 배려가 필요한 장소에 내가 119 구조대원이 된 모습을 만화로 그려 보세요.

배려 119

배려는 사랑입니다

▶ 캠퍼스 내 배려의 상황에 관한 홍보 영상, 포스터, 표지판을 만들어 보세요.

활 · 동 · 지 · 예 · 시

사랑 가면 속의 배려 ~

▶ 사랑이라는 이름으로 상대가 원하지 않는 배려의 일화를 생각하여 글이나 그림으로 표현해 보세요.

배려의 래퍼

▶ 미래(현재) 이성친구를 향한 '사랑의 배려 언약서'를 랩(또는 배려 관련 음악 개사)으로 표현해 보세요.

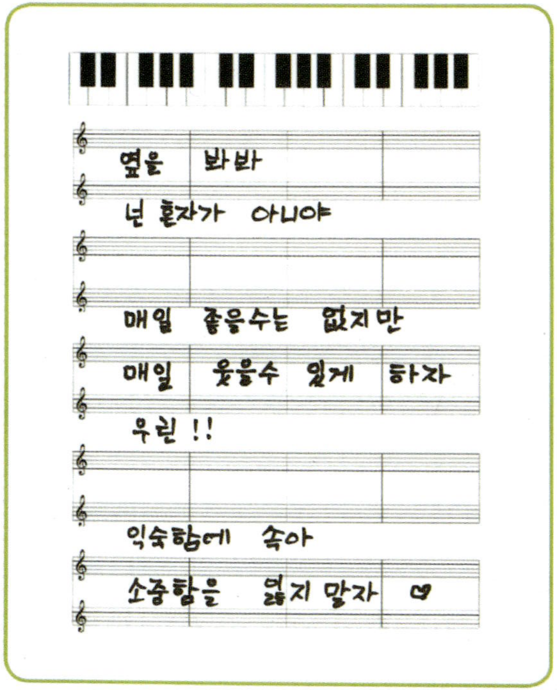

배려 119 구조대원

▶ 캠퍼스 내 배려가 필요한 상황에 대해 가상적 시나리오를 만들고 배려가 필요한 장소에 내가 119 구조대원이 된 모습을 만화로 그려 보세요.

배려는 사랑입니다

▶ 캠퍼스 내 배려의 상황에 관한 홍보 영상, 포스터, 표지판을 만들어 보세요.

Chapter 11

'소통' 중심 인성교육의 이해와 실제

요즘 대학가에서 학생들의 시위와 집회 등으로 발생한 대학교 총장 사퇴 사건이 이슈화되기도 했다. 이는 특정 대학의 문제가 아니라 우리나라 사람들 모두가 '대화'가 아닌 나만 옳다는 것을 전제로 하는 '주장'만 하기 때문이다. 상대방에 대해 잘 알지 못한 채 내 것이 옳고, 내 것만 맞다고 주장하니 대화 속에서 답답함이 느껴지면서 불통이 되는 것이다. 만약, 자신의 주장을 이야기할 때 답답함이 밀려온다면 그때가 소통하는 법을 배워야 할 때라는 신호라고 생각해 볼 수 있다.

사람이 보통 1분 동안 말할 수 있는 글자 수는 대략 350자 정도이고, 들을 수 있는 단어는 1,200자 정도이다. 상대방의 말을 경청할 때가 말하는 것보다 훨씬 더 많은 정보를 얻을 수 있다는 것이다. 경청을 통해서 상대방에 대한 정보를 획득한 후에 공통의 관심 분야에 대한 이야기를 하면 훨씬 더 좋은 결과를 얻을 수 있다(김은성, 2009).

이에 본 장에서는 대학생들의 올바른 소통능력 형성을 위해 소통의 필요성 및 개념을 이해하고, 소통을 위한 방법을 알아보고 소통 중심 인성교육의 실제를 적용해 보고자 한다.

1. 소통의 필요성 및 개념

1) 소통의 필요성

구순열(Cleft lip)이라는 신체적 한계를 극복한 독일의 철학자이자 사회학자인 위르겐 하버마스(Jurgen Habermas)는 소통은 거실에서 가족이 대화를 나누는 생활 속에서 체득된다며, “거실은 소통의 시작이며, 훈련장이다.”라고 했다. 생활환경이 급변하고 사회 구성원의 의식과 가치관이 개별화 · 다양화되면서 개개인의 욕구와 주장이 상충되는 경우가 빈번해 가정과 직장에서 소통(疏通)이 원활하지 않아 다양한 갈등을 겪고 있다.

소통의 문제는 상대를 배려하지 않음에서 비롯된다. 텔레비전에서 서로 자신의 말만 앞세우려는 정치인들의 토론 프로그램을 보게 되기도 하며, 내용 없는 말장난과 상대의 약점을 비꼬는 말하기가 아무렇지도 않게 웃음의 소재로 애용되고 있는 예능 프로그램을 보게 되기도 한다. 이는 말하기가 제대로 이루어지지 않는다는 것이다. 말하기는 ‘말은 잘하기’, ‘말만 잘하기’의 의미가 아니라 다른 사람의 말을 ‘제대로 듣기’부터 시작해야 원활한 소통이 된다.

현대사회는 초(超)연결시대라고 불릴 만큼 다양한 매체를 통한 소통이 용이하다고 하지만 실상은 불통(不通)의 시대이다. 특히, 세대 · 계층 간의 이해관계가 얽혀 있어 타인에 대한 이해 및 소통의 부재로 인한 문제가 자주 발생한다. 올바른 소통문화의 정립과 소통역량의 제고가 절실히 요구되고 있는 시점이다.

소통은 단기간에 체득되는 것이 아니라 상대방을 대하는 진실한 태도와 차이를 인정하는 너그러움이 바탕이 될 때 그 결실을 맺게 된다. 데일 카네기(Dale Carnegie)는 저서 『인간관계론(*How to Win Friends and Influence People*)』에서 소통을 잘하려면 “다름을 인정하고 상대방의 입장에 서라.”라고 했다. 성공적인 인간관계를 위해서 우호적이면서 자신을 이해하고 감정을 조절하는 능력과 타인의 감정을 이해하고 의사소통(意思疏通, communication)하는 능력을 키워야 한다는 것이다. 소통을 단순한 의사전달의 문제가 아닌 다른 사람에 대한 존중과 이해를 바탕으로 나 자신과 다른 사람과의 상호작용에 대한 관점에서 인식할 필요가 있다(김옥인, 2013).

미래사회를 이끌고 갈 대학생들의 핵심 역량에 대한 연구에 따르면, 대학생들에게 가장 필요하고 우선되는 것은 더불어 사는 능력과 의사소통능력이라고 한다(김재춘, 2012). 대학 내에서 소통하는 수업이 되기 위해서는 관계 형성의 시작과 함께 서로 간의 믿음이 있어야 하고, 믿음을 근간으로 학습의 자발성을 일으켜야 한다. 특히, 교수와 대학생 간의 소통의 부재는 서로에 대한 불신, 우려, 걱정이 생기며, 대학생들의 수행능력이나 이해 정도의 파악과 긍정적 동기 부여를 제공할 수 없다. 대학생들 간의 관계, 교수자와의 효과적인 소통을 위해서는 소통과 관련된 역량을 배양할 수 있는 교육과 훈련이 체계적으로 실시되어야 한다.

출처: 환경일보(http://www.hkbs.co.kr)

고대 그리스 최대의 웅변가 데모스테네스(Demosthenes)와 영국의 윈스턴 처칠(Winston Churchill) 수상은 말더듬이었고, 시스코(Cisco)사의 존 챔버스(John T. Chambers) 회장은 9세 때 난독증 진단을 받았다. 이러한 상황에도 불구하고 유명한 연설가가 되어 대중과 소통할 수 있었던 것은 많은 연습을 통해 소통의 법칙을 터득했기 때문이다.

소통의 법칙 10가지

1. 앞에서 할 수 없는 말은 뒤에서도 하지 마라. 뒷말은 나쁘다.
2. 말을 독점하면 적이 많아진다. 적게 말하고 많이 들어라. 들을수록 내 편이 많아진다.
3. 목소리 톤이 높아질수록 뜻은 왜곡된다. 흥분하지 마라. 낮은 목소리가 힘이 있다.
4. 귀를 훔치지 말고 가슴을 흔드는 말을 해라. 듣기 좋은 소리보다 마음에 남는 말을 해라.
5. 내가 하고 싶어 하는 말보다 상대방이 듣고 싶은 말을 해라. 하기 쉬운 말보다 알아듣기 쉽게 이야기해라.
6. 칭찬에 발이 달렸다면, 험담에는 날개가 달려 있다. 나의 말은 반드시 전달된다. 허물은 덮어 주고 칭찬은 자주 해라.
7. 뻔한 이야기보단 펀(fun)한 이야기를 해라. 디즈니만큼 재미나게 해라.
8. 말을 혀로만 하지 말고 눈과 표정으로 말해라. 비언어적 요소가 언어적 요소가 언어적 요소보다 더 힘이 있다.
9. 입술의 30초가 마음의 30년이 된다. 나의 말 한마디가 누군가의 인생을 바꿀 수도 있다.
10. 혀를 다스리는 건 나이지만, 내뱉어진 말은 나를 다스린다. 함부로 말하지 말고, 한 번 말한 것은 책임져라.

출처: http://www.clipartpanda.com/categories/communicating-clipart.

이에 21세기를 짊어지고 갈 대학생으로서 소통에 대한 기초 이론을 토대로 다양한 관련 교수매체를 통해 소통에 대한 인식을 높이고 적절한 소통 관련 활동을 통해 행동실천력을 고취시켜야 할 것이다.

2) 소통의 개념

소통(疏通)은 막히지 않고 잘 통함이다. 소통할 소(疏), 통할 통(通)으로 사전적 의미로는 "사물이 막힘이 없고 잘 통함.", "의견이나 의사 따위가 남에게 잘 통함", "뜻이 서로 통하여 오해가 없음" 등으로 정의된다. 또한, 인간이 환경에 속한 대상과 느낌을 주고받는 과정으로 정의할 수 있다(Warren, 1934; 교육부, 2014 재인용).

소통의 영어식 표현인 뮤츄얼 언더스탠딩(mutual understanding)은 '서로(mutual)를 이해하다(understanding)'는 뜻으로 '상호 이해'이다. 자신의 생각을 전달했다 하더라도 서로의 배경지식과 처한 상황이 다르면 상대방은 전혀 다른 의미로 이해할 수도 있으므로 상대방을 이해하기 위해서는 서로 간의 차이를 인정하고 생각과 의지를 알아야 한다.

소통은 말의 통함보다 서로의 존중이 통하는 기술이며, 긍정의 기운으로 상대에게 호감과 신뢰를 주는 예술이며, 관계를 형성하고 관계를 풀어 가는 전술이다. 소통은 배려를 통한 타인 이해와 타인과의 원활한 공감대를 형성하는 것을 의미하며, 타인의 마음을 잘 헤아려 도와주거나 협동하는 가운데 서로의 생각과 마음을 주고받으며 상호 간에 잘 통하도록 하는 적극적인 노력이라고 할 수 있다(현주, 2014). 소통에서 타인과의 관계적 측면에서 볼 때 의사소통 영역이 강조되고 있다. 효과적인 의사소통을 위해서는 다른 사람에 대한 공감과 배려가 선행될 필요가 있다.

소통의 구성요소 및 개념을 설명하면 〈표 11-1〉과 같다.

〈표 11-1〉 소통의 구성요소 및 개념

하위 구성요소	개념
사교성	• 여러 사람들과 친밀하고 참여적인 태도 • 타인에게 호감을 주는 정도
개방성	• 지적 자극, 변화, 다양성에 대한 선호도
공유성	• 구성원들 간의 목표와 비전의 공유 • 구성원들 간의 유용한 정보나 성과의 공유 • 구성원들 간의 과정과 결과의 공유
피드백	• 타인의 발화와 행위에 대한 감사, 격려, 위로, 칭찬의 표현 • 타인의 발화와 행위에 따른 문제에 대한 지적 및 정보 제공

출처: 지은림(2013), 교육부(2014) 재인용

[김용택 시인의 인성 이야기] 소통이란 생각을 주고받는 것이지요.

어느 겨울날, 집에 돌아왔는데 보일러가 고장 나서 방이 추웠다. 방바닥에 깔린 난방 배관에 공기가 차서 보일러가 작동하지 않았다. 기술자가 배관에 있는 물을 다 빼내고 다시 물을 채워야 한다고 했다. 긴 호스를 가져다가 보일러에 잇고 그 속에 들어 있는 뜨거운 물을 마당으로 빼냈다.

그때, 어디선가 어머니가 달려오더니, 뜨거운 물이 떨어지는 마당에 허리를 굽혀, "눈 감아라! 눈 감아라! 눈 감아라!" 하는 것이었다. 깜짝 놀랐지만, 어머니가 땅에 대고 엄숙하게 말을 하고 있어서 가만히 바라보고 있었다. 한참을 그러던 어머니가 허리를 펴기에 내가 물었다. "어머니, 그게 무슨 말이에요. 왜 땅에 대고 눈을 감으라고 하셨어요?" "애야, 땅속에는 수많은 벌레가 사는데 갑자기 뜨거운 물이 들어가면 벌레들 눈이 멀지 않겠니. 그래서 내가 눈을 감으라고 했다." "에이, 벌레들이 사람 말을 알아들어요?" "하먼, 알아듣고말고."

농사를 짓고 사는 어머니는 벌레들하고도 말을 하고 살았다. 하물며 사람 사이에 안 통할 게 뭐가 있겠는가. 소통은 너와 내가 같은 생각을 하게 된다는 것이다. 생각을 주고받는 것이다. 그러려면 우선 말문을 열어야 한다. 말문을 막지 않고 말을 들어 주는 것이 소통의 시작이다.

출처: 소년조선일보.

평소에 다른 사람과 자신의 차이를 인정하지 못해 이솝우화의 '여우와 두루미' 같은 실수를 범하는 것은 아닌지에 대해 생각해 봐야 한다. 만약, 여우가 두루미의 신체적 특성을 미리 알고 있었다면 그런 실수를 하지 않았을 것이다. 또 여우의 실수를 두루미가 알았다면 서로 간의 오해와 불편은 없었을 것이다. 그리고 두루미가 여우와 대화를 시도했다면 다른 결말이 되었을 것이다.

여우와 두루미

출처: http://leesun4134.egloos.com

여우는 긴 여행에서 돌아온 두루미를 저녁식사에 초대했다. 여우는 두루미가 먹을 수 없는 납작한 접시에 음식을 담아서 대접을 했다. 두루미는 아무것도 먹지 못했다. 이번에는 두루미가 여우를 집으로 초대했다. 그리고는 여우가 음식을 먹을 수 없도록 주둥이가 긴 병에 음식을 담아 왔다. 결국, 여우도 맛있게 식사를 할 수가 없었다.

이렇듯 소통에서 가장 어려운 부분은 이해와 공감이다. 상대방의 마음을 헤아리고 감정을 공유하는 기술은 쉽지 않을 수 있다. 하지만 이해하고 공감하려는 노력만으로도 상대방에게 내 뜻이 전달될 수 있다. 이는 갈등의 감소와 용이한 조율, 관계의 균형으로 이어진다. 즉, 소통은 쉐어링(sharing)의 속성을 지니고 있고, 이는 공유, 나눔, 공감이라는 이 시대를 대표하는 키워드로 해석된다.

조직사회에서의 소통은 크게 업무적 소통, 창의적 소통, 정서적 소통, 무언의 소통으로 나눌 수 있다. 업무의 지시 또는 보고, 정보를 공유하는 대화, 피드백 등의 '업무적 소통'이 잘 이루어지면 일의 성과는 향상될 것이다. '창의적 소통'은 새로운 아이디어를 제안하거나 비전을 제시하고 협업을 요청하는 일 등을 포함하는 개념으로 창의적 소통이 활발한 조직에서는 창조적인 성과 창출이 가능하다. '정서적 소통'은 인간관계를 유지하기 위한 일상적 대화, 상호 이해, 공감하는 대화로 조직원 간 관계의 질이 향상된다. '무언의 소통'은 무의식적으로 상대방의 어투, 표정, 손동작, 자세 등을 통해 그 속에 담긴 메시지를 파악하는 것이다. 이 네 가지 영역이 조화롭게 어우러져야 건강한 소통이라고 말할 수 있다.

[그림 11-1] 소통의 영역

출처: http://cafe.daum.net/innochog.

마음을 사로잡는 7가지 소통의 법칙

1. 공감의 법칙
2. 경청의 법칙
3. 통합의 법칙
4. 스토리텔링의 법칙
5. 명료성의 법칙
6. 반복과 자극의 법칙
7. 진정성의 법칙

출처: 김은성(2009).

[그림 11-2]는 대학생들이 생활 속에서 인식하는 소통의 개념이다.

사이버 공간에서의 소통도 충실히 하는 것

대화로 서로의 의견을 좁혀 나가는 것

[그림 11-2] 대학생들이 인식하는 소통

2. 소통 함양을 위한 교수매체

대학생들의 소통을 기르기 위한 방법으로 문학 기반 인성교육은 도서, 시, 명언 및 사자성어, 속담 등의 매체가 있고, 예술 기반 인성교육은 미술, 음악 등의 매체가 있으며, 영상 기반 인성교육은 영화, 다큐멘터리, 광고 등의 다양한 매체가 있다.

1) 문학 기반 인성교육

(1) 도서

방송인이자 서울대 말하기 수업의 강사인 유정아의 저서 『당신은 상대의 아픔을 보지 못했다』는 '말의 무게'에 대해 새삼스레 다시 생각하게 하며, 단정한 문장 속에 담긴 세상을 보는 날카로운 시각으로 품격 있는 소통의 실제적인 노하우도 함께 살펴보게 한다.

당신의 말이 당신을 말한다
유정아 지음 /
쌤앤파커스(2012)

저자가 20년 넘게 현장에서 말에 관한 일에 종사하며 체득한 '말의 기본'을 담고 있는 책으로, 노하우와 지식을 바탕으로 말할 때 새기고 삼가야 할 것들을 전하고 있다.

특히, 대통령 연설, 유명인사와의 인터뷰, 아들과의 대화, 일상의 대화와 문학작품의 사례를 끊임없이 소개하며 잘못된 말과 잘된 말을 차분하게 직설적으로 풀어 나가는 것이 이 책의 매력이다. 저자의 날카로운 시각을 따라가노라면 자신의 말은 어떠했는지를 자연스럽게 되돌아보게 된다.

이 책은 말에 대해 성찰함으로써 자신과 말의 품격을 함께 높이고, 소통의 벽을 허물고 문을 만드는 지혜에 대해 말한다. 그럼으로써 상대방의 마음에 생채기를 내지 않고, 상대방의 아픔을 보듬어 진정한 소통의 즐거움에 이르는 길을 보여 준다.

출처: www.yes24.com.

(2) 시

구순희 시인의 시 「지문과의 교신」은 소통의 의미와 자세 및 태도를 느낄 수 있게 한다. 특히, 손가락 지문을 통해 소통하는 삶을 잘 표현하고 있다.

지문과의 교신

구순희

소통의 통로 찾아갈 때마다
몽당연필 침 꾹꾹 발라
길을 만드는 사람

엄지손가락 지문 셀세라
누르고 또 누르는
저런 필사의 힘이 내게로 왔구나

지나가는 바람에게나 하는 목례 아닌
동백꽃 모가지 툭 부러지는
혼신의 힘으로
오늘도 안녕한가 묻기도 했다

앙증맞은 휴대폰 짓이기는
어깨를 들썩이며 누르는 숫자
그럴 때마다 오른쪽으로 기우뚱 몸이 기운다

숫자 하나하나의 솜털 헤집어 가며 왔을
저 신호
그 스위치의 힘으로!

여태껏 전언을 받은 게 아니라
지문 지워지는 소리와 교신하고 있었다

꾹꾹 누르려는 욕망과 견디려는 막중함이
부딪치며 숫자가 확인되는 순간

지워진 지문 되살아나 정신없이 소용돌이치며
막혔던 통로에 소통의 꽃이 피리라.

인성 씨앗 심기

소통이란 ______________________________ 이다.

왜냐하면 ______________________________ 이기 때문이다.

(3) 명언 · 사자성어 · 속담

소통 관련 명언 · 사자성어 및 속담을 통해 대학생들은 소통의 개념 및 중요성을 쉽게 상기시킬 수 있다.

명언

- 의사소통에서 가장 중요한 것은 상대방이 말하지 않은 소리를 듣는 것이다. – 피터 드러커
- 말을 할 수 있기에 사람은 짐승보다 낫다. 그러나 올바르게 말하지 않는다면 짐승이 그대보다 나을 것이다. – 사아디 고레스탄
- 진실이 있는 말은 결코 아름답게 장식하지 않고, 화려하게 장식한 말은 진실이 없는 법이다. – 노자
- 말하기의 반대는 듣는 것이 아니다. 말하기의 반대는 기다리는 것이다. – 레보비츠
- 군자는 말을 잘하는 사람의 말에만 귀를 기울이지 않고 말이 서툰 사람의 말에도 귀 담아듣는다. – 공자

사자성어

- 호질기의(護疾忌醫): 병을 숨기고 의원에게 보이기를 꺼린다는 뜻. 자신의 단점을 감추고 남의 충고를 듣지 않는 것
- 여물위춘(與物爲春): 모든 사물과 함께 봄이 된다는 뜻. 세상에 살아있는 모든 것들과 부드럽게 소통하며 봄과 같이 따스하게 서로를 포용하는 것
- 내소외친(內疏外親): 겉으로는 친한 체하면서 속으로는 멀리한다는 뜻. 상대방의 호감을 얻으려고 거짓으로 꾸미거나 무성의하게 대하는 사람을 가리키는 것
- 구동존이(九同存異): 차이점을 인정하면서 같은 점을 추구한다는 뜻. 다른 생각은 일단 미뤄 두고 서로 뜻이 맞는 부분부터 의견을 모으다 보면 소통하고 화합할 수 있는 것
- 반궁자성(反躬自省): 잘못을 자신에게 찾는다는 뜻. 어떤 일이 잘못되었을 때 남을 탓하지 않고 일의 잘못된 원인을 자기 자신에게서 찾아 고쳐 나간다는 것

속담

- 가는 말이 고와야 오는 말이 곱다.
- 말 한마디로 천 냥 빚을 갚는다.
- 낮말은 새가 듣고 밤말은 쥐가 듣는다.
- 입은 비뚤어져도 말은 바로 해라.
- 아 다르고 어 다르다.

2) 예술 기반 인성교육

(1) 미술

조재영 작가의 설치미술 '완전한 구(球)를 향하여'(2014)는 사물, 천 등을 활용해 서로 다른 상황 속에서의 불균형을 통해 소통을 의미하는 작품이다.

완전한 구(球)를 향하여
조재영(2014)

출처: 서울문화재단 아트갤러리 (http://www.sfac.or.kr).

작업실에서 막 사용되는 도구들 위에 이런저런 형태로 얹혀 있는 축구공 모양의 작품 '완전한 구(球)를 향하여'는 6각형 20개와 5각형 12개로 이루어진 축구공의 전개도를 따라 만든 것이지만, 재료를 달리하여 그 모습이 낯설다.

축구공으로서의 구조적 조건은 갖추었지만, 각자 다른 상황 속에서 다른 모습으로 나타난다. 높은 천정으로부터 내려온 붉은 덩어리는 아래층에서는 보이지 않는 또 다른 덩어리와 균형을 맞춘다.

원이나 구가 인류의 무의식이나 상상력에 나타난 바와 같은 완벽함을 갖추려면, 시공간에 따라 변화하는 다양한 모습 또한 포함되어야 한다는 것이 작가의 생각이다. 그것은 내재적 결정 요인만을 고려하는 닫힌 형식을 거부한다.

출처: 이선영(미술평론가) .

(2) 음악

"오가는 대화 속에 움터 가는 부지불식 소통의 오류"로 시작하는 가수 이승철의 「소통의 오류」는 서로 간의 원활한 소통을 방해하는 요소에 대한 노래로, 대학생들로 하여금 소통에 대해 생각해 볼 수 있다.

소통의 오류

이승철 노래

오가는 대화 속에 움터 가는 부지불식 소통의 오류
하늘과 닿으려던 오만함의 바벨탑 속 불통의 원류
나와는 다른 묘한 이해체계 모두들 사는 곳이 다른 외계
치명적 오류 인생을 망칠지도
나만이 세상 축이 되는 시계 모두를 고립시키려는 흉계
너의 진실 한가운데 날 통과 시켜줘

관계는 소통불량 제멋대로 듣고 싶은 말들로만 막혀
이해의 모든 앎은 오해일 뿐 판단유보 끝을 보고 난 뒤로
나와는 다른 묘한 이해체계 모두들 사는 곳이 다른 외계
치명적 오류 생사를 가를지도
나만이 세상 축이 되는 시계 모두를 고립시키려는 흉계
너의 진실 한가운데 날 통과 시켜줘

아닌 것은 아니라고 그런 것은 그렇다고
왜곡보다 단절보다 더 무서우니
나와는 다른 묘한 이해체계 모두들 사는 곳이 다른 외계
치명적 오류 인생을 망칠지도
나만이 세상 축이 되는 시계 모두를 고립시키려는 흉계
너의 진실 한가운데 날 통과 시켜줘

3) 영상 기반 인성교육

(1) 영화

"잘하자. 자식이 잘해야 애비가 산다!"

"언제부터 나를 세자로 생각하고, 또 자식으로 생각했소!"

한 나라의 왕과 세자로서 삶을 살았던 영조와 사도세자의 이야기를 통해 진정한 부자간의 소통에 대해서 생각해 볼 수 있다.

사도(2015)
감독: 이준익

[줄거리]

재위기간 내내 왕위계승 정통성 논란에 시달린 영조는 학문과 예법에 있어 완벽한 왕이 되기 위해 끊임없이 노력한다. 영조는 뒤늦게 얻은 귀한 아들 세자가 모두에게 인정받는 왕이 되길 바랐지만 기대와 달리 어긋나는 세자에게 실망하게 된다. 예술과 무예에 뛰어나고 자유분방한 기질을 지닌 사도는 영조의 바람대로 완벽한 세자가 되고 싶었지만 자신의 진심을 몰라주고 다그치기만 하는 아버지 영조를 점점 원망하게 된다.

영화 「사도」는 왕과 세자로 만나 아버지와 아들의 연을 잘 잇지 못한 역사상 가장 비극적인 가족사 이야기이다.

[명대사]

- 생각 사(思), 슬플 도(悼), 사도세자라 하라. 어찌하여 너와 나는 이승과 저승의 갈림길에 와서야 이런 이야기를 나눌 수밖에 없단 말이냐!
- 허공으로 날아간 저 화살이 얼마나 떳떳하더냐.
- 너는 임금을 죽이려 한 역적이 아니라, 미쳐서 아비를 죽이려 한 광인으로 기록될 것이다. 그래야 네 세손이 산다.
- 내가 바라는 것은 아버지의 따뜻한 눈길 한 번, 다정한 말 한마디였소.

(2) 광고

「말하지 않아도 아는 사이는 없습니다」라는 광고를 통해서 요즘 현대사회의 풍조를 알 수 있다. 가족 간의 관심과 사랑에 대해 감동 있는 메시지를 전달하면서 서로 간의 관심을 통해 소통을 이루어야 함을 이야기하고 있다.

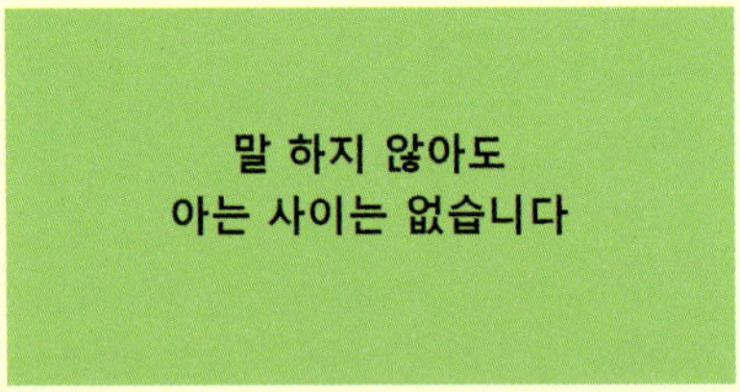

말하지 않아도 아는 사이는 없습니다(2015)

출처: 한국광고종합협의회 (https://www.koreacf.or.kr).

"제가 요즘 가보고 싶은 곳은?"
"아빠요? 어... 글쎄요. 잘 모르겠는데요?"
"제가 관심 있는 거요?"
"집사람이요? 어..."
말하지 않아도 아는 사이는 없습니다.
가족일지라도…
오늘 물어보세요.
소통의 시작은 관심입니다.

3. 소통 중심 인성교육의 실제

소통 | 사회성 | 시 「미처 말하지 못한 말」

인성 관련 요소	핵심 가치 · 덕목								핵심 역량			
	예절	효	정직	책임	존중	배려	소통	협동	도덕적 예민성	도덕적 판단력	의사 결정 능력	행동 실천력
			○		○		◎					◎

미처 하지 못한 말

김용택

살다가,
이 세상을 살아가시다가
아무도 인기척 없는
황량한 벌판이거든
바람 가득한 밤이거든
빈 가슴이, 당신의 빈 가슴이 시리시거든
당신의 지친 마음에
찬바람이 일거든
살다가, 살아가시다가.......

감상활동

- 김용택 시인의 시 「미처 하지 못한 말」을 감상하고 이야기 나눈다.
  - 시 「미처 하지 못한 말」의 주제는 무엇인가요?
  - 시 「미처 하지 못한 말」에서 가장 기억에 남는 시어(낱말)는 무엇인가요?
  - 시 「미처 하지 못한 말」을 감상하고 난 후 느낀 점에 대해 이야기해 볼까요?

활동명: 미처 하지 못한 말

활동 목표	• 시를 낭독하고 감상함으로써 소통의 중요성을 안다. • 친구와의 의사소통능력 및 갈등해결능력을 함양할 수 있다. • 시화를 만들고 편지를 쓰고 영상을 봄으로써 소통하는 방법을 행동으로 실천할 수 있다.

활동내용

- 시 「미처 하지 못한 말」에 나오는 상황에 대해 이야기 나눈다.
  - 시를 낭독하고 감상해 보아요.
  - 친구에게 미처 하지 못한 말이 무엇이었는지 생각해 보아요.
  - 친구의 마음을 몰라주었을 때의 상황에 대해 이야기 나누고, 그럴 때는 어떤 감정이 드는지 이야기해 보아요.

- 시화를 만들어 소개한다.
  - 시 「미처 하지 못한 말」을 음미하며 그림으로 표현해 보아요.
  - 시화를 소개하고 감상해 보아요.

- 글을 써서 친구에게 영상 편지를 보낸다.
  - 친구에게 미처 하지 못한 말을 글로 표현해 보아요.
  - 스마트폰으로 쓴 편지글을 영상으로 만들어 친구에게 보내 보아요.
  - 편지글 영상 활동으로 소통한 느낌에 대해 이야기해 보아요.

「미처 하지 못한 말」 시화 작품

▶ 「미처 하지 못한 말」 시를 감상한 후에 시화를 만들어 보세요.

너에게 미처 하지 못한 말이 있어...

▶ 친구에게 '미처 하지 못한 말'을 편지글로 써 보세요.

소통 | 도덕적 예민성 | 광고 '말하지 않아도 아는 사이는 없습니다'

인성 관련 요소	핵심 가치 · 덕목								핵심 역량			
	예절	효	정직	책임	존중	배려	소통	협동	도덕적 예민성	도덕적 판단력	의사 결정 능력	행동 실천력
					○	○	◎		◎			

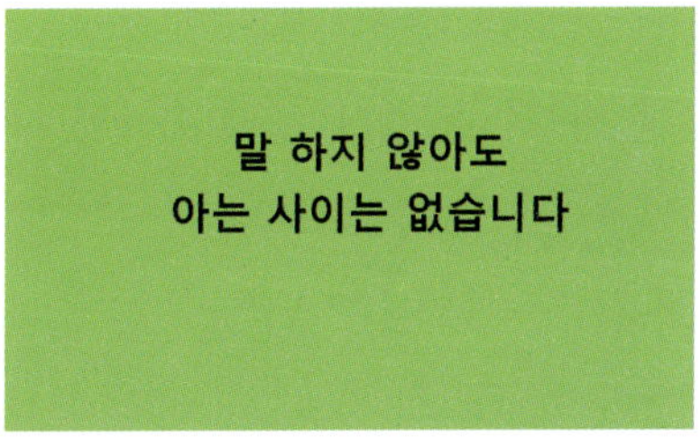

말하지 않아도 아는 사이는 없습니다(2015)

출처: 한국광고종합협의회 (https://www.koreacf.or.kr)

"제가 요즘 가보고 싶은 곳은?"

"아빠요? 어... 글쎄요. 잘 모르겠는데요?"

"제가 관심 있는 거요?"

"집사람이요? 어..."

말하지 않아도 아는 사이는 없습니다.

가족일지라도…

오늘 물어보세요.

소통의 시작은 관심입니다.

감상활동

- 공익광고 「말하지 않아도 아는 사이는 없습니다」(2015)를 시청하고 이야기 나눈다.
  - 「말하지 않아도 아는 사이는 없습니다」에 나오는 주제는 무엇인가요?
  - 「말하지 않아도 아는 사이는 없습니다」를 보고 가장 감명 깊었던 장면과 대사는 무엇인가요?
  - 「말하지 않아도 아는 사이는 없습니다」를 보고 난 후 느낀 점에 대해 이야기해 볼까요?

활동명: 가족의 마음 읽기

활동 목표	• 가족의 마음 읽기를 통해 소통의 중요성을 알 수 있다. • 가족 간의 소통 상황을 다양한 방법으로 표상함으로써 도덕적 예민성을 기를 수 있다. • 가족에 대한 신체표현과 미술표현 통해 소통을 적극적으로 실천할 수 있다.

활동내용

- 「말하지 않아도 아는 사이는 없습니다」(2015)에 나오는 상황에 대해 이야기 나눈다.
  - 가족에 대해 어느 정도 아는지 이야기해 보아요.
  - 가족이 자신의 마음을 몰라준 상황에 대해 이야기 나누고, 그럴 때 어떤 감정이 드는지 이야기해 보아요.

- 가족의 마음을 읽고 알게 된 점을 적어 본다.
  - 가족의 입장에서 생각해 보아요.
  - 가족의 입장에서 생각하는 것을 브레인스토밍해 보아요.

- 가족에게 공감받았을 때의 느낌을 판토마임으로 표현해 본다.
  - 2인 1조가 되어 가족에게 공감받았을 때의 기분을 느껴 보아요.
  - 신체 접촉을 통해 상대방의 감정 변화를 알아차리고 소통해 보아요.

- 가족에 대한 신체 표현활동을 통해 느낀 감정을 미술로 표현해 보고 이야기 나눈다.
  - 상대방이 표현한 미술작품의 이름을 지어 보아요.
  - 작품을 통해 소통의 의미에 대해 이야기해 보아요.

가족의 마음 읽기

▶ 가족의 입장에서 생각하는 점을 브레인스토밍해 보세요.

가족의
마음

가족과 공감했어요!

▶ 가족에게 공감받았을 때의 느낌을 그림으로 표현해 보세요.

활·동·지·예·시

'미처 하지 못한 말' 시화 작품

▶ 『미처 하지 못한 말』 시를 감상한 후 시에 알맞은 시화를 만들어보기

너에게 미처 하지 못한 말이 있어...

▶ 친구에게 '미처 하지 못한 말'을 편지글로 써보세요.

형선이에게.

안녕 형선아! 요즘 코로나 19 때문에 많이 힘들지?
하고 싶었던 일도, 세웠던 계획도 다 무산되면서
속상해하는 네 모습을 볼 때마다 나도 안타까웠어.
이 세상이 인기척 없는 황량한 벌판같을지라도,
바람이 엄청 부는 어두운 밤같을지라도
네 미소를 유지하면서 항상 힘 내서 행복하게
살아갔으면 좋겠어.
항상 고마워, 언제나 건강하게 지내!

2020년 친구 유진이가.

가족의 마음 읽기

▶ 가족의 입장에서 생각하는 점을 브레인스토밍해 보세요.

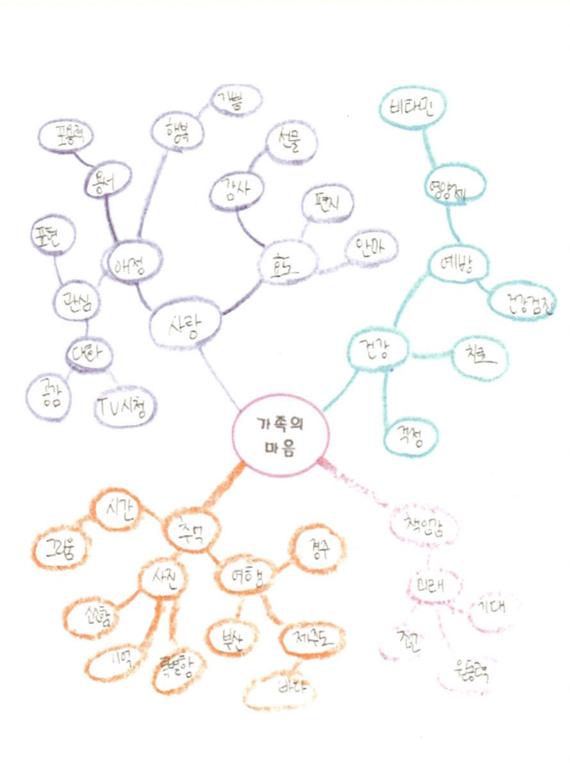

가족과 공감했어요!

▶ 가족에게 공감 받았을 때의 느낌을 그림으로 표현해 보세요

〈부록〉

소통지수 알아보기(self-check)

다른 사람을 만나는 상황을 머릿속에 그리며 테스트해 보자. 질문에 대한 체크로 '5점은 항상 그렇다, 4점은 대체로 그렇다, 3점은 보통이다, 2점은 대체로 그렇지 않다, 1점은 전혀 그렇지 않다.'이다.

원칙	내용	1	2	3	4	5
공감의 원칙	1. 다른 사람을 만날 때 상대방과의 차이를 인정하는가? 2. 상대방에 대해 알고자 노력하는가? 3. 상대방의 심정과 생각을 이해하고자 노력하는가? 4. 자기 이야기를 잘하는가?					
경청의 원칙	5. 말하기보다는 상대방의 이야기를 듣는가? (양) 6. 상대방의 이야기를 진지하고 깊게 듣는가? (질)					
통합의 원칙	7. 사람을 만날 때 의상과 외모에 신경 쓰는가? 8. 말할 때 제스처를 사용하는가? 9. 이야기를 할 때 눈을 맞추는가?					
스토리텔링의 원칙	10. 부드러운 억양으로 말하는가? 11. 막힘 없이 많은 이야기를 할 수 있는가? 12. 다른 사람의 이야기 등 사례를 많이 말하는가? 13. 말할 때 짜임새, 구조가 있는가?					
명료성의 원칙	14. 말하고자 하는 바가 명확한가? 15. 말할 때 근거가 명확하고 논리적인가?					
반복/자극의 원칙	16. 자기의 주장을 반복해서 적절히 강조하는가? 17. 사람과 만날 때 자기만의 매력을 보이려 노력하는가?					
진정성의 원칙	18. 누군가를(사람을) 만났을 때 상대방을 배려하는가? 19. 누군가를(사람을) 만났을 때 상대방에게 집중하는가? 20. 말과 행동이 일치하는가?					

출처: www.samsung.co.kr.

* 90점 이상: 소통의 달인

어떠한 상황에서도 차이를 인정하고 소통을 시도한다. 경청을 통해 다른 사람의 의견을 먼저 받아들이고 자신의 의견도 상황에 맞게 적절히 전달한다. 항상 상대방을 최우선으로 하여 소통한다. 역사적 인물이나 성인(聖人)의 반열이다.

* 80점 이상: 원활한 소통

소통을 하고자 매사 노력한다. 여건이 허락하면 차이를 인정하고 좋은 관계를 맺고자 노력한다. 물론, 본인이 다른 문제로 고민하거나 상대방이 도를 넘는 행동을 하면 불통이 되기도 하지만 꾸준히 노력한다. 주변 사람들에게 친화력이 좋은 사람으로 인정을 받는다. 매력적인 인물로 주변에 사람이 모인다.

* 70점 이상: 평범한 소통

소통의 중요성을 인식하고 소통하고자 시도하지만 안 되는 경우가 종종 발생한다. 자신의 이익과 관련된 문제가 개입되면 소통보다는 일방적 주장으로 상대방을 설득하고자 한다. 하지만 이익과 관련 없는 정서적 문제에서는 차이를 인정하고 상대방과 공감대를 형성하고자 노력한다.

* 55점 이상: 일방적 소통

소통을 자신의 주장이 관철되는 것으로 이해한다. 따라서 상대방이 처한 상황보다는 내가 처한 상황에서 나의 주장을 많이 전하는 것을 관건으로 생각한다. 자신의 주장을 모두 전하는 것이 좋은 소통이라고 생각하는 것이다. 특히, 자신의 매력을 높이는 것에 몰두하지만 상대방에게 잘 집중하지는 않는다.

* 55점 이하: 불통의 단계

서로 간의 차이를 인정하지 못할 뿐만 아니라 자신의 메시지 자체도 효과적으로 전달하지 못한다. 항상 만남이 겉돌게 되고 관계 역시 형성되지 않는다. 나중에는 만남 자체를 꺼리게 된다.

Chapter 12

'협동' 중심 인성교육의 이해와 실제

2010년 국가대표 축구팀 선수들이 남아공 월드컵을 대비해 동료선수들과 함께 협동심을 기르는 새해 첫 훈련을 갖고 있다. 선수들은 서로가 격려하고 도움으로써 공동체 의식과 협동심을 기르고 있는 것이다.

'전체는 하나를 위하여, 하나는 전체를 위하여!'

출처: 스포츠조선(2010. 1. 3.).

이러한 공동체 의식과 협동심은 입시 위주의 인지적 능력만을 강조하는 교육환경에서 자란 대학생들에게 협동활동으로 인한 성취감과 그 가치를 배울 수 있는 기회를 제공하는 것으로 우리나라 대학이 반드시 수행해야 할 역할 중 하나이다.

이에 본 장에서는 대학생들의 협동심 형성을 위해 협동의 필요성 및 개념을 이해하고 협동을 위한 방법을 알아보며, 협동 중심 인성교육의 실제를 적용해 보고자 한다.

1. 협동의 필요성 및 개념

1) 협동의 필요성

지식 위주의 결과 중심으로 교육을 받아온 현대사회의 대학생들은 사람과 마주하는 일에 불편함을 느끼고, 개인주의 성향과 경쟁의식으로 인해 전반적으로 사회성이 부족하다.

이러한 사회성 부족 현상을 최소화할 수 있는 방안으로 대학생들에게 '협동'은 매우 중요한 키워드이며, 경쟁이 아닌 동료와 함께 하는 공동체 생활을 통한 협동을 함양해야 할 필요성이 있다.

대학생 6명이 만든 협동조합... 거대 조합으로

캐나다 최대 아웃도어 브랜드 MEC의 성공 스토리
대학 산악부 6명으로 출발한 MEC... 초창기 멤버들 지금도 '5달러 조합원'

항상 돈에 쪼들렸던 대학 산악부 학생들은 밴을 몰고 미국의 시애틀까지 원정을 가서 등반용 로프나 빙벽 도끼 등을 사 왔다. 세금을 물지 않으려고 몇 번 사용한 것처럼 위장해 들여오는 방법도 동원했다. 그러던 중 1970년 여름, 베이커산(Mount Bake)으로 등반을 갔던 4명의 부원들이 "우리가 밀수꾼도 아니고 이럴 바에 차라리 협동조합을 하나 만들어 보자."라는 제안을 하게 되고, 이듬해 8월 2일 자본금 65달러의 협동조합 MEC가 설립되었다. 설립 40년, 조합원 330만 명에 매출 2억 7천만 달러를 기록할 때까지, 회사 설립 멤버인 6명은 단 한 번도 수익을 요구하거나 수익 배분을 둘러싼 소송을 하지 않았다. 그들은 지금까지도 5달러의 가입비를 낸 조합원의 한사람으로 열성적인 활동을 이어가고 있다.

출처: https://kai1.tistory.com/25.

미국의 아스틴(Astin, 1993)은 309개 대학의 27,000여 명을 대상으로 실시한 대학생들의 성공적인 학업성취를 위한 환경요인 연구에서 학생들 간의 상호작용과 학생-교수 간의 상호작용이 가장 큰 요인이라고 밝히고 있다. 이러한 상호작용은 협동학습의 필수적 구성요소이므로 대학 교육에서의 협동학습은 꼭 필요한 교수학습 전략이라고 볼 수 있다.

우리나라 교육은 대학을 가기 위한 입시 위주의 경쟁적 학습 구조이다. 경쟁 구조 속에서 대학생들이 글로벌 인재로의 성장을 위해 꼭 필요한 요소인 여러 가지 사회적 기술과 효과적인 학업의 성취는 협동학습을 통해 습득할 수 있게 해 준다.

따라서 협동학습은 우리나라 각 대학들이 학생들 개인이 다양한 역량을 서로 나누고 공유할 수 있는 학습의 장으로 거듭나기 위해 필요한 학습 전략이라고 할 수 있다.

대학생의 협동활동의 필요성을 제시하면 다음과 같다(박현지, 2015).

- 협동활동을 통해 타인에 대한 이해를 할 수 있다.
- 협동활동은 사회성 향상에 도움이 된다.
- 협동활동은 자아증진감 향상에 도움이 된다.
- 협동활동은 공동체 의식을 심어 준다.

이처럼 협동활동은 학습자들에게 타인을 이해하려는 태도와 함께 사회성, 자아증진감, 공동체 의식을 심어주는 데 더욱 효과적이라고 볼 수 있다. 이에 21세기를

대학생들의 팀프로젝트 활동을 위한 협동학습

젊어지고 갈 대학생으로서 협동하는 태도를 가지고 학교, 조직, 사회 속에서 협동의 정신을 실천하기 위해 협동에 대한 다양한 관련 교수매체를 통해 그 필요성을 인식하고 대학생에게 적절한 협동 관련 활동을 통해 행동실천력을 고취시켜야 할 것이다.

2) 협동의 개념

협동(協同)을 한자로 풀이해 보면 '한 가지의 동일한 목적을 위해 힘과 마음을 합하는 것'이며, 사전적 의미로는 '서로 마음과 힘을 합하는 것'으로, 공동의 목표에 도달하기 위해 개인 간의 관계에서 나타나는 행동을 의미한다. 즉, 개인이나 집단이 공동의 목적과 목표 달성을 촉진하기 위해 정도의 차이는 있지만, 무엇인가 조직적인 방법으로 개인이나 집단이 활동을 결합하고, 서로 도우면서 같이 일하는 것이다. 이를 종합해 보면, 협동이란 서로 마음과 힘을 하나로 합하여 목표를 달성하기 위해 도움을 주고받는 모든 행위를 의미한다.

협동은 구성원이 두 사람 이상 필요하고 또 이들을 하나로 묶는 공동의 목표가 있어야 하며, 그 목표를 달성하기 위한 긍정적인 상호작용이 필요하다는 전제가 깔려 있다. 그리고 인류의 역사가 시작된 이래 계속해서 중시되어 온 생존방식이며, 복지와 영속을 위한 기본적인 조건이므로 매우 중요시되고 있어 인간의 사회를 유지 · 발전시키기 위한 필수적인 기술이라고 할 수 있다.

협동의 구성요소로는 긍정적 상호 의존성, 개별적 책무성, 대면적 상호작용, 사회적 기술, 집단 과정으로 나누어지고, 이러한 구성요소에 따른 협동의 개념은 〈표 12-1〉과 같다.

〈표 12-1〉 구성요소에 따른 협동의 개념

핵심 덕목		하위 구성요소	개념
협동	서로 마음과 힘을 하나로 합하여 목표를 달성하기 위해 도움을 주고받는 모든 행위	긍정적 상호 의존성	서로 도움을 주는 관계여야 함을 의미
		개별적 책무성	과제를 수행해야 하는 책임이 각 개별적으로 있다는 것을 의미
		대면적 상호작용	구성원들이 서로의 노력을 직접 대면하여 격려하고 촉진시켜 주는 것을 의미
		사회적 기술	집단 내에서의 갈등 관리, 의사결정, 효과적, 리더십, 능동적 청취 등을 의미
		집단과정	얼마나 노력하고 협력했는지에 대한 토론과 평가를 해야 함을 의미

출처: Johnson & Johnson(1994).

협동학습은 소집단 간, 교수자와 학생 간의 공동의 지적 노력을 포함하는 다양한 교육적 접근을 일컫는 포괄적인 용어로서, 강의 중심 또는 교수자 중심이었던 전통적 교육환경으로부터의 큰 변화를 의미한다(이희수, 2014).

밀리스(Millis,2010)는 협동학습을 통해 학생들이 비판적 사고, 진정한 패러다임의 전환을 학습할 수 있게 된다고 하였다. 따라서 협동학습은 다양한 학습과 특별한 적응이 요구되는 학생들을 포함하여 모든 학생들을 위해 긍정적인 학습결과를 생산하는 교수학습 전략으로, 구성원들이 공동으로 노력하여 과제를 성취해 나가는 수업 방식이다.

협동학습은 화학, 교육심리학, 회계학, 문학, 경제학 등의 다양한 전공분야에서도 효과적인 학습방법으로 소개되었다(Cohen, 2010; Cottell, 2010; Millis, 2010; Shadle, 2010). 코텔(Cottell, 2010)은 협동학습을 성공적으로 이끄는 요인으로 긍정적 상호작용, 개인의 책무성, 그리고 리더십 기술을 제안하고 있다. 샤들(Shadle, 2010)은 학문의 특성상 강의식 수업이 주를 이루었던 화학전공 수업을 탐구중심 모델로 변화시키고, 교수자이기보다는 촉진자로서의 역할에 대한 인식의 전환으로 협동학습 전략은 학생들의 효과적인 학습을 이끌어 낸 것이다.

협동의 의미를 토대로 협동활동은 다양한 뜻을 포함한다. 사전적 의미로서 협동활동은 둘 이상의 사람이 공동의 목표를 위해 서로 마음과 힘을 합하여 협력하는 것이다. 협동활동은 두 명 이상의 구성원들이 한 집단을 구성하여 공동의 문제를 해결해 나가기 위해 서로에게 도움을 주고 그들에게 주어진 생각과 힘을 합하는 과정이라고 보았다(고진주, 2012). 즉, 협동활동이란 공동의 목표나 과제를 달성하기 위해 여러 사람이 함께 활동하는 것이다.

이와 같이 협동활동은 학교에서는 친구들끼리 협동하여 과제를 해결할 수 있으며, 직장에서도 동료들과 능력을 합하여 주어진 일을 해결하는 등 사회생활을 하는 데 매우 중요한 활동이다. 이는 협동활동이 구성원들의 공동의 유익한 목표를 위해 협력하는 과정에서 또래와 긍정적인 상호작용을 함으로써 자신의 정서를 조절할 수 있고 긍정적인 정서를 함양할 수 있으며, 원만한 상호 관계기술을 습득하게 하는 교수방법임을 시사한다.

대학생들이 현실에서 인식하는 협동의 개념은 [그림 12-1]과 같다.

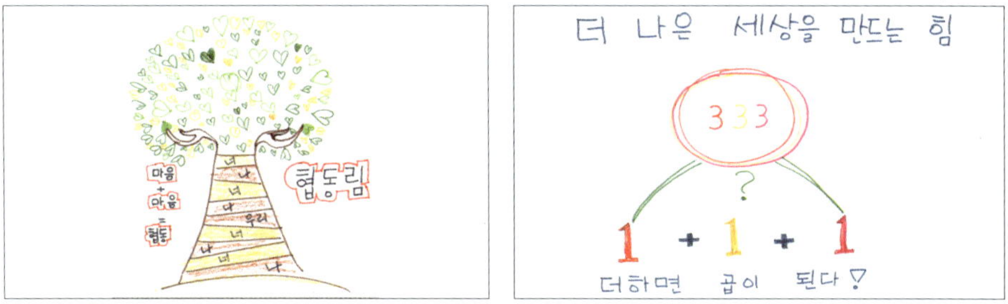

마음과 마음을 합하여 열매를 맺는 것

더하기를 하면 곱의 답이 나오는 것

[그림 12-1] 대학생들이 인식하는 협동

2. 협동 함양을 위한 교수매체

1) 문학 기반 인성교육

(1) 도서

봉사와 협동의 진정한 의미를 깨닫게 하는 인성 동화『도우니까 행복해!』는 타인에게 도움을 주는 것에 대한 진정한 의미를 생각하게 한다. 이 동화를 통해 대학생들은 다른 사람들을 도우면서 살아야 하는 이유를 자연스럽게 깨달을 수 있을 것이다.

협동, 봉사를 깨닫게 하는 인성동화

도우니까 행복해!
구스노키 시게노리 글 /
후쿠다 이와오 그림 /
김정화 옮김
아이세움(2016)

어려움에 처한 사람을 그냥 지나치지 않고 돕기로 마음먹은 주인공 '마나부'를 통해 마음속에서 우러난 봉사가 왜 우리를 행복하게 만드는지 알고, 우리가 다른 사람들을 도우면서 살아야 하는 이유를 자연스럽게 깨닫게 한다.
타인에게 도움을 주는 것에 대한 의미와 그것을 함께 했을 때 더욱 행복함을 느낄 수 있다는 것과 봉사와 협동의 진정한 의미를 깨닫게 하는 동화책이다.

(2) 시

박찬선 시인의 「우리가 꿈꾸는 세상」은 협동이란, 공동의 문제를 해결해 나가기 위해 서로에게 도움을 주고 그들에게 주어진 생각과 힘을 합하는 과정임을 함축적으로 표현한 시로, 대학생으로 하여금 협동의 필요성을 되새길 수 있게 한다.

우리가 꿈꾸는 세상

박찬선

우리가 꿈꾸는 세상이 있습니다.
우리가 살고 싶은 세상이 있습니다.

푸른 숲 새들이 우짖고
맑은 개울물이 도란도란 얘기하며 흐르는
수정같이 눈꽃같이 깨끗한 세상

사람들은 얼굴에 꽃을 피워 꽃 인사를 하고
꽃향기로 가득 찬
안데르센 동화나라의 아름다운 세상

믿음은 흙의 가슴을 가진 엄마가 되고
정신은 사람의 길 하늘의 길로 인도하는
희망이 넘치는 세상

하늘 높이 오르는 희망의 오색 풍선이
나무를 키우는 한 방울의 땀이
황금보다 소중한 보람찬 세상

사람들이 정성으로 쌓은 성을 사람이 파괴하는
저주받을 공포의 테러가 없는 전쟁이 없는
꿀과 젖이 넘치는 참말로 약속된 세상

뭇 생명이 가장 존귀하여
천지간 만물 중에 인간이 제일 귀하여
사람 사랑의 세상, 사람 모시는 세상

그런 세상을
골문을 가르는 힘과 용기와 슬기로
말갈기를 치켜세운 웅비의 자세로

우리가 꼭 지켜야 할 세상이 있습니다.
우리가 꼭 가꿔야 할 세상이 있습니다.

인성 씨앗 심기

협동이란 ______________________________ 이다.

왜냐하면 ______________________________ 이기 때문이다.

(3) 명언 · 사자성어

협동 관련 명언 및 사자성어를 통해 대학생들에게 협동의 개념 및 중요성에 대해 쉽게 상기시킬 수 있다.

명언

- 서로 떨어져 있으면 한 방울에 불과하다. 함께 모이면 우리는 바다가 된다. – 류노스케 사토로
- 새끼줄로 톱질해도 나무가 잘라지고 물방울이 떨어져 돌을 뚫는다. –채근담
- 알렉산드로스는 인도를 정복했다. 그 혼자서 한 것인가? – 베르톨트 브레히트
- 조직을 승리로 이끄는 힘의 25%는 실력이고 나머지 75%는 팀워크이다. – 딕 버메일
- 팀워크는 개인의 총합보다 더 큰일을 할 수 있다. – 휴칼리 피오나

사자성어

- 동주공제(同舟共濟): '같은 배를 타고 함께 강을 건너다'라는 뜻으로, 서로 손잡고 어려움을 극복하자고 호소할 때 많이 쓰임
- 줄탁동기(啐啄同機): 병아리가 알에서 나오기 위해서는 새끼와 어미 닭이 안팎에서 서로 쪼아야 한다는 의미임
- 중심성성(衆心成城): 여러 사람의 마음이 성을 이룬다는 뜻으로, 뭇사람의 뜻이 일치하면 성과 같이 굳어짐을 이르는 말임
- 고장난명(孤掌難鳴): '손바닥 하나로 소리를 내지 못한다'라는 뜻으로, 상대가 없이는 무슨 일이나 이루어지기 어려우므로 협조의 중요성을 의미함
- 순치보거(脣齒輔車): 입술과 이, 덧방나무와 수레바퀴처럼 서로 의지하고 도와야 제 구실을 다할 수 있다는 말임

2) 예술 기반 인성교육

(1) 미술

조선시대 화가 김홍도의 작품 「기와 이기」는 기와를 이어 나가는 광경을 실감나게 표현한 작품으로, 여러 사람의 역할의 중요성과 협동의 중요성을 보여 준다. 이러한 미술 매체를 통해 대학생들에게 동일한 목적을 위해 힘과 마음을 합하는 협동의 중요성을 시사할 수 있다.

기와 이기(1862)
김홍도

김홍도(1745~?, 조선시대)의 「기와 이기」는 모두 25점으로 이루어진 '단원 풍속화첩'의 한 작품으로, 기와를 이어 나가는 광경을 실감나게 표현하였다.

조선시대 유일한 건축노동을 표현한 그림으로, 등장한 여러 사람의 역할이 다르고 그 사람들의 역할이 합쳐져 기와 이기가 완성되고 있다. 한 사람 한 사람의 역할이 이어져 한 채의 한옥 기와집이 탄생된다.

(2) 음악

"혼자라고 느껴질 때면 주위를 둘러보세요. 이렇게 많은 이들 모두가 나의 친구랍니다." 이 곡은 어린이가 불러주는 어른을 위한 동요처럼 느껴지는 곡이다. '모두가 함께'라는 노랫말처럼 대학생들에게도 함께라는 의미를 되새겨 볼 수 있는 시간이 될 것이다.

얼굴 찌푸리지 말아요

최창언 작사 · 작곡

얼굴 찌푸리지 말아요 모두가 힘들잖아요.
기쁨의 그 날 위해 함께하는 친구들이 있잖아요.
혼자라고 느껴질 때면 주위를 둘러보세요.
이렇게 많은 이들 모두가 나의 친구랍니다.

우리 가는 길이 결코 쉽지 않을 거예요.
때로는 모진 시련에 좌절도 하겠지만
우리의 친구들과 함께라면 두렵지 않아.
우리 모두 함께 손을 잡고 원! 투! 원 투! 쓰리 포!

얼굴 찌푸리지 말아요 모두가 힘들잖아요.
기쁨의 그 날 위해 함께하는 친구들이 있잖아요.
혼자라고 느껴질 때면 주위를 둘러보세요.
이렇게 많은 이들 모두가 나의 친구랍니다.

우리 가는 길이 결코 쉽지 않을 거예요.
때로는 모진 시련에 좌절도 하겠지만
우리의 친구들과 함께라면 두렵지 않아.
우리 모두 함께 손을 잡고 원! 투! 원 투! 쓰리 포!

얼굴 찌푸리지 말아요 모두가 힘들잖아요.
기쁨의 그 날 위해 함께하는 친구들이 있잖아요.
혼자라고 느껴질 때면 주위를 둘러보세요.
이렇게 많은 이들 모두가 나의 친구랍니다.

혼자라고 느껴질 때면 주위를 둘러보세요.
이렇게 많은 이들 모두가 나의 친구랍니다.

3) 영상 기반 인성교육

(1) 영화

영화 「로치데일 선구자들(Rochdale Pioneers)」은 협동이 조직의 핵심 가치임을 깨닫게 하는 협동의 교본 영화이다. 개인주의가 팽배한 대학생들에게 구성원들이 공유하는 목표를 달성하고 서로의 성공을 극대화하기 위해 집단의 각 구성원 모두가 함께 노력할 때만 개인과 집단의 목표를 달성할 수 있다는 것에 대해 시사하는 바가 크다.

로치데일 선구자들(2012)
감독: 아담 리 해밀턴, 존 몬테그란데

[줄거리]
1840년 초반 영국 랭커셔주 로치데일 마을의 28명의 노동자들이 빈곤과 착취로 고통받는 삶을 바꾸겠다는 희망을 품고 28파운드 출자금을 시작으로 로치데일 공정선구자 조합을 결성해 나가는 실화를 감동적으로 그린 영화이다.

[명대사]
- 애쓰지 않으면 아무것도 얻지 못한다.
- 가보니 참 좋다. 너도 같이 가자.
- 처음 이 조합이 만들어질 때는 신뢰 때문에 많이 힘들어했습니다.

(2) 다큐멘터리

'공생사회'를 만들기 위한 치열하고도 유쾌한 도전기인 「워커즈」는 불안정한 고용과 점차 단절되어가는 인간관계 속에서 스스로의 힘으로 일자리를 만들고, 서로 도와 일을 하며 그렇게 '함께' 살아갈 수 있는 방법을 찾아가는 내용을 담은 이야기다. 취업이라는 과제를 앞두고 있는 대학생들에게 내용에 공감하고 동일시하여 협동에 대한 경각심을 불러일으킬 수 있다.

워커즈(2014)
감독: 모리 야스유키

스스로의 힘으로 일자리를 만들고, 서로 도와 일을 하며 함께 살아가는 방법, 그 꿈같은 이야기를 현실로 만들어 낸 이들이 있다. 바로 일하는 사람들의 협동조합 '워커즈 코프'다.

불안정한 고용과 점차 단절되어 가는 인간관계에서 '공생사회'를 만들기 위한 치열하고도 유쾌한 이들의 도전기가 시작된다.

3. 협동 중심 인성교육의 실제

협동 | 개별적 책무성 | 영상 「나눔의 법칙」

인성 관련 요소	핵심 가치 · 덕목								핵심 역량			
	예절	효	정직	책임	존중	배려	소통	협동	도덕적 예민성	도덕적 판단력	의사 결정 능력	행동 실천력
				○			○	◎		○		◎

나눔의 법칙 「생명도 나눌 수 있다」

출처: 인성교육범국민실천연합

우리나라에서 장기이식을 위해 해외에서 수입해야 하는 인체 조직을 기다리다 사망하는 환자가 천여 명이 된다고 한다. 하지만 생명나눔 불꽃이 꺼진 것은 아니다. 2011년 12월 1일, 유난히 운동을 좋아하는 16살의 기석이는 뇌동류 파열에 의한 뇌출혈로 쓰러지고 뇌사판정을 받았고, 그의 아버지의 생명사랑 나눔 실천으로 기석이가 6명의 환자에게 새 삶을 전하고 떠나게 한다. 장기기증을 통한 생의 마지막 나눔, 그 나눔이 일으키는 놀라운 기적을 보여 준 기석이는 이제 다른 사람의 일부가 되어 숨 쉬고 있다. 한 사람이 여러 생명을 살리기도 하지만 여러 사람의 협동으로 새 생명을 살리기도 한다.

감상활동

- 다큐멘터리 「나눔의 법칙: 생명도 나눌 수 있다」를 시청하고 이야기 나눈다.
  - 「생명도 나눌 수 있다」에 나오는 주제는 무엇인가요?
  - 「생명도 나눌 수 있다」를 보고 가장 감명 깊었던 장면과 대사는 무엇인가요?
  - 「생명도 나눌 수 있다」를 보고 난 후 느낀 점에 대해 이야기해 볼까요?

활동명: '나누는 행복' 알고 있으면 누구나 할 수 있다

활동 목표	• 생명도 나눌 수 있다는 것에 대해 인식하고 협동의 중요성을 안다. • 과제를 수행해야 하는 책임이 각 개별적으로 있는 개별적 책무성에 대한 민감성을 기를 수 있다. • 생명나눔을 해야 하는 상황에 대해 이야기 나눔으로써 행동실천력을 기를 수 있다.

활동내용

- 「생명도 나눌 수 있다」를 감상한 후 장기기증의 찬반에 대해 토론한다.
  - 만약 내가 기석이의 아버지라면 어떤 결정을 할 수 있는지 생각해 보아요.
  - 만약 내가 기석이라면 어떤 선택을 할 수 있는지 발표해 보아요.
- 협동하여 할 수 있는 생명나눔 방법에 대해 알아본다.
  - 우리가 협동하여 실천할 수 있는 생명나눔 방법을 알아보고 실천 가능 리스트를 작성해 보아요.(예: 심폐소생술 익히기, 헌혈, 머리카락 기증 등)
  - 실천 가능 리스트에서 내가 참여할 수 있는 행동목록을 체크해 보아요.
- 생명나눔 실천 내용에 따른 서약서를 포스터로 표상해 본다.
  - 우리가 선택한 생명나눔 실천에 관한 내용을 다양하게 이미지화해 보아요.
  - 이미지화된 것을 요약하여 포스터 그리기로 표상해 보아요.
  - 완성한 포스터를 전시해 보아요.
- 생명나눔 실천 서약서를 작성한다.
  - 참여하기로 한 생명나눔 실천 목록에 대해 서약서를 작성하고 발표해 보아요.
  - 협동 생명나눔 실천 목록에 대해 공동 서약서를 작성해 보아요.
- 관계기관과의 가상식을 체결해 본다.

협동 생명나눔 실천

▶ 우리가 선택한 '협동 생명나눔 실천'에 관한 내용을 다양하게 이미지화하여 포스터를 그려 보세요.

실천사항

사랑의 협동 생명나눔 서약서

▶ 내가 참여하기로 한 생명나눔 실천 목록에 대해 서약서를 작성해 보세요.

사랑의 협동 생명나눔 서약서

나 _____는 나의 삶에서 협동 생명나눔 실천에 대해
다음과 같이 서약합니다.

하나. ______________________________

하나. ______________________________

하나. ______________________________

하나. ______________________________

하나. ______________________________

하나. ______________________________

년 월 일

_______ 대학교 서약인 _________

협동 | 긍정적 상호 의존성 | 명화 「그랑드차트 섬의 일요일 오후」

인성 관련 요소	핵심 가치 · 덕목								핵심 역량			
	예절	효	정직	책임	존중	배려	소통	협동	도덕적 예민성	도덕적 판단력	의사 결정 능력	행동 실천력
						○	○	◎	○			◎

그랑드차트 섬의 일요일 오후(1859)
조르주 피에르 쇠라(Georges Pierre Seurat)
출처: http://blog.naver.com/nuctom/220599982006

인상파 화가 쇠라의 「그랑드차트 섬의 일요일 오후」(1859)는 팔레트에서 색을 혼합하지 않고 캔버스에 색을 덧입혀 색감을 살린 독특한 작품이다. 점묘법으로 완성된 이 그림은 수천 개의 작은 점들이 모여 가까이 놓인 색들의 영향을 주고받으며 더 또렷한 색상으로 표현되었고 하나의 작품으로 완성되었다.

감상활동

- 명화 「그랑차트 섬의 일요일 오후」를 감상하고 이야기 나눈다.
  - 「그랑차트 섬의 일요일 오후」 명화에 나오는 주제는 무엇인가요?
  - 「그랑차트 섬의 일요일 오후」 명화를 감상하고 가장 감명 깊었던 장면은 무엇인가요?
  - 「그랑차트 섬의 일요일 오후」 명화를 감상한 후 느낀 점에 대해 이야기해 볼까요?

활동명: 일곱 색깔 무지개

활동 목표	• 협동의 필요성에 대해 공감한다. • 공익광고 공동체 작업을 해 봄으로써 서로에 대한 이해와 협동의 중요성에 대해 이해할 수 있다. • 공동체 작업을 통해 행동실천력을 기를 수 있다.

활동내용

- 명화「그랑차트 섬의 일요일 오후」를 통해 인간의 협동에 대해 토론한다.
  - 점 하나하나를 인간으로 비교하여 관련된 사례 중심으로 이야기해 보아요.
  - 나의 양보와 협력적 실천 온도를 표시해 보아요.
  - 우리 팀의 온도를 +, −로 계산해 보아요.
- 셀로판지를 이용하여 각자의 색깔을 표현해 본다.
  - 각각의 이미지를 설명해 주고 거기에 어울리는 색상의 셀로판지를 추천해 보아요.
  - 각각의 색상을 겹쳐가며 각 색상을 가진 사람의 이미지도 겹칠 수 있는지에 대해 이야기해 보아요.
- 일곱 색깔 무지개의 작품을 만들어 본다.
  - 소그룹별로 만들고 싶은 협동화 작품에 대해 이야기해 보아요.
  - 각자가 맡은 조각 셀로판지로 공동의 작품을 완성해 보아요.
  - 서로의 작품 설명회를 가지고 전시회도 가져 보아요.

협동실천력의 온도를 높여 주세요!

▶ 협동과 관련된 사례를 중심으로 적어 보고 공동체 활동에서 나의 양보와 협력적 실천 온도를 적고 우리 팀의 온도도 계산해 보세요.

우리 팀 협력실천온도

: 물이 100℃에서 끓듯이 우리의 협동실천력도 100℃로 올려 주세요.

협동 만다라

▶ 다양한 색을 사용하여 우리 팀의 만다라를 완성해 보세요.

활·동·지·예·시

협동 생명나눔 실천

▶ 우리가 선택한 '협동 생명나눔 실천'에 관한 내용을 다양하게 이미지화하여 포스터를 그려 보세요.

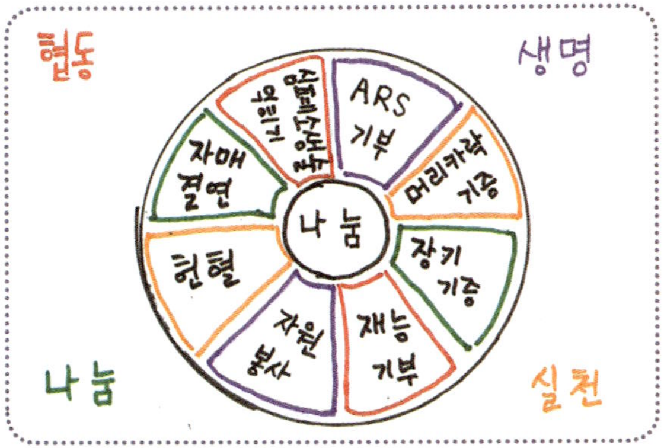

실천사항

보라 : 심폐소생술 익히기 · 재능기부 · 헌혈

연두 : ARS 기부 · 재능기부 · 헌혈 ·

유미 : 장기 기증 · 자매결연 · 머리카락 기증

은희 : 헌혈 · 심폐소생술 익히기

사랑의 협동 생명나눔 서약서

▶ 내가 참여하기로 한 생명나눔 실천 목록에 대해 서약서를 작성해 보세요.

사랑의 협동 생명나눔 서약서

나 이은주는 나의 삶에서 협동 생명나눔 실천에 대해 다음과 같이 서약합니다.

하나. 심폐소생술을 익혀 위급한 환자를 구한다

하나. 매월 2000원을 아프리카 굶주린 아이에게 기부한다

하나. 년 1회 헌혈한다

하나. ________

하나. ________

하나. ________

2020년 5월 17일

대구 보건 대학교 서약인 이 은 주

협동 실천력의 온도를 높여주세요!

▶ 협동과 관련된 사례를 중심으로 적어보고 공동체 활동에서 나의 양보와 협력적 실천 온도를 적고 우리 팀의 온도도 계산해 보세요.

우리팀 협력 실천온도
: 물이 100cc에서 끓듯이 우리의 협동실천력도 100cc로 올려 주세요.

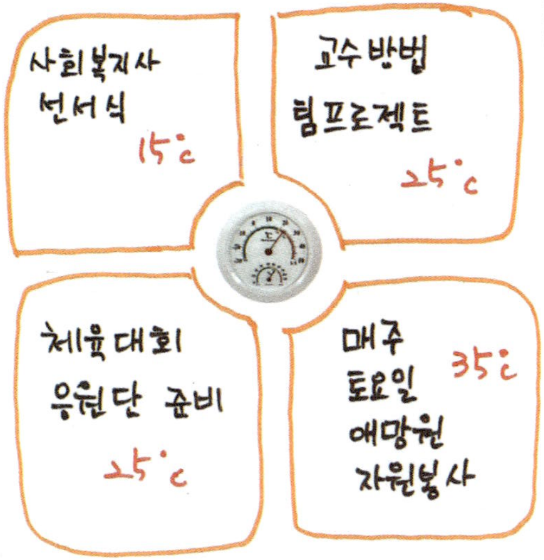

협동 만다라

▶ **다양한 색을 사용하여 우리 팀의 만다라를 완성해 보세요.**

Chapter 13

대학생을 위한 인성교육의 과제 및 방향

한양대학교가 묻습니다. 당신은 진정한 H입니까?

Hope 꿈을 이루기 위한 기나긴 여정, 세상의 희망이 될 열정이 있습니까?
Honor 비겁한 실리보다 존엄한 명예를 소중히 여기는 마음을 가졌습니까?
Honesty 세상을 바른길로 인도하는 가장 큰 힘은 정직이라고 믿습니까?
Humanism 더 아름다운 세상을 만들기 위한 '사랑의 실천자'입니까?
한양대학교의 'H' 정신을 가슴에 품고 더 큰 세상으로 나아갈 준비를 하십시오.
한양대학교와 함께할 여러분은 이미 'H'입니다.

출처: 한양대학교 수시전형 신문광고(2013).

미래 인재의 핵심 역량으로 '인성'에 대한 관심은 세계적인 동향이며, 2014년 교육부 주관 대학특성화사업에 응모를 한 대부분의 대학교에서 인성교육을 강조한 바 있다. 우리나라 대학에서 요구하는 인재상으로 가장 많이 언급되는 키워드는 바로 '인성'이며, 인성교육은 지속적으로 강조되고 있다. 하지만 현실적으로 우리가 느끼는 교육효과의 체감지수는 대학에서의 실제적인 노력에도 불구하고 낮다.

이에 본 장에서는 미래사회의 직업인으로 사회를 책임지고 살아가야 할 대학생들을 위한 인성교육의 과제는 무엇인지를 밝히고, 이들을 위한 인성교육의 방향을 제시하고자 한다.

1. 대학생을 위한 인성교육의 과제

1) 인성교육의 실패 원인

지금까지의 인성교육은 왜 실패했을까? 인성교육의 새 지평을 열기 위해서는 무엇보다도 실패 요인을 밝히는 것이 필요하다.

지난 20년간 인성교육에 대한 많은 연구에도 불구하고 인성교육 전반에 대한 혼란이 크게 줄어들지 않았다. 2015년에 「인성교육진흥법」이 통과되면서부터 인성교육에 대한 논란은 뉴스나 방송매체를 통해 확대되고, 과장되거나 오해를 불러일으키고 있는 실정이다. 이에 인성교육의 필요성에 대해 근본적으로 동의하면서도 인성교육 열풍을 경계하는 목소리도 있다.

인성교육을 강화하는 노력에도 불구하고 '왜 인성교육의 효과성이 낮은가'에 대한 실패 원인을 연구한 내용은 〈표 13-1〉과 같다.

〈표 13-1〉 학자별 인성교육의 실패 원인

저자	내용
강선보 (2008)	단기적 가시적 효과를 겨냥한 인성교육
	문제아를 대상으로 한 문제행동교육
	비체계적이고 정직, 자제, 배려 등과 같은 특정 덕목만 강조
	학생의 관심이나 흥미를 고려하지 않은 방법 적용
최준환 외 (2009)	불분명한 인성교육의 방향 제시
	사회 전반 학력지상 풍토에 따른 입시 위주 학교교육
	인성교육을 실시할 학교 구성원의 의지, 능력, 시스템의 미흡
	인성교육을 위해 체계적 프로그램 및 체험 기회 부족
천세영 외 (2012)	입시와 성적 위주의 교육과 인성교육의 소홀
	학교폭력에 둔감한 사회풍토
	학생-교사-학부모 간 소통부재의 교육 공동체
	삐뚤어진 학생 언어문화
	체육 스포츠 및 예술 활동의 부족
	생활지도 및 인성교육의 어려움으로 인한 교원의 역할 및 사기 부족

저자	내용	
김재춘 외 (2012)	학교	성적, 지식 결과 경쟁시험 중심 입시교육
		인성교육에 대한 인식 및 의식 부족
		인성교육에 대한 교수학습 전력 및 방법 부족
		교육내용 과다, 학급당 학생 수 과다 등으로 인성교육 시간 및 기회 부족
	가정	과보호, 방임, 돌봄의 결핍
		핵가족 사회에서 롤모델이나 상호작용할 기회, 욕망을 조절하거나 타협할 수 있는 기회 부족
	사회	대중매체의 폭력성
		다원화된 문화와 전통문화의 충돌
		사회의 부정적 측면(부패, 빈부격차, 학벌 중시 풍조, 소비문화, 비이성적 태도)
		과열 경쟁과 어려운 취업

출처: 손경원(2016) 재인용

이와 같이 인성교육의 실패 원인은 입시 위주의 학교 요인과 가정교육이나 사회 환경의 문제로 확대해서 그 원인을 조망하고 있다. 이는 인성교육 자체에 대한 문제뿐 아니라 인성교육의 실효성을 낮추는 가정환경과 사회의 문화적 여건이나 부정직한 사회문화에도 그 원인이 있음을 나타낸다.

(1) 학교 요인

- 학교에서는 인성교육보다 입시교육에만 치중한다.
- 교수자가 학습자의 인성교육을 등한시한다.
- 예방보다는 처벌에 중점을 두고 있다.
- 학교가 행정 중심으로 운영된다.
- 문제행동을 치료해 주기 어렵다.
- 학교 교육과정 내에서 인성교육을 시키는 것이 어렵다.
- 인성교육에 대한 장기적인 계획이 없다.

학교폭력과 입시 경쟁 등을 다룬 영화, 「소년 시절의 너」

- 인성교육 프로그램이 부족하다.
- 프로그램을 진행한 뒤 평가할 수 있는 방안이 없다.
- 인성교육 측면에서 학교와 사회, 가정이 연결되어 있지 않다.

(2) 가정 요인

- 가족형태(핵가족, 조손가족 등)의 변화로 인한 가정교육이 힘들다.
- 형제자매가 적어 집안에서 어울릴 사람이 없다.
- 부모가 학교와 교수자를 비하한다.
- 가정폭력이 학생을 폭력으로 내몬다.
- 부모는 자녀의 성적에만 관심이 있다.

출처: http://blog.naver.com/lawsilver?Redirect=Log&logNo=130180291762

(3) 사회 요인

- 인터넷, 게임 등이 학생을 유혹한다.
- 영화, 드라마의 폭력성을 흉내 낸다.
- 비이성적인 태도가 만연해 있다.
- 다원화된 문화와 전통문화가 충돌하고 있다.
- 사회의 부정적 측면을 학생이 보고 배운다.
- 학벌 중시 풍조가 아직 심하다.
- 기성세대의 권위가 무너지고 있다.
- 경쟁이 심하고 취업이 어렵다.

노인에게 자리 양보 않는 젊은이들

2) 인성교육의 활성화를 위한 과제

우리는 현재 학벌 중시, 입시 위주의 교육 풍토, 심각한 취업난 등의 치열한 경쟁사회에 살고 있다. 하지만 '인성'이라는 희망의 불씨를 살리기 위해 교육계는 고군분투하고 있다. 더불어 기업에서도 인재 선발에서 가장 우선적으로 고려하는 부분이 바로 '인성'이다. 그러므로 대학생의 인성교육은 지속적인 사회생활을 영위하기 위해서도 반드시 필요하다.

먼저, 대학생들의 인성교육을 활성화하기 위해 근본적으로 몇 가지 바뀌어야 할 것이 있다.

첫째, 교수와 대학생이 상호작용할 기회를 최대한 늘려 소통의 장을 마련해야 한다.

둘째, 대학 수업에서 이론적인 정보와 근본적인 원리 이해가 우선이지만 실천 중심의 행동적 접근방법과 토론 중심의 인지적 접근을 병행하여 활용되어야 한다.

셋째, 대학생 개개인 또는 모둠별로 일상적인 삶과 관련된 여러 가지 문제나 주제 탐구, 경험과 반성의 장이 마련되어야 한다.

넷째, 민주적인 학습 공동체의 형성, 인성덕목 중심의 교과 통합 수업의 전략, 소집단으로 구성된 도덕적 가치탐구 전략 등을 도입하여 인성교육 프로그램의 활성화와 그 효과를 증진시킬 필요가 있다.

출처: 스마트경제(2020. 12. 10.). 동국대 참사람 사회공헌센터, 온라인 기반 인성교육 콘텐츠 제작.

교육부의 학교문화 선진화 방안 연구에서 인성교육에서 가장 중요한 요소를 학생들의 적극적이고 자발적인 참여라고 보고, 학교문화 개선 및 선진화를 위한 방안으로 학생 자치 활동(학생회), 학교규칙, 동아리활동 및 봉사활동 활성화 측면에서 세부방안을 제시하였다(옥선화, 2012).

또한, 학교체육 관련 인성교육 실천 방법으로 법과 제도 개선, 학교체육에서 인성교육 방향 설정, 프로그램 개발 및 적용 활성화 등을 제안하였으며(최의창 외, 2012), 예술 인성교육의 실천 과제로 예술 교과를 통한 체험 중심의 예술교육 강화, 교과 외 예술교육 활성화, 지역사회 예술 자원 연계망 강화를 주장하였다(최경희 외, 2012).

그리고 가정의 인성교육 기능 회복을 위해 가정과 학교와 사회의 연계, 가정과 부모가 중심이 되어 실천해야 할 과제로서 가정-학교 소통 강화 및 학부모 학교 참여 활성화, 생애주기별 학부모 교육 강화를 제안하였다. 이를 토대로 인성교육의 활성화를 위한 과제는 〈표 13-2〉와 같다.

〈표 13-2〉 인성교육의 활성화를 위한 과제

<table>
<tr><th>영역</th><th>인성교육 활성화(정창우 외, 2013)</th><th colspan="2">4대 전략 12대 과제(천세영 외, 2012)</th></tr>
<tr><td rowspan="8">학교</td><td rowspan="8">• 지식과 체험이 균형과 조화를 이룬 학교 인성교육
• 교과의 특성에 맞는 인성교육
• 교과 외(창의체험활동)을 통한 인성교육
• 학교, 정부, 학교장, 교사의 인성교육 역할 강화</td><td rowspan="4">실천과 체험을 통해 역량을 키워주는 학교교육으로 재구성</td><td>실천적 인성교육 반영된 교육과정</td></tr>
<tr><td>체육교육 활성화</td></tr>
<tr><td>예술교육 확대</td></tr>
<tr><td>소통과 공감능력 향상을 위한 독서 활동</td></tr>
<tr><td rowspan="4">자율과 참여가 살아 있는 학교문화로 탈바꿈</td><td>학생자치 활동 활성화를 통한 학교문화 선진화</td></tr>
<tr><td>언어문화 개선을 통한 인성교육</td></tr>
<tr><td>위기학생 대책</td></tr>
<tr><td>교원 양성, 임용 연수과정에서의 인성교육 재구조화</td></tr>
<tr><td rowspan="2">가정</td><td rowspan="2">• 인성교육에 있어서의 가정의 중요성 인식
• 가정의 인성교육 기능 회복-강화</td><td rowspan="2">학교, 가정, 사회 협조와 사회적 자본 회복</td><td>가정의 인성교육 기능 회복
- 부모가 인성교육의 중요성 강조
- 도덕적 삶의 모습을 제공</td></tr>
<tr><td>사회의 인성교육 역할 강화</td></tr>
</table>

영역	인성교육 활성화(정창우 외, 2013)	4대 전략 12대 과제(천세영 외, 2012)	
사회	• 인성교육에 있어서 공동체의 중요성 인식 • 사회의 인성 교육 기능 회복 • 인성교육 활성화를 위한 정보 및 공동체 차원의 노력 • 학교-가정-공동체의 인성교육 지원 체계 구축	새로운 인재 패러다임으로 전환	인성이 바른 인재를 선발하는 입시 제도
			인성을 반영한 기업 인재 채용

출처: 손경원(2016) 재인용.

대학에서의 인성교육은 대학생들에게 학교 밖 사회의 삶과는 동떨어진, 무미건조한 형태로 이루어져서는 안 된다. 대학에서 배우는 기본 인성이 가정과 사회에서도 중시되어야 하며, 건전한 사회적 풍토 조성을 위한 공동체 차원의 노력이 병행되어야 한다. 이는 가정과 사회에서의 인성교육이 제대로 이루어지지 않는다면 학교 인성교육의 큰 효과를 기대할 수 없기 때문이다.

2. 대학생을 위한 인성교육의 방향

1) 인성교육의 방향

지금의 대학은 과거의 대학처럼 소수의 지식인 배출보다는 학력 인플레이션과 대학 학위의 대중화로 인해 인간다운 인재를 양성하는 것에 이 시대 대학의 사명이다(지희진, 2013). 이러한 측면에서 볼 때 대학에서의 인성교육에서는 대학생들이 자기탐색을 통하여 인간관계를 잘해 나가는 데 필요한 예절과 매너, 글로벌 리더십, 배려와 협동, 정직성, 책임감, 의사소통 및 문제해결, 비전설정 등이 요구된다(이기용, 조용태, 2016).

결국, 대학의 인성교육은 대학생들에게 다양한 덕목에 의해 도덕적 지식을 갖추고 타인을 이해하고 공감하면서 자신의 삶을 변화시킬 수 있는 방식들이 고려되어야 한다.

이에 21세기 인성교육의 방향을 다음과 같이 제안하고자 한다(강선보 외, 2008).

첫째, 21세기 인성교육은 주체적이고 능동적 사유와 행위를 통해 삶의 중심을 스스로 세우고 자기성찰을 할 수 있는 사람을 길러 내는 교육이 되어야 한다.

둘째, 21세기 인성교육은 함께 돕고 살아가는 상생의 삶을 살아갈 수 있는 사람으로 길러 내고자 하는 교육이 되어야 한다.

셋째, 21세기 인성교육은 물질문명에 빠지지 않고 인류의 근본경험에 속하는 신성이나 초월성, 영성을 자기 삶의 핵심적인 계기가 마련되도록 이끌어 주는 교육이 되어야 한다.

(1) 관계성 함양을 위한 인성교육

'자기 자신이 누구인지, 어떤 가능성을 가지고 있는지, 누구와 어떤 관계를 맺고 살아가고 있는지?'를 성찰하는 기회를 통해 관계성을 회복하고 함양하는 방식을 고려해야 한다. 먼저 자신을 올바르게 이해하고 타인과의 관계를 고려하여, 관계적인 사고양식을 점진적으로 발달시킬 수 있는 기회를 갖는 것이 중요하다. 특히, 인성교육에서는 학부모와의 관계, 지역사회와의 관계 및 연계 방안을 검토하여 프로그램이 개발·실시되어야 한다.

(2) 도덕성 함양을 위한 인성교육

인성교육에서 중요한 측면을 차지하는 도덕성을 함양하기 위해서 덕목에 대한 올바른 인식과 체험적인 활동을 중심으로 다양한 활동이 구성되어져야 한다. 또한, 대학생들이 알아야 하는 일련의 규범, 품성, 도덕적인 가치를 설명적 접근이 아니라 직접 체험하고 실천해 보면서 통합적인 발달을 성취해 볼 수 있도록 계획

되는 것이 중요하다. 결국, 체계적인 이론과 다양한 경험을 겸비한 현장 체험형 인성 프로그램을 통해 대학생 각자가 가지고 있는 특별한 재능을 발견하고, 꿈과 희망을 이룰 수 있다는 자신감 등을 가질 수 있을 것이다.

(3) 민주시민성과 공동체 함양을 위한 인성교육

공동체 속에서 교수와 학습자의 수평적이고 인격적인 관계 개선이 이루어진다면 학교생활을 통해 중요한 구성원으로서의 자기 자신을 발견하고, 집단에 대한 애착과 집단 정체성을 발달시킬 수 있을 것이다. 개인의 인성함양만을 추구하는 분위기에서 공동체로 나아갈 수 있는 환경을 조성하고 품성을 길러 낼 수 있는 풍토를 마련한다면, 더불어 살아가는 데 필요한 공동체 의식은 함양되고 적극적으로 공동체에 참여하는 적극성을 지닌 민주시민으로서의 모습도 갖추어질 것이다. 따라서 대학에서는 사회봉사와 공동 참여를 활성화하고 제도화하여 리더십을 배양하고, 배려와 나눔을 통한 교육을 실천해 볼 수 있는 다양한 기회를 제공해야 한다.

이처럼 인성교육의 효과를 높이기 위해서 인성교육 실시에 걸림돌이 되거나 반감되는 교육환경은 개선되어야 하며, 인성교육을 실효성 있게 강조하여 실시할 필요가 있다. 또한, 대학생들에게 초 · 중 · 고등학교 단계에서 배양된 인성이 더 발전될 수 있도록 실천적인 인성교육 방안을 마련할 필요가 있다. 또한, 시대에 부합하는 인성 정신을 반영하는 내용을 중심으로 한 적절한 교수 · 학습 방법을 선정하고 실천하여 그 효과를 검증해 볼 필요가 있다.

2) 인성교육의 전망

> 그늘이 넓은 나무 밑에는 새들이 모이고,
> 가슴이 넓은 사람 밑에는 인재가 모인다.

인성교육 활성화에 따른 인성교육의 전망은 다음과 같이 제시할 수 있다.

(1) 미래사회에 리더가 될 수 있는 인재가 길러진다.

산업기술이 발달하면서 인간적인 접촉은 줄고 인간관계의 단절이 커지더라도, 변함없이 인간미 넘치는 감수성과 도덕성을 지닌 인재에 대한 욕구는 계속 커질 것이다. 이에 변화하는 사회에 꼭 필요한 인재가 되기 위해서는 무엇보다도 인성을 갖추어야 한다. 개인적 이득을 취하는 지도자보다는 국가와 세계를 위해서 많이 베풀고 타인과의 상호작용이 원활하게 이루어지는, 인간적이고 인격적인 성숙을 갖춘 리더가 중시될 것이다.

(2) 대학생활의 질 높은 만족이 이루어진다.

끊임없는 경쟁 속에서 대학생들은 공통적으로 사회문제와 이성, 진로의 문제, 그리고 풍부한 자극에 의한 학업성취에서의 성공과 실패, 가치관의 변화로 인한 불안감 등을 가지고 있다. 이때 대학생활의 효율적인 적응을 돕고 자기효능감을 높일 수 있는 인성교육이 주어진다면 개인의 변화를 가져올 수 있을 뿐만 아니라 사회와 대학에도 도움이 될 것이다. 또한, 졸업 후 취업에도 긍정적인 영향을 줄 수 있다.

(3) 자신의 삶을 충만하게 만들어간다.

대학에서 실시되는 인성교육을 통해 미래사회에서 살아갈 자신을 그려 보거나, 뚜렷한 목적의식과 문제해결능력을 키우고 결단과 지혜를 더한다면 책임감도 증진될 것이다. 이처럼 자신의 삶을 적극적으로 설계하는 적극적인 교육활동이 필요하다.

> "사람됨은 그 사람의 행동거지에 의해서 판단되는 것이다.
> 그 사람의 자기소개에 의해 판단되는 것은 아니다."
> – 아이작 싱거(Isaac Merritt Singer) –

3) 인성에 대한 평가 방법

인성교육의 평가에서 가장 주안점을 두어야 할 부분은 인성교육 내용을 가정, 학교, 사회에서 '얼마나 실천했느냐' 여부를 가늠하는 일이다. 하지만 실제로 인성교육의 내용과 방법에서 제시한 다양한 방안이나 프로그램 요소를 평가하는 일은 쉽지 않다.

다수의 대학은 학생부 종합전형에서 서류평가와 면접에서 인성평가를 하고 있다. 많은 대학 입학전형에서 인성평가는 지각, 결석 등의 출결사항과 봉사활동 실적 등 매우 지엽적이고 정량적인 서류평가에 머물고 있다. 심지어 입사 면접에서도 짧은 시간 내에 한두 가지 질문에 대한 답변으로 한 개인의 인성을 평가하는 것이 현실이다.

이처럼 인성을 강조하지만 '인성 자체를 잴 수 있는가' 하는 근본적 문제에서부터 구체적인 평가 기준을 제시하지 못하는 딜레마 상황에 봉착해 있다. 따라서 인성교육을 활성화시키고 보다 교육적인 질을 개선하기 위해서는 체계적이고 과학적인 인성 평가가 이루어져야 하며, 인성 평가 방법은 그 목표와 기준에 따라 달라져야 한다.

이를 살펴보면 다음과 같다(김재춘 외, 2012; 류영철, 2016).

첫째, 기존의 인성 평가방식이 결과 및 산출 위주였다면 과정 자체의 평가에 더 많은 비중을 두어야 한다.

둘째, 기존의 평가가 개인 및 경쟁 중심적인 평가방식으로 일관되어 왔다면 단체의 협력과 협동성 자체에 비중을 두어야 할 것이다.

구체적으로 인성 평가를 위한 방법으로 질문지법, 체험을 통한 인성 평가, 면접을 통한 인성 평가, 포트폴리오 평가 등이 있다.

(1) 질문지법을 통한 인성 평가

질문지법은 본인이 인식하는 인성 행위 및 도덕적 행동 실태를 자기보고식으로 파악하는 방법이다. 상대적으로 시간, 노력, 비용이 적게 들며, 응답자가 익명으로 응답할 수 있어 자유롭게 표현하기가 용이하다.

〈표 13-3〉 인성 관련 질문지 예시

번호	문항	전혀 아니다	아니다	보통이다	그렇다	매우 그렇다
1	나는 실수나 실패를 성공의 거울로 삼는다.	①	②	③	④	⑤
2	나는 어떤 일이 어렵게 느껴질 때 그것을 포기하려 하지 않는다.	①	②	③	④	⑤
3	가끔씩 좌절을 경험할 때 인내하는 편이다.	①	②	③	④	⑤
4	나는 냉철한 지력을 가진 사람으로서 이 지식을 바르게 활용하려 한다.	①	②	③	④	⑤
5	나는 믿을 만하고, 진실하며 정의로운 사람이다.	①	②	③	④	⑤
6	나는 고의적으로 남을 잘못 인도하지 않는다.	①	②	③	④	⑤
7	나는 거짓말을 하거나 남을 속이려 하지 않는다.	①	②	③	④	⑤
8	나는 자신에게 부끄럼 없는 행동을 하려 한다.	①	②	③	④	⑤
9	나는 항상 최선을 다하며 최상의 것을 추구한다.	①	②	③	④	⑤
10	가치 있는 목표 달성을 위해 어려움이나 희생을 무릅쓴다.	①	②	③	④	⑤

출처: 박성미, 허승희(2012).

(2) 체험을 통한 인성 평가

체험을 통한 인성 평가는 다양하나 주로 타인을 위한 봉사, 다양한 형태의 협동학습과 관련된다. 먼저, '봉사활동을 평가하기 위해서는 학생들의 행동과 인식에 변화를 가져왔는가', '봉사기관에 도움을 주었는가'에 대한 파악이 요구된다. 봉사활동 목표설정 평가를 위한 체크리스트, 봉사활동 계획 평가를 위한 체크리스트, 봉사활동 실천을 위한 조직, 행정평가를 위한 체크리스트 등을 활용하여 그 효과성을 측정해야 한다.

지금까지는 개인 간의 능력 차이 자체를 재는 데 평가의 목적을 두었다. 하지만 이제는 한 개인이 그룹의 활동에서 자기 능력을 발휘한 정도나 공동체에 공헌한 정도를 더 높이 평가해 나갈 필요가 있다.

대학생들이 봉사활동을 통한
실천 위주 인성교육을 실천하고 있는 모습

출처: http://www.hdnews.co.kr/sub_read.html?uid=40854

(3) 면접을 통한 인성 평가

면접을 통한 인성 평가는 서류상으로 드러나지 않는 정의적 특성을 종합적으로 평가할 수 있기 때문에 대학과 사회에서 필요로 하는 인재 선발에 기여할 수 있다. 면접 형태는 구조화 면담, 집단 면담, 개별 면담, 심층 면담, 토론 면담, 그 외에도 가상 시나리오를 설정한 면담도 있다. 이때 여러 형태의 면접 방법들이 중복적 평가를 실시하기보다는 각각의 내용에서 평가 항목을 달리하여 변별력을 갖도록 하는 것이 중요하다.

결국, 인성교육을 통한 평가란 가르치는 사람의 일방적인 성적과 석차 매기기가 아니라 가르치고 배우는 과정에서 학생에게 주는 진정한 '도움'과 '피드백'으로 파악되어야 한다. 인성교육이 학습자의 자발성과 자율성 그리고 민주적 시민의식을 함양하는 중차대한 과업이라고 할 때 그 평가도 자발성을 신장시키고, 그리하여 결국 학습자 스스로 자기를 평가할 수 있는 성숙된 역량을 고양하는 방향으로 전개되어야 할 것이다.

참고문헌

강선보 · 박의수 · 김귀성 · 송순재 · 정윤경 · 김영래 · 고미숙(2008). 21세기 인성교육의 방향 설정을 위한 이론적 기초 연구. 교육문제연구, 30, 1-38.

강영안 · 최진덕(1999). 수양으로서의 학문과 체계로서의 학문. 철학연구, 47.

고진주(2012). STAD 모형에 기초한 협동 활동이 유아의 학습관련 사회적 기술에 미치는 영향. 경인대학교 교육대학원 석사학위논문.

교육과학기술부(2012). 실천적 인성교육이 반영된 교육과정 개발 방향 연구.

교육과학기술부 · 한국과학창의재단(2010). 창의 · 인성교육 시범 적용학교 교원 연수 자료집.

교육부(2014). 학교급별 인성교육 실태 및 활성화 방안. 교육부 교육정책포럼 발표자료.

교육부(2015). 2015 인성교육 포럼. 2015년도 인성교육 1차 포럼 자료집.

교육부(2015). 세계의 교육동향: 학교를 위협하는 핀란드의 학교폭력 실태는?. 한국교육개발원.

교육부(2020). 제2차 인성교육 종합계획(2021~2025).

국립국어원(2012). 표준국어대사전. www.korean.go.kr.

국민권익위원회(2020). 공공기관 종합청렴도.

권미정(2008). 배려윤리를 통한 도덕과 교육접근 방안에 관한 연구. 한국외국어대학교 교육대학원 석사학위논문.

김동일 · 고혜정 · 김은향 · 이현응 · 김현수 · 서미 · 이윤복 · 이윤선 · 홍성두(2015). 인성교육 5개년 종합계획 수립방안 연구(교육부 2015년 정책개발연구). 세종: 교육부.

김명진(2007). 도덕과 교육을 통한 인성교육의 방법 연구. 윤리교육연구, 14, 181-206.

김미라(2011). 전통 유아예절교육의 현대적 활성화 방안 연구: 격몽요결의 입지와 실천위주교육을 중심으로. 미래유아교육학회지, 18(2), 201-222.

김미라(2013). 공자의 어린이 인성교육에 대한 일곱 가지 원칙. 미래유아교육학회지, 20(1), 37-56.

김민성(2011). 대학생이 인식하는 '배려하는 교수자'의 특성 및 유형 분석. 교육심리연구.

25(1), 61-86.
김민수(2014). '인성교육' 담론에서 '인성' 개념의 근거. 교양교육연구, 8(4), 169-206.
김수진(2015). 인성교육의 주요 접근 및 쟁점 분석. 이화여자대학교 대학원 박사학위논문.
김영래(2011). 미래세대를 위한 인성교육. 서울: 학지사.
김영옥(2014). 유아 인성교육의 이론과 실제. 서울: 공동체.
김영화 · 이혜영(1996). 국민학교 학생의 사회화 연구. 한국교육개발원.
김옥인(2013). 창의 · 인성교육으로서 소통에 기반 한 전통회화 프로그램 연구. 조형교육, 48, 49-78.
김용채(2012). ETRI-중소기업 동반성장을 위한 기업현장 확산형 기술지원 및 R&BD 사업화 촉진.
김원익(2011). 신화 인간을 말하다. 바다출판사.
김은성(2009). 오바마처럼 연설하고 오프라처럼 대화하라: 마음을 사로잡는 7가지 소통의 법칙. 서울: 위즈덤하우스.
김재춘(2012). 실천적 인성교육이 반영된 교육과정 개발 방향 연구. 교육과학기술부.
김재춘 · 강충렬 · 소경희 · 손민호 · 진동섭(2012). 실천적 인성교육이 반영된 교육 과정 개발 방향 연구. 교육과학기술부.
김정미(2010). 인물한국사. http://navercast.naver.com/peoplehistory/koreanhistory/2740.
김정미(2010). 인물 한국사-최영. 네이버캐스트.
김형숙(2012). 융합의 지형도 그리기: ICT기반의 프로젝트 학습을 통한 융합인재교육과병 개발. 미술교육논총, 23(3), 57-82.
김혜정 · 이경화 · 조의래 · 이성희(2012). 인성함양을 위한 독서교육 실천방안 연구. 교육과학기술부.
남궁달화(1999). 인성교육론. 서울: 문음사.
남명자(2006). 교사 전문성 맥락에서 본 유아교사의 '의미' 장애유아통합어린이집 사례를 중심으로. 유아교육학론집, 10(4), 201-232.
노선화(2014). 그림책을 활용한 배려 교육활동이 유아의 친사회적 행동 및 마음이론에 미치는 영향. 원광대학교 교육대학원 석사학위논문.
두산동아 사서편집국(2013). 표준국어대사전. 두산동아.
류영철(2016). 인성인재 선발을 위한 인성평가모형 개발. 교육과정 평가연구, 19(1), 303-332.

류청산 · 진홍섭(2003). 인성교육의 이론적 고찰을 통한 인성 덕목의 분류와 요인 분석. 한국실과 교육학회 학술대회논문집, 109-140.

문용린(2010). 이제는 창의 · 인성교육이다. 과학창의, 2(149), 6-9.

문용린(1995). 인성교육의 교육학적 기초. 인성교육 심포지엄 자료. 서울대학교 학생생활연구소.

문용린 · 최인수(2010). 창의 · 인성교육의 총론. 인하대학교 교육연구소 심포지움, 10, 21-29.

문용린 · 최인수 · 곽윤정 · 이현주(2010). 배려와 나눔을 실천하는 창의인재육성을 위한 창의 · 인성교육 활성화방안 연구, 정책연구, 2009-019.

미교육부(2008, 2009).

박미화(1998). 초등학교 인성교육에 대한 덕목별 현황 분석. 이화여자대학교 교육대학원 석사학위논문.

박성미 · 허승희(2012). 청소년용 통합적 인성 척도 개발. 아동교육, 21(3), 35-47.

박영숙(2010). 인성교육을 위한 프로그램이 청소년 자아존중감 향상에 미치는 효과. 한남대학교 사회문화대학원 석사학위논문.

박은혁(2011). 청소년 배려적 사고 척도개발 및 타당화. 명지대학교 대학원 박사학위논문.

박찬옥(2010). 사회 변화와 유아 인성 교육. 유아교육학논집, 2, 49-51.

박현지(2015). 인성동화를 활용한 협동 활동이 유아의 배려적 사고에 미치는 영향. 건국대학교 대학원 석사학위논문.

박효정(2000). 한국 사회의 도덕성 측정을 위한 도덕성 개념 및 덕목요소 추출. 한국교과교육학회. 연구보고, 95-3.

박효정 · 장광희(2001). 한국 사회의 도덕성 지표 개발 연구(II), 연구보고 RR2001-1, 서울: 한국교육개발원.

백선주(2004). 도시와 농촌지역 초등학생들의 효의식과 효행에 관한 실태분석: 5.6학년 중심으로. 청주교육대학교 교육대학원 석사학위 청구논문.

범대진(2014). 리더의 인성교육. 사) 국제인성교육개발진흥원.

서경덕(2013). 누구나 알고 있지만 실천하기 어려운 것들. 서울: 행성잎새.

서덕희(2012). 학교현장 안정화를 위한 인성교육 방안-미래 지향적인 인성교육의 비전 제시. 서울: 한국교육개발원.

서수자(1997). 청소년 예절교육방향 정립에 관한 연구. 중앙대학교 사회개발대학원 석사학위논문.

서울대교육연구소(1994). 교육학용어사전. 서울: 서울대교육연구소.

서지영 · 남명호 · 김소영 · 이원석 · 최미숙 · 홍수진 (2010). 창의력 계발 및 인성 함양을 위한 수행평가 활성화 방안 연구. 교육과학기술부.

손경원(2016). 인성교육의 연구 동향과 과제. 윤리교육연구, 39, 97-133.

손승남 (2014). 대학 인성교육의 교수학적 고찰. 교양교육연구, 8(2), 11-41.

손승영 (1997). 가족과 친족의 한일 비교. 연세여성연구, 3, 7-40.

송지선 · 안은경 · 임부용(2000). 융기 인성지도에 관한 연구.

신득렬 (2003). 존중의 개념. 교육철학, 24, 80-81.

신차균 (2000). 체험중심 인성교육의 이념과 실제. 교육철학, 23, 205-212.

신현우 · 김봉제 (2014) 효(孝)교육을 위한 SNS 활용방안 탐색, 효학연구, 20, 61-77.

옥선화(2012). 인성교육 비전 및 실천방안 수립 연구: 가정과 사회의 역할 강화. 교육과학기술부.

유균상 · 조난심 · 윤현진 · 양희인 · 정민자(1992). 한국 사회의 도덕적 위기 극복을 위한 학교 도덕교육의 역할(I). 한국교육개발원, 92-37.

유병열 (2004). 덕교육적 접근과 도덕과 교육과정. 도덕윤리과 교육연구, 18, 69-93.

유병열(2008). 도덕교육론. 경기: 양서원.

유정아(2012). 당신은 상대의 아픔을 보지 못했다. 서울: 쌤앤파커스.

윤남순(2007). 건전한 성품을 가꾸는 인성교육의 방향. 교육전남, 전남교육과학연구원, 110, 10-22.

이경노 · 홍자영(2010). 어린이집에서 예절 교육이 일상생활 습관형성에 미치는 영향. 복지행정연구, 26. 88-118.

이경민(2010). PRECEDE 모델을 적용한 고등학생 학교폭력 예방교육 요구도 분석. 이화여자대학교 대학원 석사학위논문.

이규호(1989). 현대인을 위한 10가지 덕성론. 서울: 문우사.

이근철(1996). 17세기 국어의 상에 관한 연구. 대전대학교 대학원 박사학위논문.

이근호 · 곽영순 · 이승미 · 최정순(2012). 미래사회 대비 핵심역량 함양을 위한 국가 교육과정 구상. 한국교육과정평가원 연구보고 RRC 2012-4.

이기숙(1992). 유아교육과정. 서울: 교문사.

이기용 · 조용태(2016). 대학생의 인성교육 방향 설정을 위한 요구조사 분석. 인성교육연구, 1(2), 1-18.

이대균 · 백경순 · 송정원 · 이현정(2006). 유아문학교육. 경기: 공동체.

이명준 · 진의남 · 거민철 · 김정우 · 이주연 · 김병준 · 박혜정(2011). 교과교육과 창의적 체험활동을 통한 인성교육 활성화 방안. 한국교육과정평가원, 경제 · 인문사회연구회 협동연구총서 11-18-01, 연구보고 RRC2011-7-1.

이미숙(2012). 인성교육과 교육과정 개선. 제6회 청람교육포럼 겸 제53차 KEDI.

이선화(2014). 효 관련 그림책을 활용한 토의활동이 유아의 효 관련 행동에 미치는 영향. 한국교원대학교 교육대학원 석사학위 청구논문.

이성호(2014). 미국 학교 인성교육의 동향과 시사점. 한국교육, 41(3), 35-59.

이순애 외(2016). 예비유아교사의 인성 덕목에 대한 인식 변화. 한국산학술학회 추계발표자료.

이예숙(2007). 명화감상을 통한 감정이입 활동이 유아의 또래 상호작용 및 대인문제 해결능력에 미치는 영향. 중앙대학교 교육대학원 석사학위논문.

이원희(1999). 실천 위주의 인성교육에 대한교원들의 인식 및 실태 분석. 석사학위논문 홍익대학교 교육대학원.

이윤옥(1998). 授業過程에서 學習者間 質問 生成 戰略이 學習에 미치는 效果. 국민대학교 대학원 박사학위논문.

이존규(2003). 인성교육의 발전방안에 관한연구. 석사학위논문 공주대학교 교대학원.

이종래(2003). 효 사상의 현대적 의의에 관한 연구. 경인교육대학교 교육대학원 석사학위 청구논문.

이홍우(1996). 전인교육론. 도덕교육연구, 8(1), 1-21

이희수(2014). 대학생의 다양성 수용도가 창의성에 미치는 영향. 중앙대학교 대학원 박사학위논문.

인성교육범국민실천연합 · 교육과학기술부(2012). 대한민국 인성교육비전. 인성이 진정한 실력이다.

인성교육진흥법안(정의화의원 대표발의), 의안번호 10733, 발의연월일 2014. 5. 26.

장재천(2014). 효사상과 효 교육의 역사적 중요성. 한국의 청소년문화, 25, 215-233.

장희선(2012). 한국인의 정직과 전통적 가치의 갈등 양상 및 해소방식에 관한 연구, 서울대학교 대학원 박사학위논문.

장희선 · 손경원(2011). 예비교사들의 정직한 사람의 특성 인식 및 정직 정체성과의 관계 분석. 도덕윤리과교육, 34, 237-265.

정귀옥(2002). 유아교사들의 유아예절교육에 대한 연구, 진주산업대학교 벤처경영대학원 석사학위논문.

정범모(2004). 한국의 내일을 묻는다: 국력, 국격, 교육. 서울: 나남출판.

정윤경(2000). 니딩스의 배려윤리와 도덕교육. 한국교육, 27, 1-29.

정재형(2003). 전인교육의 새로운 패러다임. '문화예술이천삼년구월'. www.kcaf.or.kr/zene.

정창우(2007). 도덕과 교수-학습방법 및 평가. 서울: 인간사랑.

정창우(2015). 인성교육의 이해 및 개인적, 사회적 실천 방안. 초록우산 어린이재단(구 한국복지재단), 〈아동복지 연구소 보고서〉 2015권 1호, 11-46.

정창우 · 손경원 · 김남준 · 신호재 · 한혜민 · 양해성 · 김하연(2013). 학교급별 인성교육 실태 및 활성화 방안. 교육부.

정호완(2004). 한국의 효(孝) 문화와 가정교육. 대구대학교 인문과학연구소, 28, 23-48.

조난심 · 문용린 · 이명준 · 김현수 · 김현지 · 이우용(2003). 인성평가 척도 개발을 위한 기초연구. 한국교육과정평가원 CRC 2004-4-14.

조연순 · 김아영 · 임현식 · 신동주 · 조아미 · 김인전(1998). 정의교육과 인성교육 구현을 위한 기초연구 1. 교육과학연구, 28, 131-152.

조연순(2007). 초등학교 아동의 특성 변화와 인성교육의 요구. 한국초등교육학회 학술대회 자료집, 15-38.

조원혜(2003). 문학교육 활성화 방안 연구: 문학 교수 · 학습 모형을 중심으로. 아주대학교 교육대학원 석사학위논문.

지은림(2013). 인성덕목을 활용한 융합형 인성교육 프로그램 개발연구. 교육부.

지은림(2013). 인성지술 개발 연구. 교육부.

지희진(2013). 대학 교육 인성교육에 대한 대학생 인식 탐색. 교양교육연구, 7(5), 433-466.

진홍섭(2003). 인성교육을 위한 인성덕목의 요인분석. 인천교육대학원 교육대학원 석사학위논문.

천세영 · 김왕준 · 성기옥 · 정일화 · 김수아 · 방인자(2012). 인성교육 비전 수립 및 실천 방안 연구. 교육과학기술부.

천세영 · 성기옥 · 정일화 · 김수아(2012). 인성교육 비전 수립 및 실천 방안 연구. 교육과학기술부.

최경희 · 정현주 · 김정희 · 승윤희 · 정여주(2012). 예술인성교육의 비전 및 실천과제개발

연구. 한국문화예술교육진흥원.

최민수(2011). 유아교육현장에서의 영유아 인성교육 방안모색. 한국유아교육보육행정연구, 15(4), 143-168.

최의창 · 박정준 · 윤기준 · 김기철 · 백승수(2012). 학교체육에서 인성교육 실태 분석 및 정책 실천 과제 개발 연구보고서. 대한체육회.

최준환 · 박춘성 · 연경남 · 민영경 · 이은아 · 정원선 · 서지연 · 차대길 · 허준영 · 임청묵(2009). 인성교육의 문제점 및 창의 · 인성교육의 이론적 고찰. 창의력교육연구, 9(2), 89-112.

최효섭 아동문학가 · 목사(한국일보 오피니언, 2013.2.11, 삶과 생각 中에서)

한국교육개발원(2012). 캐나다의 괴롭힘 방지 정책과 공감교육. 교육정책포럼.

한국교육개발원(2013). 인성교육 강화 기본 계획.

한국교육학회(1998). 인성교육. 서울: 문음사.

한국국민윤리학회(1993). 한국인의 민족정신. 한국국민윤리학회.

한국창의력교육학회(1997). 창의력교육연구 9(2). 서울: 한국창의력교육개발원.

허경철 · 조난심 · 김양분 · 유균상 · 이성호(1994). 인간성 함양을 위한 학교 교육 모형 개발 및 평가 방안 연구. 한국교육개발원.

현주(2014). 2014 한국교육개발원 초등교원 인성교육연수 자료집. 한국교육개발원.

현주 · 최상근 · 차성현 · 류덕엽 · 이혜경 · 유지연(2009). 학교 인성교육 실태분석 연구-중학교를 중심으로. 한국교육개발원 연구보고 RR 2009-09.

황경식(2015). 정의론과 덕윤리. 서울: 아카넷.

황응연(1992). 심리학과 생활. 서울: 배영사.

흥사단 투명본부 윤리연구센터(2019). 성인(직장인) 및 청소년 정직지수.

Astin, A. W. (1993). *What matters in college?: Four critical years revisited*. San Francisco, CA: Jossey-Bass.

Borba, M. (2004). *Building moral intelligence: The seven essential virtues that teach kids to do the right thing*. San Francisco, CA: Jossey-Bass Publishers.

Character Education Partnership(2010). Eleven principles of effective

Cohen, M. W. (2010). Cooperative learning in educational psychology. In B. J. Millis

(Ed.), *Cooperative learning in higher education* (pp. 69-84). Sterling, VA: Stylus.

Cottell, P. G. (2010). Cooperative learning in accounting. In B. J. Millis (Ed.) *Cooperative learning in higher education* (pp.11-33). Sterling, VA: Stylus.

Finnish National Board of Education(2004).

Gilligan, C (1982). *In a different voice: psychological theory and women's development*. Cambridge, Massachusetts: Harvard University Press.

Greenawalt, C. M. (1996). *Character Education in America*. Alternatives, Harrisburg, PA.

Hartshorne, H., & May, M.(1928). Studies in the nature of character(Vol. 1. Studies in deceit). New York: MacMillan.

Johnson, D. W., & Johnson, R. T. (1994). *Learning together and alone: cooperative, competitive and individualistic learning*. MA: Allyn and Bacon.

Knapp, M. L. & Comadena, M. E.(1979). Telling it like it isn't: A review of theory and research on deceptive communications. *Human Communication Research*, *5*, 15-29.

Kohlberg, L.(1958). *The development of modes of thinking and choice in years 10 to 16*. Unpublished doctoral dissertation, University of Chicago.

Kohlberg, L.(1984). *The psychology of moral development: The nature and validity of moral stages*. San Francisco: Harper & Row.

Kohlberg, L., & Candee, D. (1984). The relationship of moral judgment to moral action. In L. Kohlberg (Ed.), *Essays in moral development: Vol. 2. The psychology of moral development* (pp. 498-581). New York: Harper & Row.

Lickona, T. (1991). *Educating for character: How our schools can teach respect and responsibility*. New York: Bantam.

Lickona, T. (2006). 인격교육의 실제. (유병열 · 서강식 · 김태훈 · 김항인 공역). 서울: 양서원.

Lickona, T. (2011). Character education: Seven crucial issues. In J.L. DeVitis & T. Yu(Eds.). *Character and moral education*(pp.23-29). NY: Peter Lang.

Lickona, T.((1996). Eleven principles of effective character education. *Journal of Moral Education*, *25*(1), 93-100.

Millis, B. J. (2010). Why faculty should adopt cooperative learning approaches. In B. J. Millis (Ed.), *Cooperative learning inhigher education* (pp. 5). Sterling, VA: Stylus Publisher.

Ministry of Education, Singapore(2014). moral action. In L. Kohlberg (Ed.), *Essays in moral development: Vol.2. The psychology of moral development* (pp. 498-581). New York: Harper & Row.

Noddings, N. (2002). *Educating moral people: A caring alternative to character education*. New York: Teachers College Press.

Piaget, J.(1932/1965). *The moral judgement of the child*. New York: Free Press.

Shadle, S. E. (2010). Cooperative learning in general chemistry through process-oriented guided inquiry learning. In B. J. Millis (Ed.), *Cooperative learning in higher education* (pp.35-52). Sterling, VA: Stylus.

Warren, H. C. (1934). *Dictionary of psychology*. MA: Houghton Mifflin Company

Winer, M & Ray, K. (1994). *Collaboration Handbook: Creating, Sustaining, and Enjoying the Journey*. Amherst H. Wilder Foundation.

張岩(2016). 중국 대학 인성교육 발전 방안 연구. 전주대학교 대학원 박사학위논문.

국가소음정보시스템, 층간 소음 이웃사이센터. http://www.noiseinfo.or.kr/index.jsp

다음 카페 '여긴 인(人),노(勞),총(總)입니다'. http://cafe.daum.net/innochog

당신이 궁금해 하는 이야기. https://issuehouse.com/28

대전대학교 인성교육센터 1인 1품 혜화 인성 인증제. https://www.dju.ac.kr/character/cm/cntnts/cntntsView.do?mi=3128&cntntsId=1941

로컬투데이. http://www.localtoday.co.kr

미술관가는길. http://blog.naver.com/nuctom/220599982006

백석대학교 인성개발원. http://community.bu.ac.kr/qumparty/2822/subview.do

삼육대학교 인성교육원 'SU-MVP 플러스 인성교육 캠프'. https://sucharacter.tistory.com/category/MVP 플러스(+) 캠프

서울문화재단 아트갤러리. http://www.sfac.or.kr

세계 천만 명을 울린 태국의 동영상 한 편, 작은 마음을 상대에게 배려할 때 큰 감동 전해집니다. https://www.youtube.com/ watch?v=DcC8trRV3nw

세나비. http://blog.naver.com/senavi00/220748152447
심광현 경인교육대학교 창의인성 교육센터 공동체 역량 인성프로그램. https://edu.ginue.ac.kr/cdc/Main.do
워커즈. https://workers-docu.tistory.com/
이재석 광고연구소. http://jeski.org/index_n.php?category=main2
인구보건복지협회. http://www.ppfk.or.kr/main.asp
장규석 기자의 가이원. https://kai1.tistory.com/25
제3회 플래너즈 보도국 영상제 책임의식 광고. https://www.youtube.com/watch?v=MDdOaobGbQY
조선대학교 기초교육대학 지역사회 봉사 프로그램 인성함양교육 '톡톡'. http://www.chosun.ac.kr/user/indexMain.do?siteId=liberaledu
축복의 통로. https://rightnow888.tistory.com/99
토지사랑. http://cafe.daum.net/tozisarang
한국광고종합협의회. https://www.koreacf.or.kr)
한국화재보험협회. https://www.youtube.com/watch?v=JYCR6I6g7OY)
함께 있어 행복한 우리. http://blog.naver.com/kingofnsb
환경일보. http://www.hkbs.co.kr
EBS. (2008. 6. 12. 지식채널e - 38인의 목격자)
EBS. (지식채널e - 선택의 이유, 정직한 사회를 위하여)
KOBACO 공익광고협의회. https://www.youtube.com/channel/UCye2hHMAa227XlX-M3So4_Og
slideshare. http://www.slideshare.net/wowkid1/ss-17121985
SM C&C플랫폼 '틸리언 프로(Tillion Pro)'

매일일보(2019.10.25). '재학생 예절 · 인성교육에 힘써'.http://www.m-i.kr/news/articleList.html
위클리오늘신문사a(2016.5.4.). [강이석의 글로벌교육] 프랑스의 인성교육과 '톨레랑스'.
위클리오늘신문사b(2016.5.25.) [강이석의 글로벌교육] 올바른 사람을 만드는 영국의 젠틀맨 교육.

위클리오늘신문사c(2016.8.4.). 강이석의 글로벌교육] 다양성의 조화를 가르치는 싱가포르 '다문화 시민교육'.

위클리오늘신문사d(2016.6.23.). [강이석의 글로벌교육] 자유로운 사고와 존중을 가르치는 쿠바 '자유교육'.

위클리오늘신문사e(2016.6.13.). [강이석의 글로벌교육] 책임과 자립을 가르치는 스페인 '작은 어른' 교육.

조선일보. 김미리 기자(2020.7.18.). https://www.chosun.com/site/data/html_dir/2020/07/17/2020071702821.html?utm_source=daum&utm_medium=original&utm_campaign=news

한국교육신문(2015.1.2.). 〈영국〉 "인성교육 글로벌 리더 되겠다". 김병임 런던 현지 통·번역사.

NEWSIS(2006.12.3.). 유니세프 60주년 기념 사진전-오드리 햅번

NEWSIS(2009. 7. 28). 신성장동력박람회 2009. http://month.foodbank.co.kr/etc/search_view.php?secIndex=1620&page=2&section=&serial=&keyfield=all&key=bhc

저자소개

김래은

경성대학교 대학원 유아교육학과 졸업(교육학 박사)
유원대학교 사회복지학부 교수

김형숙

계명대학교 대학원 유아교육학과 박사 수료
유원대학교 사회복지학부 겸임교수
구미대학교 사회복지과 외래교수

엄세진

고려대학교 대학원 가정학과 아동학전공 졸업(이학 박사)
부산디지털대학교 아동보육학과 교수

이순애

계명대학교 대학원 유아교육학과 박사 수료
한국전력기술 제2한기도담어린이집 원장

장우심

대구가톨릭대학교 대학원 사회복지학과 졸업(사회복지학 박사)
유원대학교 사회복지학부 전임교수

현혜정

계명대학교 대학원 유아교육학과 박사 수료
대구과학대학교 유아교육과 교수

대학생을 위한

인성교육의 이해와 실제

초 판 1쇄 인쇄 2021년 8월 20일
초 판 1쇄 발행 2021년 8월 27일

지 은 이 | 김래은 · 김형숙 · 엄세진 · 이순애 · 장우심 · 현혜정
펴 낸 이 | 김기섭
편 집 인 | 이혜란
펴 낸 곳 | 창지사 www.changjisa.com
08589 서울시 금천구 가산디지털 1로 83 파트너스타워 1차 9층
전화 (02)719-2211~3
팩스 (02)701-9386
등 록 | 1977년 4월 28일 · 제1-421호

ISBN 978-89-426-1442-4 (93370)

값 21,000원